CONTRATOS ADMINISTRATIVOS E UM NOVO REGIME JURÍDICO DE PRERROGATIVAS CONTRATUAIS NA ADMINISTRAÇÃO PÚBLICA CONTEMPORÂNEA

DA UNILATERALIDADE AO CONSENSO E DO CONSENSO À UNILATERALIDADE NA RELAÇÃO CONTRATUAL ADMINISTRATIVA

VIVIAN LIMA LÓPEZ VALLE

Prefácio
Romeu Felipe Bacellar Filho

CONTRATOS ADMINISTRATIVOS E UM NOVO REGIME JURÍDICO DE PRERROGATIVAS CONTRATUAIS NA ADMINISTRAÇÃO PÚBLICA CONTEMPORÂNEA

DA UNILATERALIDADE AO CONSENSO E DO CONSENSO À UNILATERALIDADE NA RELAÇÃO CONTRATUAL ADMINISTRATIVA

Belo Horizonte

2018

© 2018 Editora Fórum Ltda.

É proibida a reprodução total ou parcial desta obra, por qualquer meio eletrônico, inclusive por processos xerográficos, sem autorização expressa do Editor.

Conselho Editorial

Adilson Abreu Dallari
Alécia Paolucci Nogueira Bicalho
Alexandre Coutinho Pagliarini
André Ramos Tavares
Carlos Ayres Britto
Carlos Mário da Silva Velloso
Cármen Lúcia Antunes Rocha
Cesar Augusto Guimarães Pereira
Clovis Beznos
Cristiana Fortini
Dinorá Adelaide Musetti Grotti
Diogo de Figueiredo Moreira Neto
Egon Bockmann Moreira
Emerson Gabardo
Fabrício Motta
Fernando Rossi
Flávio Henrique Unes Pereira

Floriano de Azevedo Marques Neto
Gustavo Justino de Oliveira
Inês Virgínia Prado Soares
Jorge Ulisses Jacoby Fernandes
Juarez Freitas
Luciano Ferraz
Lúcio Delfino
Marcia Carla Pereira Ribeiro
Márcio Cammarosano
Marcos Ehrhardt Jr.
Maria Sylvia Zanella Di Pietro
Ney José de Freitas
Oswaldo Othon de Pontes Saraiva Filho
Paulo Modesto
Romeu Felipe Bacellar Filho
Sérgio Guerra
Walber de Moura Agra

Luís Cláudio Rodrigues Ferreira
Presidente e Editor

Coordenação editorial: Leonardo Eustáquio Siqueira Araújo

Av. Afonso Pena, 2770 – 15º andar – Funcionários – CEP 30130-012
Belo Horizonte – Minas Gerais – Tel.: (31) 2121.4900 / 2121.4949
www.editoraforum.com.br – editoraforum@editoraforum.com.br

Dados Internacionais de Catalogação na Publicação (CIP) de acordo com ISBD

V181c	Valle, Vivian Lima López Contratos administrativos e um novo regime jurídico de prerrogativas contratuais na Administração Pública contemporânea: da unilateralidade ao consenso e do consenso à unilateralidade na relação contratual administrativa / Vivian Lima López Valle. - Belo Horizonte : Fórum, 2018. 288p. ; 14,5cm x 21,5cm. ISBN: 978-85-450-0532-2 1. Direito. 2. Contratos administrativos. 3. Regime jurídico. 4. Administração pública. 5. Relação contratual administrativa. I. Título. CDD 342 CDU 342
2018-611	

Elaborado por Vagner Rodolfo da Silva - CRB-8/9410

Informação bibliográfica deste livro, conforme a NBR 6023:2002 da Associação Brasileira de Normas Técnicas (ABNT):

VALLE, Vivian Lima López. *Contratos administrativos e um novo regime jurídico de prerrogativas na Administração Pública contemporânea*: da unilateralidade ao consenso e do consenso à unilateralidade na relação contratual administrativa. Belo Horizonte: Fórum, 2018. 288p. ISBN 978-85-450-0532-2.

Para Alexandre, por tudo, sempre. Para Giulia, Isabella e Enzo, a razão de tudo. O motivo para continuar sonhando voos cada vez mais altos.

AGRADECIMENTOS

  Um doutorado é algo que realmente altera sua perspectiva de vida em todos os sentidos, no plano pessoal, profissional e acadêmico. Consiste no ponto alto de uma carreira docente, um objetivo a ser perseguido e conquistado, um título carregado de suor, compromisso e muita reflexão. Um voo solitário e impregnado de significado. São quatro anos de muito estudo, leituras, fichamentos, quase quarenta créditos a cumprir. Para aqueles que amam a docência, são dias impregnados de conhecimento e novas perspectivas. Horizontes que se ampliam, leituras que te levam além. Uma escolha pelo caminho do saber, carregada de significativas renúncias. Renúncia a lazer, a tempo com a família e filhos, a saídas com amigos, a descanso.

  Esse foi o caminho que escolhi e que ao mesmo tempo me escolheu. Mas não há apenas quatro anos. Essa era a minha jornada, a minha escolha e todas as minhas renúncias. Essa escolha se deu ao iniciar a minha jornada pela docência, em 1998, recém-saída da Faculdade de Direito da PUCPR. O caminho para a docência foi algo natural e óbvio. Vim ao mundo para lecionar. Após uma especialização e o ingresso no Programa de Mestrado da UFPR, as oportunidades surgiram e eis que me encontrei ministrando direito administrativo na PUCPR e na UFPR. Outra obviedade em minha vida: o direito administrativo, esse fiel companheiro, desde os estágios da faculdade até o exercício da advocacia. Ontem, hoje e, possivelmente, sempre.

  No caminho dessa jornada, várias intercorrências. De flores a pedras, a jornada foi permeada de momentos em que perseverança e determinação foram testados ao limite. Em 2004 concluí meu mestrado na UFPR, mas a carreira acadêmica foi submetida a uma pausa, para iniciar a maior e mais definitiva jornada de minha vida, a maternidade. Em 2005, 2007 e 2010 recebo em meus braços as razões de todas as minhas superações: Giulia, Isabella e Enzo. Por eles, sempre vou além. E muito embora a docência e a advocacia tenham acompanhado o crescimento dos meus filhos, momentaneamente não foi possível seguir em frente com o sonho do título de doutor.

Flores no caminho, que precisaram ser regadas adequadamente para que eu pudesse novamente voar.

E o voo reiniciou em 2013. Havia uma vontade enorme de ir além, e mesmo contra várias expectativas, ingressei no Programa de Doutorado da UFPR. Reiniciei a rotina de estudos e mergulhei novamente na fonte do saber. Mas agora como uma equilibrista de pratos, buscando não deixar nenhum cair. A conciliação entre a docência na PUCPR, a responsabilidade como Coordenadora Adjunta do Curso de Direito, a maternidade de três crianças pequenas, a organização da família e o exercício da advocacia realmente testaram a minha perseverança e determinação. Perdas afetivas e também alguns percalços na saúde colaboraram para embaçar a perspectiva e nublar o objetivo final a ser alcançado. Mas eis que estou aqui, escrevendo as últimas linhas de minha tese, menos de quatro anos após o ingresso no Programa de Doutorado.

Passados quase vinte anos do início da jornada, há muito a agradecer, em especial às duas Universidades que marcaram e ainda marcam a minha existência: a UFPR e a PUCPR.

Na PUCPR encontrei meu destino. Da graduação ao magistério, devo a esta grandiosa instituição o que sou, e os valores maristas acompanharam meu crescimento pessoal e profissional. Não há como não agradecer a maravilhosa oportunidade de ser Filha da PUC!

A UFPR possibilitou o encontro com meus sonhos e aspirações e o mergulho num programa de pós-graduação da mais alta qualidade e reputação. Ter tido a oportunidade de estudar com professores tão capacitados e comprometidos superou qualquer expectativa. Também me sinto filha dessa grande Universidade pública e orgulho-me de pertencer à sua história. A estas duas grandes instituições, todo o meu agradecimento.

Mas o caminho até aqui não foi percorrido solitariamente e esse é o momento para públicos agradecimentos.

Agradeço em primeiro lugar aos meus pais, Nidia e Nilo, pela oportunidade que a educação trouxe. A valorização do estudo despertou em mim muito mais do que um senso de responsabilidade, um objetivo de vida.

Agradeço também aos meus irmãos, Patricia, lá no céu, e Juliana, Luciana e Luis Guilherme, por sempre torcerem por mim. Agradeço ainda a minha avó, Maria Suzana. À bisa Suzi, por cuidar de meus filhos tão bem, garantindo diariamente deliciosas refeições e sendo meus olhos e ouvidos enquanto eu alçava voos mais altos, muito obrigada. E também agradeço à Kelly Cristina Claudino, companheira da minha vida, lutando as minhas lutas e as dela na difícil tarefa de cuidar e educar meus filhos e o dela.

Agradeço aos meus filhotes, Giu, Bella e Enzo, por alegrarem meus dias e compreenderem exatamente a importância da jornada da mamãe, colaborando mesmo nos momentos de ausência.

Para além das relações familiares também há muito o que agradecer.

Duas pessoas foram e são determinantes para a construção da minha jornada no direito. Romeu Felipe Bacellar Filho e Clémerson Merlin Cléve. Ambos meus orientadores durante a tese, mas, sobretudo, personagens intensos e transformadores de minha vida.

Romeu Felipe Bacellar Filho é um homem que veio ao mundo para fazer o bem. Homem completo, íntegro, honesto, bom na essência. Generoso com tudo e com todos. Na condição de aluna na graduação em direito na PUCPR, no Programa de Mestrado e Doutorado da UFPR, como advogada e professora, devo a ele praticamente tudo. O professor Romeu foi o responsável pela minha trajetória acadêmica e profissional no magistério e na advocacia. Muito obrigada pelo exemplo de nobreza, caráter, solidariedade e respeito, e por me fazer crer que, independentemente da adversidade, todos os sonhos são possíveis desde que se lute por eles.

Clémerson Merlin Cléve é daqueles homens que simplesmente marcam por onde passam. Suas aulas são intensas, verdadeiras e profundas. E ao mesmo tempo é um professor com empatia, simpatia e muito conhecimento a compartilhar. O professor Clémerson me oportunizou a especialização, agraciando-me com uma bolsa de estudos nos períodos de menor condição financeira. E depois a oportunidade no magistério superior na respeitável Faculdade de Direito do UNIBRASIL, casa da qual saí apenas pelas contingências da maternidade. Obrigada pelos ensinamentos, pelas oportunidades e pelo exemplo de solidariedade e retidão.

Mas outros agradecimentos também são devidos. Agradeço aos amigos Antonio Cláudio Kozikoski Junior, Roberto André Oresten e Eduardo Oliveira Agustinho, por viabilizarem a escrita da tese, assumindo minhas obrigações com a Coordenação do Curso de Direito da PUCPR.

E agradeço muito a equipe do escritório Valle, Sampaio e Dipp, por toda a ajuda. Naihara Goslar, Vanessa Bona, Mariana Teodoro, Fernando Neves e meu sócio Carlos Eduardo Dipp Shoembakla, muito obrigada. A tese não teria sido escrita sem vocês.

E ainda, agradeço à Andressa de Liz Sampaio, minha sócia, minha amiga, minha companheira. Por tudo.

E a Emerson Gabardo, amigo presente em todos os momentos importantes da minha vida, e que sempre, na maior honestidade possível, me coloca no lugar certo. A tese não teria sido a mesma sem as suas análises e críticas. E agradeço a Daniel Hachem, pelo estímulo, ajuda e torcida em todos os momentos.

E à Alessandra dos Santos Moura, Alex Moura, Déa Précoma e Cleiton Précoma, amigos da vida toda, pela paciência e pela compreensão em tantas ausências.

Agradecimentos são devidos também aos caros professores que compuseram minha banca de qualificação ao lado dos Professores Clémerson Merlin Cléve e Romeu Felipe Bacellar Filho, apontando caminhos e, principalmente, estimulando a investigação: Eneida Desirre Salgado e Edgar Chiuratto Guimarães. Suas considerações relevantes permitiram um incremento significativo na qualidade do texto que ora se submete à análise.

Por fim e não menos importante. Esta tese não teria sido escrita sem as pesquisas realizadas durante o Curso de Pós-Graduação em Contratação Pública realizado no Centro de Estudos de Direito Público e Regulação da Faculdade de Direito da Universidade de Coimbra, no ano de 2015. A maravilhosa experiência de estudar em Coimbra devo em primeiro lugar ao professor Egon Bockmann Moreira, grande incentivador da viagem e quem abriu as portas em Coimbra. Também gostaria de agradecer aos professores Pedro Costa Gonçalves e Licínio Martins, os quais dedicaram seu tempo a analisar a proposta de tese e indicar preciosa bibliografia. Muito obrigada. E, por tudo, agradeço a Alexandre Joseph López Valle, meu companheiro há 23 anos, incentivador das minhas loucuras e sonhos. Com ele construí minha família, e para ele volto todos os dias. Obrigada. Sempre. E desculpe tantas ausências.

Somos assim: sonhamos o voo, mas tememos a altura. Para voar é preciso ter coragem para enfrentar o terror do vazio. Porque é só no vazio que o voo acontece. O vazio é o espaço da liberdade, a ausência de certezas. Mas é isso o que tememos: o não ter certezas. Por isso trocamos o voo por gaiolas. As gaiolas são o lugar onde as certezas moram.

(Fiódor Dostoiévski. *Os irmãos Karamazov*)

SUMÁRIO

PREFÁCIO
Romeu Felipe Bacellar Filho 17

INTRODUÇÃO 21

PARTE I
A TEORIA TRADICIONAL DO CONTRATO
ADMINISTRATIVO E AS PRERROGATIVAS COMO
ELEMENTO ESTRUTURADOR DO INTERESSE
PÚBLICO NA RELAÇÃO CONTRATUAL
ADMINISTRATIVA 31

CAPÍTULO 1
O enquadramento da relação contratual administrativa como
expressão de potestade pública e de unilateralidade 33

CAPÍTULO 2
O regime geral de prerrogativas dos contratos administrativos
no direito brasileiro e sua sustentação no princípio da
supremacia do interesse público 47

CAPÍTULO 3
Prerrogativas públicas
como elemento estruturador da visão do contratado
como litigante e a (in)segurança jurídica no contrato 61

PARTE II
CRISE E CRÍTICA AO MODELO CONTRATUAL DE
AUTORIDADE: A INSUFICIÊNCIA DA
UNILATERALIDADE FRENTE AOS DESAFIOS DA
ADMINISTRAÇÃO PÚBLICA CONTEMPORÂNEA ... 71

CAPÍTULO 1
A interpenetração público-privado nos contratos administrativos, a crise da noção de autoridade e a relação jurídica como novo conceito central 75

CAPÍTULO 2
Aumento de complexidade contratual, a unilateralidade como desvantagem jurídica e econômica e a consensualidade como elemento de equilíbrio entre coordenação, cooperação e subordinação 105

CAPÍTULO 3
O deslocamento da posição de subordinação no contrato administrativo: superioridade do interesse público em contraponto à superioridade da Administração Pública 127

PARTE III
CONSENSUALISMO E ADMINISTRAÇÃO PÚBLICA PARITÁRIA E RELACIONAL 143

CAPÍTULO 1
Cooperação e relações contratuais multilaterais e relacionais: a construção de uma teoria contratual administrativa menos focada na colisão entre interesses públicos e privados e mais voltada à visão do contratado como parceiro 145

CAPÍTULO 2
Regime jurídico definido por um princípio de eleição entre o direito público e o direito privado e enquadramento das prerrogativas como cláusulas de aplicação episódica e não como elemento intrínseco na relação contratual relacional 161

CAPÍTULO 3
A adoção da arbitragem nas relações contratuais administrativas e os direitos patrimoniais disponíveis 183

PARTE IV
REPOSICIONAMENTO DO REGIME JURÍDICO
DE PRERROGATIVAS CONTRATUAIS E A VISÃO
DE CONTRATO ADMINISTRATIVO COMO
INSTRUMENTO DE DESENVOLVIMENTO 199

CAPÍTULO 1
Contrato administrativo, mutabilidade e as novas
funções no setor público 203

CAPÍTULO 2
Um novo modelo de contratualização administrativa:
ambiente de igualdade assimétrica e de equilíbrio de
posições jurídicas contratuais 225

CAPÍTULO 3
Um novo regime jurídico para os contratos
administrativos: aplicação subsidiária da condição
de autoridade, inexistência de um regime geral de
prerrogativas e enquadramento do contrato
administrativo como instrumento de desenvolvimento 235

CONCLUSÃO 273

REFERÊNCIAS 277

PREFÁCIO

Não canso de repetir que todos aqueles que vivem em nosso Estado, não desconhecem o esforço desenvolvido para transformar a velha e perversa autofagia paranaense numa cruzada, onde a crítica desalmada ceda lugar ao conselho construtivo, onde a luz que possa ofuscar ofereça espaço ao candeeiro que ilumine e desbrave a selva do obscurantismo das vaidades, abrindo clareiras que facilitem a caminhada dos que cursam a mesma trilha.

Vivian é o exemplo vivo dessa empreitada. Seja como doutrinadora, seja como professora que encanta os alunos com aulas magistrais, conquistou um valioso espaço na constelação de jovens juristas que iluminam o universo paranaense de direito administrativo. Como advogada, mulher, esposa e mãe de três encantadores herdeiros, sou testemunha presencial, é intimorata guerreira que encontra, em Alexandre, inestimável apoio e compreensão. Só por isso, já seria merecedora dos mais enternecedores encômios.

Uma tese de doutorado, resultado de um intenso trabalho de pesquisa e raciocínio, expõe com as cores mais vívidas, as virtudes e os eventuais desacertos de seu autor, tendo por escopo a apresentação de ideias inovadoras que possam contribuir para o aperfeiçoamento do direito, buscando sempre o ideal de justiça.

A obra ora prefaciada – *Contratos administrativos e um novo regime jurídico de prerrogativas contratuais na administração pública contemporânea* – demonstra o apreço da autora em considerar como um dever do jurista buscar novos instrumentos de efetivação deste ideal que, embora antigo, incita o abandono das trilhas batidas e rotineiras por onde tendem a enveredar, guiadas pelo pesado e rígido braço do hábito, todas as formas de atividade humana, sem exclusão da investigação intelectual e científica.[1]

---

[1] DEWEY, John. *A filosofia em reconstrução*. Tradução de Eugênio Marcondes Rocha. São Paulo: Companhia Editora Nacional, 1958. p. 10-11.

Na excepcional publicação *A filosofia em reconstrução* de John Dewey, fui instigado a reafirmar minha posição contrária ao que, entre outros, o insigne Ministro Sepúlveda Pertence convencionou chamar de interpretação retrospectiva, ou seja, "na qual o jurista tendente à nostalgia e ao misoneísmo repete verdades fundadas na lei antiga, sem se aperceber que as alterações ditadas pelo direito novo lhe fizeram secar a fonte de derivação."

O trabalho ora prefaciado evidenciando ousadia e intento construtivo é um exemplo altissonante de amadurecimento e compreensão dos problemas e aflições enfrentados pela jurisprudência e doutrina especializada a propósito do importante tema tratado.

Lembro que, nos anos 1960, na monografia *Vertrag und Verwaltungsakt*, Bullinger defendeu, em oposição à maciça doutrina favorável à admissão do contrato de Direito Público, que a autoridade administrativa deveria atuar no âmbito da atividade comercial e empresarial segundo as regras do Direito Privado, excluindo nitidamente o recurso ao módulo contratual na atividade de Direito Público. A justificativa não estava (como para Otto Mayer) na desigualdade entre Estado e cidadão, mas numa exigência própria do Estado de Direito de reforçar o vínculo da Administração Pública à lei. O recurso ao módulo contratual em setores do "Direito Administrativo autoritário" importaria um retorno ao Estado de polícia, porque aceitaria uma atividade administrativa de Direito Público livre de limites próprios à legalidade, proporcionalidade e vedação ao arbítrio (Masucci). A fuga da Administração Pública ao Direito Privado deveria ser por todos deplorada.

A "teoria das modulações" do saudoso Eduardo García de Enterría contribuiu para a construção teórica do contrato administrativo. A premissa básica é que as instituições do Direito Administrativo não precisam ser substancialmente equivalentes àquelas do Direito Civil. No Direito Administrativo, modulam-se as instituições e técnicas jurídicas gerais para atender às exigências relativas à Administração Pública, modulação que admite variados graus conforme a singularidade da instituição. Ao invés de pensar-se o contrato administrativo de forma comparada ao contrato civil, trata-se de analisar quais são as variáveis que a presença subjetiva da Administração introduz no molde contratual.

Carlos Manuel Grecco acrescenta que, no Direito argentino, as contratações administrativas submetem-se aos requisitos gerais do Direito Privado, com modulações. Assim, por exemplo, o particular contratante tem de atender aos requisitos gerais da Lei Civil no tocante à sua capacidade de contratar e os requisitos especiais previstos nas Leis Administrativas. No tocante ao consentimento, o problema se resolve em termos de procedimento e competência.

Não escapou à argúcia da autora que a doutrina brasileira tem caminhado em três vertentes no tocante ao módulo contratual aplicável à atividade administrativa: (i) identificação de um típico contrato administrativo que, para uns, estaria regulado exclusivamente pelo Direito Público (Maria Sylvia Zanella di Pietro), e, para outros, prevalentemente pelo Direito Administrativo sem afastar a incidência subsidiária do Direito Privado (Celso Antônio Bandeira de Mello, e Lúcia Valle Figueiredo); (ii) identificação de "contratos da Administração Pública" regidos pelo Direito Privado com derrogações parciais do Direito Público (Maria Sylvia Zanella di Pietro, Celso Antônio Bandeira de Mello, Lúcia Valle Figueiredo); e (iii) constatação que o Direito Privado incide nas contratações da Administração Pública, ora com *maior* intensidade, ora com *menor* intensidade, mas nunca desacompanhado de normas próprias do Direito Administrativo (o que leva à negação de contratos celebrados pela Administração Pública regidos exclusivamente pelo Direito Privado).

Por igual não descurou de examinar a incidência do Direito Civil nas contratações da Administração Pública, circunstância agasalhada em dispositivo legal, notadamente o art. 54, da Lei 8666/93 – "Os contratos administrativos de que trata esta Lei regulam-se pelas suas cláusulas e pelos preceitos de Direito Público, aplicando-se-lhes, supletivamente, os princípios da teoria geral dos contratos e as disposições de direito privado".

Com efeito, muitos princípios contratuais foram alocados tradicionalmente no campo do direito civil, pois este foi o ramo do direito privado que primeiro se desenvolveu, além de ter sido o berço da noção de contrato. Por essa razão, há princípios contratuais pertencentes à teoria geral do direito, com diferentes matizes quando incidem em relações jurídicas mais fortemente reguladas pelo direito civil ou pelo direito administrativo.

Sempre cabível a advertência que, embora o contrato tenha nascido no seio do direito privado, a sua aplicação na esfera administrativa ganhou contornos próprios. Neste passo, tratar de princípios *subsidiários* do Direito Civil não significa interpretar institutos próprios do direito administrativo à luz do direito privado.

Pelas razões expostas, cumprimentando, também o orientador, Professor Clémerson Merlin Cléve pela seriedade e excelência do trabalho, ressalto o raro prazer que tive em participar da banca examinadora e ler esse trabalho de notória utilidade, animando-me vê-lo publicado por conceituada editora, fato que possibilitará o espargimento das lições nele contidas a todos quantos almejem seguir a trilha luminosa da autora.

Romeu Felipe Bacellar Filho
Doutor e Mestre em Direito do Estado pela UFPR.

INTRODUÇÃO[1]

A reconstrução sistemática do Direito se apresenta, desse modo, como o mais instante cometimento que clama e reclama pela dedicação dos juristas que não traem, dos teóricos que não empregam a inteligência e o saber para deformar a realidade social no propósito de arrefecer o calor de suas sugestões.[2]

O paradoxo do tempo (o que diferencia o passado do futuro) tem acompanhado a história da humanidade e remonta à Antiguidade. Entretanto, segundo Prigogine, nenhum saber jamais afirmou a equivalência entre o que se faz e o que se desfaz, entre uma planta que cresce, floresce e morre e uma planta que renasce, rejuvenesce e retorna à semente primitiva.[3]

Na atualidade, o direito administrativo contratual brasileiro é um direito em certa medida fora de seu tempo.[4] Encontra-se sufocado entre o passado de unilateralidade e o porvir, ambiente de aumento significativo da complexidade contratual, de relações

---

[1] Este livro corresponde, com poucos acréscimos, à tese de doutorado que foi submetida à avaliação no Programa de Pós-Graduação em Direito da Universidade Federal do Paraná, em 27 de março de 2017, na área de concentração Direito do Estado, e que foi aprovada com nota máxima (10,0) pela banca examinadora composta pelos Professores Pedro Costa Gonçalves (Universidade de Coimbra), Clèmerson Merlin Clève (Universidade Federal do Paraná), Romeu Felipe Bacellar Filho (Universidade Federal do Paraná), Fernando Menezes de Almeida (Universidade de São Paulo) e Edgar Antonio Chiuratto Guimarães (Pontifícia Universidade Católica de São Paulo).

[2] GOMES, Orlando. *A crise do Direito*. São Paulo: Max Limonad, 1955. p. 255.

[3] MASSONI, Neusa Teresinha. Ilya Prigogine: uma contribuição à filosofia da ciência. *Revista Brasileira de Ensino de Física*, São Paulo, v. 30, nº 2, p. 2308.1-2308.8 2008. Disponível em: <http://www.scielo.br/scielo.php?script=sci_arttext&pid=S1806-11172008000200009&lng=en&nrm=iso&tlng=pt>. Acesso em: 21/02/2017.

[4] O recorte histórico-temporal que se pretende utilizar na tese parte da segunda metade do século XX, com o estabelecimento de regime de autoridade e prerrogativas nas relações contratuais do Estado, sobretudo a partir da edição do Decreto-lei nº 2.300/86 e que foi recepcionado pela Lei nº 8.666/93.

Estado-sociedade paritárias, de novos papéis para o Estado e para a sociedade civil organizada, com novas possibilidades na relação com o mercado.

É um direito que se desenvolve a partir da necessidade de satisfação de direitos num ambiente de incremento quantitativo e qualitativo das demandas sociais e de uma proposta de Administração Pública contratualizada. Entre o velho e o novo, um ambiente vazio a ser preenchido, em que a ideia de certeza e previsibilidade colide com a própria natureza da relação contratual administrativa.

A contemporaneidade exigiu do Estado uma mudança de papel. De Estado prestador direto de serviços públicos, através de estruturas no primeiro setor (sobretudo a partir da segunda metade do século XX),[5] passa-se a um Estado garantidor de prestações de interesse público (através de relações no segundo setor e no terceiro setor).[6] Tais

---

[5] No século XIX, o Estado utilizava-se de contratos, de fornecimento ou de concessão, para a satisfação de diferentes realidades, inclusive sob regime privado, variando a intensidade e volume de acordo com o período histórico. No final do século XIX, os contratos de concessão eram utilizados para viabilizar o desenvolvimento, sobretudo porque o Estado não possuía condições de construir infraestrutura, como pontes e estradas. O surgimento do Estado liberal, com a negativa ao mercantilismo e a inexistência de empresas estatais que pudessem realizar infraestrutura, propicia em diferentes áreas o estabelecimento de contratos de concessão, sobretudo nas grandes estruturas. No século XX, especialmente no pós-guerra, a partir do governo de Getúlio Vargas até o período da ditadura militar (compreendendo-se período entre as décadas de 1940 até 1980), houve um processo de estatização e o espaço das relações contratuais com o Estado diminuiu sensivelmente por conta da prestação direta. Nesse período o Estado organiza estruturas no primeiro setor para a prestação direta de serviços públicos e a utilização do contrato de concessão é reduzida significativamente. Neste lapso temporal, o Estado contrata sobretudo através de contratos de fornecimento de curta duração. Os contratos de concessão cedem espaço a estruturas de prestação direta. Portanto, é possível afirmar que até a primeira metade do século XX o contrato de concessão era muito utilizado para a prestação indireta por delegação de serviços públicos, mas que a partir da segunda metade do século XX, com a consolidação do Estado totalitário, a definição de monopólios e a criação de empresas públicas e sociedades de economia mista no primeiro setor, o contrato de concessão caiu em desuso. Há no Brasil, a partir do século XIX até a segunda metade do século XX, amplo relacionamento do Estado com o segundo setor, com exploração dos serviços públicos por concessionários. Todavia, identifica-se um lapso temporal de cinquenta anos, compreendido entre as décadas de 1940 e 1980 do século XX, em que os contratos de longa duração deixam de ser largamente utilizados pelo Estado. A partir da década de 1980 do século XX, inicia-se um movimento de retorno, com processos de privatização e desestatização e uma inversão na prestação de serviços públicos, com incremento qualitativo e quantitativo de prestação indireta por delegação no segundo setor, sobretudo através do contrato de concessão.

[6] O primeiro setor corresponde às estruturas do Estado, englobando a Administração Pública direta e indireta, denominado de setor público e responsável pela gestão dos ativos da sociedade, pela tributação e pela promoção da justiça social. O segundo setor é o mercado e corresponde ao conjunto das empresas que exercem atividades privadas com objetivo de obtenção de lucro. Contém o ambiente de concessões, permissões e autorizações e suas

relações pressupõem módulos convencionais[7] capazes de permitir o desenvolvimento e controle da prestação dos serviços públicos e das atividades econômicas de relevância para o interesse público.

Nesse contexto o direito administrativo no ambiente contratual deixa de fornecer respostas adequadas e satisfatórias a demandas de diferentes realidades. Alicerçado nas bases da dicotomia público-privado do século XIX, espremido na noção de potestade da Administração Pública sedimentada no Brasil a partir da segunda metade do século XX, desconfiado das relações Estado-sociedade.

Trata-se de um direito administrativo fundamentalmente preocupado com a manutenção da autoridade e que tem a pretensão utópica de, no ambiente contratual, presentificar o tempo futuro, buscando alocar no contrato administrativo todas as relações jurídicas do porvir, com significativo insucesso e prejuízo ao interesse público e à prestação dos serviços públicos.

Numa análise crítica sobre o tempo, Ilya Prigogine sugere uma nova racionalidade, destacando que o tempo é uma ilusão e um paradoxo, necessitando ser revisto em seu conceito pela lógica de que é afetado por sistemas dinâmicos instáveis, afirmando que o tempo não tem início nem fim.[8]

O questionamento quanto ao tempo também se aplica ao contrato administrativo, que teve suas bases estabelecidas no mesmo ambiente de busca de segurança jurídica em face de probabilidades do século XIX. Essa construção pouco se alinha com a realidade atual, instável por natureza e aberta a diferentes possibilidades de alteração.

---

relações contratuais com a Administração Pública na prestação de serviços públicos e no exercício de atividades econômicas de interesse público. O terceiro setor corresponde ao espaço reservado às relações públicas, porém não estatais, constituído de organizações sem fins lucrativos, incluindo as Organizações Sociais (OS), a Sociedade Civil de Interesse Público (OSCIP) e as demais organizações não governamentais. Trata-se do público não estatal, nem público integralmente e nem privado. O objetivo é o atendimento de finalidades de interesse público.

[7] A expressão "módulos convencionais" é de Fernando Menezes de Almeida. (ALMEIDA, Fernando Menezes. *Contrato administrativo*. São Paulo: Editora Quartier Latin, 2012. p. 236.)

[8] Para o autor o tempo é uma ilusão. Não existe. Exemplifica com a física, afirmando que nos séculos XVIII e XIX a física era estável, determinista, onde as instabilidades eram exceções. O autor afirma que há um limite na validade do conceito de tempo. (PRIGOGINE, Ilya. *O fim das certezas*: tempo, caos e as leis da natureza. Com Isabelle Stengers. São Paulo: UNESP, 1996.)

No Brasil essa constatação é extremamente angustiante quando se percebe que serviços públicos e atividades de interesse público de grande repercussão econômica estão necessariamente sendo realizados dentro de um ambiente contratualizado na Administração Pública. É através de contratos administrativos, manifestados por diferentes módulos convencionais, que o Estado realiza e pretende realizar a satisfação de diferentes direitos no país.

E nesse ponto o direito administrativo contratual tradicional[9] necessita atualizar o instrumental teórico necessário para regular as novas relações e efetivamente permitir a satisfação do interesse público.

Partindo-se da premissa de que o Estado brasileiro é, por definição constitucional, um Estado prestador de serviços públicos, na forma do artigo 175 da Constituição Federal, somente através dos serviços públicos é possível estabelecer a completa satisfação dos direitos fundamentais esculpidos no texto constitucional.

Considerando-se o incremento qualitativo e quantitativo das demandas sociais, especialmente aquelas relacionadas com a prestação de serviços públicos, e em face da impossibilidade técnica, econômica ou conjuntural do Estado em dar atendimento adequado a essas demandas a partir da estrutura do primeiro setor, exsurge a necessidade de parcerias com a sociedade, com o mercado, com agentes econômicos para atendimento das finalidades públicas.

O regime jurídico-administrativo brasileiro está vivenciando uma virada paradigmática, com propostas de alteração do modelo de autoridade pelo modelo de consenso negocial. Assim como o Estado do século XIX ou o do século XX, o Estado do século XXI é um Estado de parcerias. A diferença está no grau e intensidade dessas parcerias. Vivencia-se a Era das Parcerias na relação Estado-sociedade, no segundo setor e no terceiro setor.

Novos relacionamentos que exigem novas posturas estatais. Esse Estado precisa de um direito administrativo repensado à

---

[9] Considera-se direito administrativo contratual tradicional, para fins de análise do objeto desta tese, a construção teórica desenvolvida no Brasil principalmente a partir da segunda metade do século XX, mas que encontra respaldo na legislação já no Código de Contabilidade Pública da União, Decreto nº 4.536/22, art. 51, §4º, e art. 54, alínea "h", que já tratava de alteração unilateral dos contratos administrativos. Refere-se ao direito positivo e à doutrina desenvolvidos até a década de 1980, sobretudo legitimados no Decreto-lei nº 2.300/86 e na Lei nº 8.666/93.

luz dos desafios que ele e a Administração Pública enfrentam no século XXI, na satisfação dos direitos, em especial dos direitos sociais. Serviços públicos realizados através de contratos de longa duração, no regime de concessão, com aumento de complexidade,[10] exigem um repensar dos paradigmas tradicionais da ação contratual administrativa.

O direito administrativo contratual tradicional não fornece à Administração Pública contemporânea as respostas necessárias aos diferentes problemas enfrentados no ambiente contratual. Questões como alocação de risco, estabelecimento de metas a longo prazo, reorganização da equação econômico-financeira e do equilíbrio econômico-financeiro decorrente, taxa interna de retorno,[11] entre outros, não são facilmente disciplináveis pelo modelo tradicional de regulação administrativa.

O atual regime negocial da Administração Pública não consegue disciplinar a contento os contratos administrativos, em especial os de longa duração, exatamente aqueles em que se busca a prestação de serviços públicos que afetam diretamente a sociedade no ponto central de seu desenvolvimento: serviços públicos garantidores de bem-estar geral e individual que potencializam o desenvolvimento humano e social e produzem crescimento do País enquanto nação e da sociedade enquanto organização.

No ambiente dos contratos administrativos de longa duração, novos arranjos na relação jurídica com os cidadãos exigem novos comportamentos estatais. O foco no ambiente de autoridade exige uma ressubstancialização, de modo a atender as exigências constitucionais de satisfação do interesse público. Novos comportamentos, adequados ao ambiente de imprevisibilidade dos contratos de longa duração e de permanente e contínua mudança.

Novos relacionamentos Estado-sociedade civil-mercado, que carecem de forte regulação e exigem uma ressubstancialização do

---

[10] Sobre o aumento de complexidade na sociedade contemporânea ver: FOLLONI, André. *Introdução à teoria da complexidade*. Curitiba: Juruá, 2016.

[11] A taxa interna de retorno consiste na avaliação da atratividade financeira de um empreendimento, que é quando a taxa interna de retorno apresenta-se maior ou igual à taxa de mínima atratividade da empresa, com base num fluxo de caixa. (KARAM, Rejane; SHIMA, Walter Tadahiro. A concessão de rodovias paranaenses: um serviço público sob a ótica do lucro. *Revista Paranaense de Desenvolvimento*, Curitiba, nº 113, p. 103-127, jul./dez. 2007.)

direito administrativo contratual, com um reposicionamento do regime jurídico exorbitante em que este está alicerçado, de modo a permitir a satisfação do interesse público para além das fronteiras estatais, num ambiente negocial paritário e consensual, sem fragilização dos mecanismos administrativos de garantia do interesse público.

Assim, *o objetivo da análise da tese é buscar discutir sobre novos paradigmas nas contratações administrativas, em especial no que se refere aos contratos de longa duração, para reposicionamento das prerrogativas administrativas contratuais, comumente denominadas de cláusulas exorbitantes.*

Na primeira parte, o objetivo é demonstrar que o direito administrativo brasileiro estrutura-se a partir da segunda metade do século XX como direito derrogatório do direito privado e que os contratos administrativos constituem-se a partir da noção de prerrogativas públicas.

Em primeiro lugar, busca-se analisar os atuais alicerces do modelo negocial da Administração Pública brasileira, estruturados a partir do Decreto-lei nº 2.300/86, especialmente fundados na lógica da autoridade, e contrapô-los ao modelo de paridade e negociação, que tem na legislação das concessões, permissões e autorizações, em especial no regime das Parcerias Público-Privadas, e também na legislação da arbitragem, um espaço de grande expressão.

No Capítulo 1 da Parte I, o desenvolvimento da tese contempla a demonstração da teoria tradicional do contrato administrativo baseada na autoridade e a sua estruturação sobre as prerrogativas públicas, com a análise das características de autoridade da relação contratual administrativa e a diferenciação entre os contratos privados.

Ainda nesta Parte I, mas no Capítulo 2, o objetivo é analisar o regime geral de prerrogativas dos contratos administrativos no direito brasileiro, sobretudo segundo a perspectiva da Lei nº 8.666/93 e sua aplicação para os contratos de curta duração e para as demais contratações, em especial para as concessões de serviço público.

Ao final desse capítulo, a tese versa sobre desigualdade jurídica no contrato administrativo e sua fundamentação decorrente de equivocada interpretação dos princípios da supremacia do interesse público e indisponibilidade do interesse público, apontando o desequilíbrio na relação contratual.

No Capítulo 3 da Parte I, desenvolve-se sobre a opção legislativa da Lei nº 8.666/93 por uma relação jurídica litigante com o contratado. Busca-se ainda analisar o tratamento constitucional sobre o tema e demonstrar que não há na Constituição fundamento de validade que refute uma relação jurídica de parceria com contratado.

Na Parte II volta-se a analisar a crise do modelo de autoridade e a crítica ao unilateralismo que permeia o regime contratual brasileiro, com exposição sobre a sua inadequação e insuficiência para atender às demandas da Administração Pública contemporânea.

No Capítulo 1 da Parte II, o objetivo é realizar uma crítica da lógica binária direito público *versus* direito privado, autoridade *versus* liberdade, com exposição sobre outra racionalidade jurídica, que ressubstancializa a relação contratual a partir da noção de relação jurídica.

Nesse capítulo, desenvolve-se sobre a mudança paradigmática no ambiente contratual, com a substituição da autoridade pelo consenso, além de se efetuar uma digressão sobre a interpenetração do público e do privado, e sobre o estabelecimento do conceito de relação jurídica como elemento central do contrato.

Ao final desse capítulo a conclusão é por um regime de direito, nos contratos administrativos, nem público nem privado, com foco no reposicionamento de prerrogativas e no contrato administrativo como instrumento de distribuição de prestações de interesse público, e não de colisão entre interesses públicos e privados.

O Capítulo 2 da Parte II trata do aumento da complexidade contratual e da consequente insuficiência da unilateralidade para o atendimento destas realidades complexas. Neste capítulo, desenvolve-se sobre os diferentes módulos convencionais da Administração Pública, as diferenciações entre os contratos de curta e de longa duração e a necessidade de reorganização do regime jurídico contratual, buscando-se equilíbrio entre coordenação, cooperação e subordinação no contrato, que assume um novo papel qualitativo perante a relação Estado-sociedade.

O Capítulo 3 da Parte II busca desenvolver sobre o deslocamento da posição de subordinação no contrato administrativo, justamente para afirmar a superioridade do interesse público em contraponto à superioridade da Administração Pública na relação contratual.

Nesse capítulo, desenvolve-se sobre como a unilateralidade foi estruturada a partir do Código de Contabilidade Pública da União, os Decretos nº 2.300/86 e nº 2.348/87 e a Lei nº 8.666/93 e como o consensualismo é inserido no regime jurídico contratual a partir das Leis nº 8.987/95, nº 11.196/2005, nº 10.520/2002, nº 11.079/2004, nº 12.462/2011, nº 12.815/2013, nº 13.129/2015, nº 13.140/2015 e nº 13.303/2016, além de se realizar uma rápida digressão sobre o Projeto de Lei nº 559/2013, de reforma da Lei de Licitações.

A parte final do Capítulo 3 versa sobre o enquadramento subsidiário das prerrogativas e localização de sujeições e de prerrogativas no contrato como condições do interesse público, e não atributos do poder público ou direitos do contratado.

A Parte III da tese objetiva demonstrar que o consensualismo aparece como alternativa a uma relação jurídica verticalizada e unilateral.

O Capítulo 1 da Parte III trata da cooperação como fundamento de realização de políticas públicas materializadoras de direitos e desenvolve sobre os contratos relacionais, tratando também da visão do contratado como parceiro. Nesse capítulo, também se discute o consensualismo como resposta ao aumento de complexidade contratual.

No Capítulo 2 da Parte III analisa-se um princípio de eleição entre o direito público e o direito privado nas relações contratuais e o enquadramento das prerrogativas como cláusulas de aplicação episódica, e não como elemento intrínseco da relação contratual. Nesse capítulo trabalha-se uma visão processual do contrato e discute-se mudanças no equilíbrio de poder do contrato.

E finalizando essa parte, o Capítulo 3 da Parte III expõe a utilização da arbitragem como técnica de solução de conflitos no consensualismo, desenvolve sobre direitos patrimoniais disponíveis e analisa a evolução do direito positivo brasileiro no tema.

Na Parte IV o objetivo é demonstrar a construção de um projeto contratual sem soluções imperativas e voltado ao desenvolvimento do País.

No Capítulo 1 da Parte IV foi realizada análise sobre o princípio da mutabilidade e desenvolveu-se sobre direitos subjetivos e serviços públicos, o alargamento do âmbito de atuação do contrato administrativo, a visão de governo pelos contratos e dos contratos como implementadores de políticas públicas.

Buscou-se no Capítulo 2 da Parte IV tratar de um novo modelo de contratualização, com igualdade assimétrica e equilíbrio de posições jurídicas contratuais, com análise do contrato como instrumento e objeto da regulação administrativa. A segurança jurídica foi abordada sob o ponto de vista da estabilidade contratual, propondo-se a substituição da visão fotográfica da Administração Pública por uma visão processual.

O último capítulo da tese, o Capítulo 3 da Parte IV, trata da proposta de um novo regime jurídico para os contratos administrativos, defendendo-se a aplicação subsidiária da condição de autoridade, inexistência de um regime geral de prerrogativas e enquadramento do contrato administrativo como instrumento de desenvolvimento.

Como se pode observar, no âmbito dos contratos administrativos, *a tese busca identificar um modelo de reposicionamento das prerrogativas públicas, de aplicação subsidiária, assim como busca defender a inconveniência de um regime geral de prerrogativas, decorrente da lei, para sustentar um regime específico, contrato a contrato.*

Não se busca uma simples substituição do paradigma da unilateralidade pelo paradigma do consenso, sem uma base programática adequada e processualmente suficiente para permitir o controle da prestação dos serviços públicos e das atividades econômicas de interesse público.

Trata-se de ressubstancializar o papel do Estado na relação jurídico-administrativa e nas suas relações contratuais, para melhor atender ao interesse público no atual ambiente de complexidade.

Cumpre destacar, ainda, que a presente tese não tem por objetivo realizar uma integral revisão bibliográfica sobre o tema (seja da bibliografia nacional ou estrangeira), mas sistematizar as fontes mais relevantes para viabilizar uma linha de raciocínio que permita demonstrar a possibilidade de um regime jurídico contratual consensual e o enquadramento do contrato como instrumento de desenvolvimento.

PARTE I

A TEORIA TRADICIONAL DO CONTRATO ADMINISTRATIVO E AS PRERROGATIVAS COMO ELEMENTO ESTRUTURADOR DO INTERESSE PÚBLICO NA RELAÇÃO CONTRATUAL ADMINISTRATIVA

O Estado não é um valor em si ou uma organização finalisticamente racional, portadora de fins autónomos. O político e o Direito são, sim, subsistemas do sistema social. E há um trilátero mágico de poder-normas-domínio. As normas jurídicas são criadas por um poder de natureza injuntiva e este concebe-se como uma modalidade da interacção social. A um nível profundo, o poder político assenta em estruturas de domínio, entendendo-se por domínio a distribuição desigualitária de poder (produção de bens materiais, produção de bens simbólicos, detenção de instrumentos de coerção). Por seu turno, a articulação do domínio (nível profundo) com o poder (nível superficial de interacções) pressupõe esquemas de mediação ou modos de racionalidade mediadora essencialmente revelada por normas jurídicas vinculantes.[12]

Na teoria tradicional do contrato administrativo, pressupõe-se que a condição de autoridade, que nos contratos administrativos

---
[12] MIRANDA, Jorge. *Teoria do Estado e da Constituição.* Rio de Janeiro: Forense, 2007. p. 168.

é vista a partir das prerrogativas, seja o elemento estruturador do interesse público na relação jurídico-administrativa. Esse é o contexto dos capítulos a seguir desenvolvidos.

Cabe destacar que a tese em discussão parte da noção de prerrogativas, exatamente pelo fato de que, no ordenamento jurídico contratual brasileiro, não faz sentido falar em cláusulas exorbitantes, pois estas não são conaturais ao contrato e a sua determinação decorre da lei, sendo impostas de fora para dentro.[13]

As prerrogativas não são cláusulas contratuais naturais, são criadas e asseguradas por força da lei e sequer necessitam estar previstas expressamente no contrato para serem aplicadas no ordenamento atual. Não há, portanto, sentido jurídico ou epistemológico em se utilizar a expressão, especialmente pela carga negativa de significado nela contida, de exorbitância decorrente do contrato em relação ao direito comum.

Pretende-se desenvolver na tese a inadequação de um regime geral e legal de prerrogativas, para defender a aplicação de um regime exorbitante, episódico e subsidiário, contrapondo-se à noção de cláusula exorbitante, constitutiva do contrato e marca da presença da Administração Pública na relação negocial.

---

[13] Exatamente para desde logo diferenciar epistemologicamente a proposta de reposicionamento de prerrogativas, optou-se pela não utilização da expressão "cláusula exorbitante", substituindo-a por "prerrogativa", de modo a demonstrar afastamento da lógica de exorbitância *a priori* prevalecente no direito contratual tradicional.

CAPÍTULO 1

O ENQUADRAMENTO DA RELAÇÃO CONTRATUAL ADMINISTRATIVA COMO EXPRESSÃO DE POTESTADE PÚBLICA E DE UNILATERALIDADE

> *O conceito de contrato não pode ser entendido a fundo, na sua essência íntima, se nos limitarmos a considerá-lo numa dimensão exclusivamente jurídica – como se tal constituísse uma realidade autônoma, dotada de autônoma existência nos textos legais e nos livros de direito. Bem pelo contrário, os conceitos jurídicos – e entre estes, em primeiro lugar, o de contrato – refletem sempre uma realidade exterior a si próprios, uma realidade de interesses, de relações, de situações econômico-sociais, relativamente aos quais cumprem, de diversas maneiras, uma função instrumental. Daí que, para conhecer verdadeiramente o conceito do qual nos ocupamos, se torne necessário tomar em atenta consideração a realidade econômico-social que lhe subjaz (...).*[14]

O direito administrativo origina-se como ramo autônomo na França, durante o século XIX, dentro do contexto de estruturação do Estado de Direito, cuja matriz pressupõe uma Administração Pública centralizada, com reforçada autonomia em face dos demais

---

[14] ROPPO, Enzo. *O contrato*. Coimbra: Almedina, 2009. p. 7.

poderes, assegurada pela existência do Conselho de Estado francês e de uma jurisdição administrativa.[15]

Em face da influência produzida pela ruptura da sociedade francesa com o Estado absoluto, que gerou uma administração centralizada, vislumbrada como instrumento de mudança social, o sistema de administração francês desenvolveu-se a partir do final do século XIX como sistema executivo, caracterizado pela submissão da Administração Pública a um estatuto jurídico diverso do aplicável aos particulares, que assegurava posição de autoridade, garantindo que a administração gozaria de poderes de supremacia sobre os cidadãos, designadamente o poder de definir unilateralmente o direito aplicável nas relações com os particulares.[16]

Esse ambiente propicia a formação de um modelo de direito público derrogatório do direito privado, focado na dicotomia público-privado, em que a organização administrativa é estabelecida a partir das prerrogativas públicas, com afirmação da posição de superioridade do Poder Público na relação jurídico-administrativa.[17]

---

[15] ALMEIDA, Fernando Menezes. *Contrato administrativo*. São Paulo: Editora Quartier Latin, 2012. p. 29-42.

[16] Marcelo Rebelo de Souza e André Salgado de Matos apontam que a formação do direito administrativo está diretamente relacionada aos sistemas de direito. Recortando-se a partir do ocidente contemporâneo, é possível distinguir dois sistemas de direito: o anglo-saxônico, da *common law* (caracterizado pela importância do costume, do precedente e da jurisprudência como fontes do direito) e o romano-germânico, da *civil law* (caracterizado pelo privilégio à lei, com minimização do costume e da jurisprudência). Na sociedade francesa, a ruptura revolucionária com o Estado absoluto gerou uma administração centralizada, que levou Maurice Hauriou a desenvolver no final do século XIX a teoria de dois sistemas de administração: a a judiciária, própria da *common law* (em que a Administração Pública se submete ao direito comum) e a administração executiva (na qual a Administração Pública se submete ao direito administrativo), própria dos sistemas romano-germânicos, caracterizada pela supremacia e por prerrogativas, em que o Estado dispõe de um peso dominador dentro da administração. Todavia, cabe destacar que os autores salientam que essa distinção nos dias de hoje faz cada vez menos sentido, pois as diferenças de regime administrativo são relativas à extensão da descentralização e da autotutela executiva da administração, e, sobretudo, sobre a divergência quanto à melhor forma de assegurar o bem comum, por uma visão de prevalência da sociedade civil ou uma visão de supremacia do poder político do Estado. (SOUZA, Marcelo Rebelo de; MATOS, André Salgado de. *Direito administrativo geral*. 3. ed. Lisboa: Editora Dom Quixote, 2010. v. 1, p. 115-118.)

[17] Romeu Felipe Bacellar Filho assinala que "foi assim que a teoria do contrato nasceu nos quadrantes do direito privado. O direito administrativo clássico não admitia a figura do contrato administrativo. Embora na primeira metade do século XIX a prática administrativa alemã reconhecesse numerosas hipóteses de relações bilaterais consensuais entre entes públicos ou entes públicos e privados, na jurisprudência e na doutrina predominava o entendimento que, pertencendo o modelo contratual exclusivamente ao direito privado, as declarações de vontade das partes estavam regidas exclusivamente

Explicando as origens do direito administrativo, Celso Antônio Bandeira de Mello aponta a ligação à jurisprudência do Conselho de Estado francês, que após a Revolução Francesa passa a regular os vínculos intercorrentes entre o Poder Público e os cidadãos através de uma disciplina específica, exorbitante do direito comum.

Todavia, ressalta que existe uma impressão equivocada de que o direito administrativo é um direito concebido em favor do Poder e critica as construções doutrinárias que arrolam "poderes" da Administração Pública (regulamentar, normativo, discricionário, hierárquico), pois contribuem para que o direito administrativo seja visto como um ramo aglutinador de poderes desfrutáveis pelo Estado em sua feição administrativa ao invés de ser considerado como conjunto de limitações aos poderes do Estado e conjunto de deveres do Estado para com os cidadãos.[18]

---

pelo Direito Civil. Deve-se a Laband, no direito alemão, em obra publicada em 1876, a teorização do contrato de direito público como espécie da categoria geral do contrato. Vivendo uma época em que a cultura jurídica era dominada por uma dimensão civilista e, ao mesmo tempo, jusnaturalista, Laband estende o módulo contratual ao direito público com intuito de oferecer embasamento a atos consensuais que até então eram construídos como mera manifestação da supremacia do Estado e que colocavam o particular contratante na posição de mero súdito (...)". O autor também pontua que "Otto Mayer sustentava que os tradicionais módulos paritários do direito privado eram inadequados para a Administração Pública que deveria valer-se de um instrumental autoritário funcional à sua qualidade de 'pessoa superior' em relação aos particulares. Não haveria compatibilidade entre direito público e os módulos contratuais do Direito Civil, pois este estaria alicerçado numa relação de paridade entre as partes, inexistentes em se tratando de relações com a Administração Pública. O argumento final para justificar a impossibilidade de inserção no direito público de um verdadeiro e próprio contrato residia na origem da desigualdade entre Administração e particulares: a prerrogativa própria da vontade estatal de produzir unilateralmente modificações na esfera jurídica particular dada a natureza intrinsecamente autoritária da vontade estatal. (...) Na época, consolidou-se, no entanto, a tese de Otto Mayer, para quem, mesmo nas relações jurídicas travadas entre Administração e particulares, no tocante à prestação de serviços (numa relação de emprego público), o consentimento deste para a criação do vínculo representaria tão somente um pressuposto de validade, que não interferia na vida e no desenvolvimento da relação". (BACELLAR FILHO, Romeu Felipe. Contrato Administrativo. In: BACELLAR FILHO, Romeu Felipe (Coord.). *Direito administrativo contemporâneo*. Belo Horizonte: Fórum, 2004. p. 307-312).

[18] E aponta que "talvez a razão primordial desta forma errônea de encarar o Direito Administrativo resida no fato de que este, ao surgir, foi encarado como um direito 'excepcional', que discrepava do 'direito comum', isto é, do direito privado, o qual, até então, era, com ressalva apenas do Direito Penal, o único que conhecia. Com efeito, o Direito Administrativo tal como foi elaborado, pressupunha a existência, em prol do Estado, de prerrogativas inexistentes nas relações entre os particulares, as quais, então, foram nominadas de 'exorbitantes', isto é, que exorbitavam dos direitos e faculdades que se reconheciam aos particulares em suas recíprocas relações". (BANDEIRA DE MELLO, Celso Antônio. *Curso de direito administrativo*. 28. ed. São Paulo: Editora Malheiros, 2010. p. 39-44).

A relação contratual administrativa, desde o século XIX até os dias atuais, foi gradativamente enquadrada como expressão da condição de autoridade do Estado, como reflexo da condição de potestade pública da Administração Pública e materializou-se no direito positivo no Brasil a partir da segunda metade do século XX pela unilateralidade, noção de autoridade e superioridade jurídica da Administração Pública contratante e pela desigualdade jurídica de posições entre a Administração Pública contratante e o contratado.

O direito administrativo tradicional, voltado para a estruturação do Estado, pressupõe nos contratos administrativos que a unilateralidade é o eixo principal da relação jurídica, construído a partir da lógica de poder de polícia e não de função ordenadora. Toda a construção da teoria contratual administrativa brasileira na segunda metade do século XX até a década de 1980 estabeleceu-se sobre o binômio autoridade X liberdade, também traduzido por prerrogativas X sujeições, ou poder X dever.

Apontando que a matriz francesa envolve uma Administração Pública centralizada, Fernando Menezes de Almeida desenvolve que na primeira metade do século XIX era aceito com naturalidade que entidades estatais contratassem com outros entes particulares, mas que no final daquele século passou-se a questionar esses contratos, de modo que o Conselho de Estado francês empreendeu a criação jurisprudencial dos elementos do contrato administrativo, já influenciado por esse ambiente.[19]

Trata-se de um direito de matriz jurisprudencial, criado pela óptica do juiz, com regras flexíveis e abertas de modo a preservar uma margem de decisão futura. A doutrina dos contratos administrativos inicia deste ponto e por Gaston Jèze é trabalhada partindo do binário que orientou toda a construção do direito no século XIX: o regime de direito público e o regime de direito privado.[20] No terreno contratual, o autor dividia os contratos

---

[19] O autor cita que há decisão de 1902 sobre mutabilidade do contrato e que em 1910 há decisão que reconheceu a imutabilidade da equação econômica financeira do contrato. (ALMEIDA, Fernando Menezes. *Contratos administrativos*. São Paulo: Quartier Latin, 2012. p. 127-129.)

[20] Apontando a adoção de um regime jurídico administrativo ao contrato, Jacintho de Arruda Câmara assinala que "há de se ressaltar que, ao contratar, o Estado exerce a função administrativa, submetendo-se, portanto, às normas que regem essa atividade. Neste sentido é a lição de Agustin Gordillo, que defende a doação do regime jurídico administrativo a todos os atos jurídicos (entre eles os contratos) emanados da Administração

em contratos submetidos ao direito público e contratos privados submetidos ao direito civil.[21]

Como o contrato administrativo é expressão de um direito administrativo focado na condição de autoridade, todo o seu enquadramento recente parte da premissa de derrogação parcial do direito civil. Por tais razões, manuais e cursos jurídicos, ao sistematizar o estudo dos contratos administrativos, o fazem estabelecendo capítulos que abordam critérios para definir o que seria um contrato administrativo e também um regime jurídico específico dessas contratações, singular em relação à teoria geral dos contratos como negócios jurídicos.[22]

Marcello Caetano, nesse sentido, expõe que a marca característica do contrato administrativo é a sujeição especial do particular ao interesse público.[23]

Pública no exercício da função que lhe é própria. São suas essas palavras: 'Por princípio geral, pois, todo ato produtor de efeitos jurídicos diretos, ditado no exercício da função administrativa – e entre estes todos os atos emanados de órgãos administrativos – é sempre ato administrativo, e deve rechaçar-se a possibilidade de que um órgão administrativo ou outro órgão estatal, que atue no exercício da função administrativa, possa realizar atos de direito privado (sempre com a ressalva de que o objeto de seus atos administrativos pode reger-se parcialmente, pelo direito privado)'". (CÂMARA, Jacintho de Arruda. *Obrigações do Estado derivadas de contratos inválidos*. São Paulo: Malheiros, 1999. p. 34.)

[21] JÈZE, Gaston. *Principios generales del derecho administrativo*: la noción de servicio público – los agentes de la administración pública. Buenos Aires: Editorial Depalma, 1949. v. 2.

[22] Romeu Felipe Bacellar Filho aponta que "a 'teoria das modulações' de Eduardo García de Enterría contribuiu para construção teórica de contrato administrativo. A premissa básica é que as instituições do direito administrativo não precisam ser substancialmente equivalentes àquelas do Direito Civil. No direito administrativo modulam-se as instituições e técnicas jurídicas gerais para atender às exigências relativas à Administração Pública, modulação que pode apresentar-se em variados graus conforme a singularidade da instituição. Ao invés de pensar-se o contrato administrativo em comparação com o contrato civil, trata-se de analisar quais são as variáveis que a presença subjetiva da Administração introduz no molde contratual. (...) Tratando das modulações, Eduardo García de Enterría distingue: as derrogações das normas contratuais comuns, a diferente função que cumpre a noção de ordem pública como limite à licitude dos pactos as prerrogativas do poder público, usualmente chamadas pela doutrina francesa de cláusulas exorbitantes, que reconduzem ao formidável privilégio da decisão unilateral e execução prévia anterior ao conhecimento judicial impondo-se ao particular que contrata com a Administração o ônus de impugnação judicial. Estes privilégios da Administração, na dinâmica contratual justificam-se em função das necessidades públicas atendidas pela atividade administrativa (obras e serviços públicos)". (BACELLAR FILHO, Romeu Felipe. Contrato Administrativo. In: BACELLAR FILHO, Romeu Felipe (Coord.) *Direito administrativo contemporâneo*. Belo Horizonte: Fórum, 2004. p. 307-312.)

[23] CAETANO, Marcello. *Princípios fundamentais do direito administrativo*. Coimbra: Almedina, 2010. p. 185.

A caracterização do contrato administrativo e a diferenciação do contrato privado é efetuada pela presença da Administração Pública na relação contratual bilateral, que nessa visão detinha posição de supremacia, inclusive para determinar os requisitos do pacto. O contrato, nessa perspectiva, caracteriza-se como contrato público pela participação da Administração Pública com privilégios nesta relação contratual. Essa noção, de postura privilegiada da Administração Pública, sustenta as prerrogativas, nas quais se incluem a possibilidade de alteração e de rescisão unilateral do contrato, dentro dos limites determinados pelo interesse público (Lei 8.666/93, arts. 58 e 59).[24]

Todavia, é possível identificar opiniões dissidentes, como a de Mário Masagão, para quem o fato de a administração participar da relação negocial com prerrogativa de Poder Público não desnatura o contrato, nem dele retira a natureza consensual.[25]

Mas é certo que a estruturação das prerrogativas como nucleares no contrato administrativo é reflexo desse ambiente, com regulação de poderes para alteração e rescisão unilateral. O equilíbrio econômico-financeiro aparece como direito do contratado numa resposta à lógica da autoridade do contrato administrativo.

---

[24] Representando, por todos, a doutrina tradicional desse período, Hely Lopes Meirelles destaca que em todo contrato administrativo coexistem duas ordens de cláusulas: "as econômicas e regulamentares do serviço, da obra ou do fornecimento. Aquelas são inalteráveis unilateralmente porque fixam a remuneração e os direitos do contratado perante a Administração e estabelecem a equação financeira a ser mantida durante toda a execução do contrato; estas – as regulamentares ou de serviço – são alteráveis unilateralmente pela Administração segundo as exigências do interesse público que o contrato visa atender. A variação do interesse público é que autoriza a alteração do contrato e até mesmo sua extinção, nos casos extremos em que sua execução se torna inútil ou prejudicial à comunidade. (...) Embora alteradas as cláusulas regulamentares ou de serviço, deverá ser mantido o equilíbrio econômico do contrato, isto é, a relação inicial encargo/remuneração. Isto porque – repetimos – se, de um lado, a Administração tem o poder de modificar o projeto e as suas condições de execução do contrato, para adequá-lo às exigências supervenientes do interesse público, de outro lado, o contratado tem o direito de ver mantida a equação financeira originalmente estabelecida no ajuste. Para tanto, operam-se os reajustes econômicos que se tornarem necessários à restauração do equilíbrio financeiro do contrato, rompido pelo ato unilateral da Administração. É o que os franceses denominam 'equivalência honesta', ou seja, uma relação justa entre o interesse da Administração e o do contratado". (MEIRELLES, Hely Lopes. Licitação e contrato administrativo. São Paulo: Malheiros Editores, 1990. p. 173-182.)

[25] MASAGÃO, Mário. Natureza jurídica da concessão de serviço público. São Paulo: Saraiva, 1933. p. 81.

Esse é o contexto em que a relação contratual administrativa é enquadrada como potestade pública, com posição jurídica diferenciada em relação ao contratado, afirmando-se a unilateralidade e a verticalidade da Administração Pública e a proposta de "cláusulas exorbitantes".[26]

As prerrogativas públicas, dentro desse modelo, sustentam o contrato administrativo como eixo central de validade, consistindo na sua própria essência. Mas são instrumentais ao contrato.[27]

---

[26] Romeu Felipe Bacellar Filho assinala que "o regime alusivo ao contratos administrativos, de cunho jurídico administrativo, impõe à Administração Pública um rol de sujeições que restringem a sua esfera de atuação, mas que, sob outro enfoque, lhe outorga algumas prerrogativas. As sujeições são representadas, entre outras, pela própria imposição do procedimento licitatório antecedendo a contratação administrativa. O exemplo mais marcante das prerrogativas refletir-se-ia na presença, no corpo do contrato, ou do reconhecimento pela lei, das chamadas cláusulas exorbitantes. A rigor, estas cláusulas inexistentes como criação ou estipulação das partes no instrumento do contrato. O que há de certo é que o regime jurídico administrativo faz exsurgir emanações decorrentes da preponderância do interesse público configuradoras de prerrogativas que a doutrina acostumou-se a denominar como exorbitantes do direito comum. Os privilégios reconhecidos pelo conjunto normativo afetam as contratações da Administração Pública, deixando de ser uma imposição característica exclusiva das contratações administrativas 'passando a estigmatizar todas as avenças do Poder Público'". (BACELLAR FILHO, Romeu Felipe. Contrato administrativo. In: BACELLAR FILHO, Romeu Felipe (Coord.) *Direito administrativo contemporâneo*. Belo Horizonte: Fórum, 2004. p. 321.)

[27] Celso Antônio Bandeira de Mello assinala que "os que se ocupavam do Direito Administrativo na França, país onde nasceu esse ramo do Direito, buscavam encontrar um 'critério', ou seja, uma ideia básica, central, a partir da qual fosse possível reconhecer quando se deveria considerar presente uma situação a ser regida pelo Direito Administrativo, isto é, situação que despertasse a aplicação de princípios e regras pertencentes a este nascente ramo do Direito, e, pois, que em situações conflituosas fosse da alçada do Conselho de Estado, e não da Justiça comum. Pois bem, a ideia base inicialmente considerada como o fator base do desencadeamento do Direito Administrativo e polo aglutinador de seus vários institutos foi a ideia de *puissance publique*, isto é, da existência de poderes de autoridade detidos pelo Estado e exercitáveis em relação aos administrados. Compreende-se, então, à vista das razões enunciadas, que houvesse irrompido a impressão de que o Direito Administrativo seria um direito armado ao propósito de investir o Estado, os detentores do Poder, na posse de um instrumental jurídico suficientemente poderoso para subjugar os administrados. Surgiria, ao depois, com Léon Duguit, uma linha de pensamento quase que inversa, pretendendo substituir a *puissance publique*, até então havida como noção matriz e polo aglutinador dos institutos de Direito Administrativo, pelo conceito de 'serviço público', proposto como pedra angular deste ramo jurídico. Para Duguit e seus discípulos a noção-chave, a ideia central do Direito Administrativo, verdadeiramente capaz de explicar as peculiaridades de seus institutos e justificar sua aplicação, seria a noção de 'serviço público', isto é, de serviços prestados à coletividade pelo Estado, por serem indispensáveis à coexistência social. Chegou, mesmo, o ilustre autor a afirmar que o Estado não é senão um conjunto de serviços públicos. E aduzia: 'nisto se resume a minha Teoria de Estado'". (BANDEIRA DE MELLO, Celso Antônio. *Curso de direito administrativo*. 28. ed. São Paulo: Editora Malheiros, 2010. p. 44-47.)

E a figura do contrato administrativo é definida pelas características específicas em relação aos contratos privados: ausência de acordo bilateral entre as partes e desigualdade entre a partes.[28] Reconhecia-se a categoria do contrato administrativo, enquadrando-a nessa perspectiva, ressaltando as prerrogativas como outro fator delimitador do contrato administrativo, traduzidas nesse contexto como regime de direito público.[29]

Assim, o conceito de contrato administrativo teorizado no ambiente da segunda metade do século XX traduz-se como avença entre a Administração Pública e terceiros, sob regime de direito público, com a presença de prerrogativas.

A doutrina tradicional caracteriza o contrato administrativo a partir das prerrogativas (alteração unilateral do contrato, fiscalização da execução, imposição unilateral de sanções pela Administração Pública, rescisão unilateral) e das características de contrato de adesão, oneroso, comutativo pela equivalência entre as prestações e sinalagmático pela reciprocidade das obrigações.

Há, também, como elemento caracterizador do contrato administrativo, o equilíbrio econômico-financeiro, que se traduz também como garantia contraposta à modificação contratual decorrente das prerrogativas.

Percebe-se, portanto, que o enquadramento da relação contratual administrativa nesse período sustenta autoridade, exorbitância e desigualdade jurídica, fundamentadas numa visão equivocada do princípio da supremacia do interesse público sobre o privado.

Mas cabe destacar que o prognóstico da necessidade de uma Administração Pública mais moderna não é recente e demonstra que a unilateralidade não foi sempre a pedra de toque do regime jurídico contratual administrativo, mas uma realidade no direito positivo brasileiro e na doutrina, sobretudo e somente, a partir do Decreto-lei nº 2.300/86 e da Lei nº 8.666/93.

---

[28] Oswaldo Aranha Bandeira de Mello nesse sentido inclusive afirmava, em corrente minoritária, que por força dessas características específicas de ausência de acordo bilateral de vontades e de desigualdade jurídica, que sequer poderia ser considerado como contrato, e sim um negócio jurídico específico. (BANDEIRA DE MELLO, Oswaldo Aranha. *Princípios gerais de direito administrativo*. 3. ed. São Paulo: Malheiros, 2010,.v. 1, p. 670.)

[29] MEIRELLES, Hely Lopes. *Licitação e contrato administrativo*. São Paulo: Malheiros Editores, 1990. p. 173-182.

No que se refere à analise da supremacia do interesse público e das prerrogativas contratuais, pode-se citar Manoel de Oliveira Franco Sobrinho, que em 1979 já apontava que o Estado não pode, nos acordos que trava, buscar privilégios fora das obrigações assumidas contratualmente,[30] não admitindo que fosse a inserção de prerrogativas a responsável pela conversão de um contrato em contrato administrativo,[31] e destacando que o interesse público prevalece sobre o individual somente na hipótese do conflito, e não genérica e abstratamente em todas as situações da relação negocial.[32]

O autor ainda destacava que a participação da Administração Pública na relação contratual com prerrogativas não lhe retirava o caráter consensual,[33] o que reflete que a busca por equilíbrio nas relações jurídico-administrativas, e em especial nas relações contratuais, não é inovação do século XXI, mas já se vislumbrava no século XX, ainda que a partir da década de 1980 o direito positivo, e consequentemente a doutrina, tenham se posicionado fortemente pela imperatividade.

E mais uma vez cabe citar como exemplo Mário Masagão, que em 1977 já afirmava que alterações nos contratos entre o Poder Público e os concessionários só poderiam decorrer de acordos, rejeitando expressamente a unilateralidade.[34]

Retrocedendo historicamente para o período anterior, é possível encontrar outros autores no mesmo sentido, já estabelecendo um necessário prognóstico consensualista.

---

[30] "Já hoje se entende que, firmado o acordo contratual, as partes se igualam frente aos objetivos, não podendo o Estado buscar outros privilégios, senão aqueles das obrigações assumidas formalmente, embora esteja em jogo o alegado interesse público". (FRANCO SOBRINHO, Manoel de Oliveira. *Curso de direito administrativo*. São Paulo: Saraiva, 1979. p. 196).

[31] "Não parece ser, portanto, a inserção de cláusulas exorbitantes que convertem um contrato em contrato administrativo, mas a intenção dominante de realizar, com a colaboração do particular, fins de interesse público". (*Ibid.*, p. 199.)

[32] "Todavia, o primado do interesse geral, público ou de utilidade, prevalece sobre o interesse particular somente na hipótese de conflito, do desatendimento no comprometido ou na falha na execução das obras e serviços". (*Ibid.*, p. 200.)

[33] "Na verdade doutrinária e prática, o fato da Administração Pública participar da relação contratual com prerrogativa de poder público não desnatura a natureza de qualquer tipo de contrato e nem lhe tira o caráter consensual". (FRANCO SOBRINHO, Manoel de Oliveira. *Curso de direito administrativo*. São Paulo: Saraiva, 1979. p. 204.)

[34] "Assim, quando sobreveio a revolução de 1930, eram os contratos a fonte reguladora dos direitos e dos deveres do poder público e dos concessionários, inclusive quanto a tarifas, não se admitindo, para elas, alterações que não decorressem de acordos". (MASAGÃO, Mário. *Curso de direito administrativo*. São Paulo: Revista dos Tribunais, 1977. p. 287.)

Analisando prerrogativas contratuais, Francisco Campos já em 1943 afirmava que os efeitos exorbitantes do direito civil resultavam da noção de serviço público mas não se produziam por força dessa noção, mas do instrumento em que o concessionário declara reconhecê-los e aceitá-los, o que demonstraria que as obrigações do concessionário tinham a mesma fonte que as outras obrigações contratuais. Em uma análise mais detida, percebe-se que o autor não extraía qualquer efeito de um regime jurídico administrativo exorbitante, e sim de um contrato como outro qualquer que só poderia ser alterado consensualmente entre as partes.[35]

Percebe-se, portanto, que no século XX a unilateralidade geral (em contratos que não são de serviço público) é característica que se fez presente no Brasil a partir da segunda metade do desse século até a década de 1980. A unilateralidade nos contratos de serviço público, todavia, é um pouco mais antiga, mas era muito mais tímida nas prerrogativas do que passou a ser a partir da década de 1960. De todo modo, a fundamentação de tais prerrogativas em uma teoria é praticamente inexistente na literatura nacional pré-Segunda Guerra Mundial – e só passou a ser pacífica após a década de 1940. Tal fundamentação no princípio da supremacia do interesse público é ainda mais recente.[36]

Portanto o horizonte do consensualismo no ambiente contratual administrativo não é tão novo quanto se pode imaginar, e um movimento de retorno parece necessário e importante para a satisfação das demandas da contemporaneidade.[37]

---

[35] "A fonte dos direitos e das obrigações do concessionário será, assim, no próprio conceito de Jèze, que atribui ao ato de concessão um caráter especial, o instrumento em que concorrem as declarações de vontade do concedente e do concessionário. Os efeitos exorbitantes do direito civil, que o mesmo autor afirma resultarem da noção de serviço público, não se produzem, pois, por força dessa noção, mas do instrumento em que o concessionário declara reconhece-los e aceitá-los. As obrigações do concessionário têm, portanto, a mesma fonte que as outras obrigações contratuais". (CAMPOS, Francisco. *Direito administrativo*. Rio de Janeiro: Imprensa Nacional, 1943. p. 182.)

[36] Foi apenas a partir do Decreto-lei nº 2.300/86 que a unilateralidade passou expressamente a constar como direito posto. O Código de Contabilidade Pública da União, de 1922, aplicava uma disciplina de direito comum aos contratos administrativos, não admitindo a modificação unilateral (exceção aos contratos de serviço público).

[37] Sobre o assunto, Maria João Estorninho aponta que no pós-guerra houve o surgimento de uma "administração nova, negociada ou contratual, em que o acordo vem substituir os tradicionais atos unilaterais de autoridade, aparecendo em relação a eles como uma verdadeira alternativa e em que os administrados deixam de ser meros destinatários

Mas é relevante destacar a doutrina de Celso Antônio Bandeira de Mello a esse respeito, que afirma haver uma interpretação equivocada da supremacia do interesse público, refutando a ideia de que o "poder" seja o núcleo aglutinante do direito administrativo. E pontua que essa impressão generalizada enaltecendo a ideia de Poder, com um viés autoritário, é surpreendentemente falsa, desencontrada com a História e com a própria razão de ser do direito administrativo.[38]

As prerrogativas não se traduzem em arbitrariedade, são instrumentais à realização das finalidades públicas e pressupõem o direito ao equilíbrio econômico financeiro do contrato exatamente pela mutabilidade deste, relacionada diretamente com a possibilidade de alteração unilateral decorrente do *ius variandi* próprio da condição exorbitante da Administração Pública na relação contratual. A essência do contrato é deslocada da simples harmonia de interesses para a consecução de um fim de interesse público.[39]

Analisando a discussão doutrinária sobre um campo próprio para o contrato administrativo, Casalta Nabais aponta que existiram duas matrizes principais de discussão. Uma linha de discussão era pela negação da natureza de contrato ao contrato administrativo, enquadrando-o como ato administrativo unilateral ou em figuras híbridas, com fundamentação na ausência de igualdade das partes.

A outra linha de discussão era pela aceitação dos contratos no quadro de atuação da Administração Pública, porém recusando uma substancialidade jurídica própria capaz de distingui-los dos contratos jurídicos privados (ou o Estado não firmava contratos ou os firmava no direito privado).[40]

---

passivos das decisões unilaterais da 'Administração Pública'". (ESTORNINHO, Maria João. *A fuga para o direito privado*. Coimbra: Almedina, 1999. p. 28.)

[38] O autor rejeita a adoção de uma perspectiva autoritária, que assenta as bases deste ramo jurídico sobre uma força oriunda do alto e imposta aos cidadãos hierarquicamente. Defende que o Direito Administrativo e seus institutos organizam-se em torno do dever de servir à coletividade, do encargo de atender a necessidades gerais, sendo elas as justificativas para o exercício da autoridade e destaca que "o Poder, no Direito Público atual, só aparece, só tem lugar, como algo ancilar, rigorosamente instrumental e na medida estrita em que é requerido como via necessária e indispensável para tornar possível o cumprimento do dever de atingir a finalidade legal". (BANDEIRA DE MELLO, Celso Antônio. *Curso de direito administrativo*. 28. ed. São Paulo: Editora Malheiros, 2010, p. 46-47.)

[39] TÁCITO, Caio. *Direito administrativo*. São Paulo: Saraiva, 1975. p. 292.

[40] CASALTA NABAIS, José. *Contratos fiscais*. Coimbra: Coimbra Ed., 1994. p. 9-84.

O autor relata que a primeira matriz hoje é ultrapassada, mas a segunda ainda recolhe apoios, e cita argumentos para justificar a ideia de que o Estado não pactua ou pactua no direito privado: desigualdade das partes, falta de autonomia da vontade, incompatibilidade com as exigências do princípio da legalidade, rigidez do contrato e a mutabilidade do interesse público, incomercialidade do objeto do contrato administrativo, ausência da função de intercâmbio de utilidades econômicas em regime de liberdade, igualdade e concorrência e, por fim, ausência de previsão numa determinada ordem jurídica.

Ao tratar da desigualdade das partes, argumenta que o contrato supõe a igualdade jurídica e que o direito público apenas disciplina a subordinação do cidadão ao Estado, caracterizando desigualdade, o que justificaria uma contradição em si na relação do contrato administrativo e aponta um dilema: ou o Estado trata o cidadão com igualdade, renunciando às prerrogativas, celebrando contratos de direito privado, ou o Estado intervém como autoridade e prerrogativas, colocando-se no domínio público, mas não contratando pela desigualdade em face do cidadão.[41]

Afirma Casalta Nabais que cada vez mais frequentes são os contratos em que as partes gozam apenas da liberdade de contratar ou não contratar, porque o conteúdo é imposto legalmente (por exemplo, contrato de adesão), e que há defeito na visão de reduzir a função administrativa à função de estrita execução da lei, especialmente porque a máquina administrativa é obrigada a assumir

---

[41] O autor ainda refuta essa lógica, afirmando que a igualdade das partes não é característica essencial do contrato jurídico privado. Não é de igualdade de posição das partes, mas de prestações, de modo que a prestação de uma das partes seja justificação bastante da prestação da outra parte. A igualdade do contrato é independente da situação fática em que as partes se encontram. A ideia de que o direito público nas relações entre o indivíduo e o Estado tem como campo de aplicação os atos de autoridade está de há muito ultrapassada. A face autoritária atual é claramente minoritária frente ao quadro de atuações do Estado. O autor aponta que a distinção entre administração de autoridade e administração de prestações está em vias de dissolução, sendo substituída pelo conceito de administração constitutiva ou conformadora, com o fim da dicotomia autoridade-liberdade de raiz liberal burguesa, especialmente pela recíproca interpenetração dos polos Estado-sociedade. Ou seja, a relativa desigualdade das partes na relação administração e cidadão não é impeditiva de que tais relações sejam objeto de contrato administrativo, isso porque o contrato administrativo se refere a uma negociação bilateral distinta da relação simétrica que opera no campo do direito privado. (CASALTA NABAIS, José. *Contratos fiscais*. Coimbra: Coimbra Ed., 1994. p. 25.)

a dimensão gigantesca exigida pela sociedade, havendo margem de discricionariedade que permite uma porta aberta à ação contratual das autoridades públicas sempre que não haja oposição da lei.

Em nota, aponta que Sérvulo Correia defende uma autonomia privada à administração, analógica à dos particulares, que só vale na medida da analogia que se verifique qualitativamente diferente: a autonomia privada dos particulares se move no quadro da licitude, a autonomia privada da administração se move no quadro da legalidade.[42]

De todo modo, clara está a estruturação do contrato administrativo a partir das prerrogativas e o seu enquadramento como elemento estruturador do próprio interesse público.[43]

---

[42] CASALTA NABAIS, José. *Contratos fiscais*. Coimbra: Coimbra Ed., 1994. p. 9-84.

[43] "De todo o modo, e como também foi anteriormente assinalado, a origem histórica destes 'poderes exorbitantes' da Administração na fase de execução dos contratos administrativos acompanha o processo de construção da figura dogmática que corresponde ao *contract administratif* surgida na França, no início do século XIX. Com efeito, estas prerrogativas de autoridade foram originalmente 'inventadas' pelo Conselho de Estado Francês, para obviar o problema da rigidez dos contratos através dos quais a Administração recorria à colaboração dos particulares que lhe prestassem os bens ou serviços de que necessitava para prosseguir as suas atribuições. Ou seja, foram concebidas no contexto de contratos que tinham em vista associar de forma mais ou menos duradoura os particulares à realização de tarefas de interesse público (mas com um objeto passível de contrato privado), não tendo paralelo no 'contrato de direito público' alemão". (KIRKBY, Bobela-Mota Mark. *Contratos sobre o exercício de poderes públicos*: o exercício contratualizado do poder administrativo de decisão unilateral. Coimbra: Coimbra Editora, 2011. p. 403.)

CAPÍTULO 2

O REGIME GERAL DE PRERROGATIVAS DOS CONTRATOS ADMINISTRATIVOS NO DIREITO BRASILEIRO E SUA SUSTENTAÇÃO NO PRINCÍPIO DA SUPREMACIA DO INTERESSE PÚBLICO

> *El interés público es progresista, dinâmico. Su dirección es casi siempre económica, de bienestar general o social... En el interés público, el impulso es de bienestar general.*[44]

A condição de autoridade da Administração Pública foi estabelecida gradualmente na construção do direito administrativo a partir do século XIX, e impacta na construção da teoria contratual administrativa brasileira.[45]

Analisando as prerrogativas contratuais, Maria João Estorninho afirma que constituem poderes-funcionais ou *poderes-deveres* dos quais a Administração Pública não pode abdicar, visto serem instrumentais à realização do interesse público. Pondera a autora

---

[44] BIELSA, Rafael. *Principios de derecho administrativo*. 3. ed. Buenos Aires: Depalma, 1963. p. 830.

[45] "A ideia da 'exorbitância' dos poderes de que a Administração nos contratos que celebra foi, em grande medida, devida ao facto de o Direito Privado utilizado como ponto de comparação ser ainda, na época, o Direito clássico de inspiração novecentista. Esse direito contratual do século XIX caracterizava-se por partir de premissas individualistas, tais como a liberdade contratual e a igualdade jurídica das partes. Entendidas de uma forma absoluta, essas premissas giravam em torno de ideia fundamental de autonomia privada e eram, de facto, incompatíveis com situações de domínio de uma das partes num contrato. À luz desses cânones tradicionais do Direito contratual privado era, na realidade, impensável que uma das partes pudesse ditar a seu bel-prazer a interpretação das cláusulas contratuais ou qualquer modificação à sua redacção inicial". (ESTORNINHO, Maria João. *Requiem pelo contrato administrativo*. Coimbra: Almedina, 2003. p. 140.)

que a administração detém esses poderes em razão do fim de interesse público que o contrato visa realizar, para assegurar o cumprimento da execução contratual da forma mais adequada. Por tais motivos a Administração Pública está impedida de renunciar ao exercício das prerrogativas num determinado contrato "sobretudo quando estejam em causa contratos de colaboração, que associam o particular à prossecução do interesse público. Uma tal cláusula contratual seria ilegal".[46]

Todo o direito positivo dos contratos administrativos atualmente organiza-se a partir das prerrogativas públicas, erroneamente denominadas de cláusulas exorbitantes. Esse tratamento é explicitado na Lei nº 8.666/93, na Lei Geral de Licitações e Contratos e na legislação correlata no ordenamento jurídico brasileiro.[47]

Trata-se de regime jurídico baseado exclusivamente na dicotomia público-privado, reservando um regime especial e derrogatório ao Estado na prestação dos serviços públicos, com estabelecimento de prerrogativas *a priori* na relação contratual, condicionando desigualdade de posição jurídica entre Poder Público e contratado, com imposição abstrata de supremacia e indisponibilidade do interesse público.[48]

---

[46] ESTORNINHO, Maria João. *Curso de direito dos contratos públicos*: por uma contratação pública sustentável. Coimbra: Almedina, 2014. p. 477.

[47] José Anacleto Abduch Santos neste ponto discorda e afirma que "entre as prerrogativas de interesse público que são conferidas à Administração Pública em decorrência do regime jurídico administrativo e, pois, da supremacia do interesse público sobre o interesse particular e da indisponibilidade do interesse público pela Administração, estão aquelas contidas nas usualmente denominadas 'cláusulas exorbitantes'. A designação 'cláusula exorbitante' remonta do Direito Francês, que concebeu a expressão para referenciar condições contratuais (cláusulas) que 'exorbitantes', extrapolariam ou iriam para além de condições contratuais que poderiam ser aceitas nas relações contratuais entre particulares, marcadas pela obrigatoriedade das convenções e pela consensualidade. A expressão 'cláusulas exorbitantes' para designar prerrogativas exorbitantes ou privilégios que exorbitam do direito civil titularizadas pela Administração Pública na relação contratual com particularidades é tradicional e de muito utilizada também no Brasil. Assim, não há qualquer problema metodológico ou científico em manter a referência às prerrogativas públicas nos contratos administrativos como sendo previstas ou estabelecidas por 'cláusulas exorbitantes'. Trata-se de expressão que, ao ser utilizada, remete o interprete a um juízo mental e psicológico valorativo imediato e automático, relacionando-a às prerrogativas público-contratuais". (SANTOS, José Anacleto Abduch. *Contratos administrativos*: formação e controle interno da execução com particularidades dos contratos de prestação de serviços terceirizados e contratos de obras e serviços de engenharia. Belo Horizonte: Fórum, 2015. p. 28).

[48] Apontando o regime contratual exorbitante e imperativo da Administração Pública na prestação de serviços públicos está Celso Antônio Bandeira de Mello: "Estas acotações já estão

E partindo dessa premissa, no ordenamento jurídico brasileiro o contrato administrativo enquanto gênero apresenta disciplina na Lei nº 8.666/93, definido como um ajuste entre a Administração Pública e um particular que possui características muito próprias: a) é sinalagmático e comutativo, com reciprocidade de direitos e obrigações; b) é um contrato de adesão, definido previamente pela administração; c) possui cláusulas que exorbitam do direito comum em favor da Administração Pública; d) traz regras de equilíbrio econômico-financeiro para proteger a equação econômica inicialmente estabelecida.

No ambiente da Lei nº 8.666/93 as prerrogativas caracterizam o regime jurídico administrativo próprio da Administração Pública, calcado nos princípios da supremacia do interesse público e na indisponibilidade do interesse público.

A Administração Pública brasileira se organizou sob esses pilares, impondo a sua condição de autoridade em face do particular com a justificativa da proteção do interesse público.[49]

---

a ressaltar que a noção de serviço público depende inteiramente da qualificação que o Estado (nos termos da Constituição e das leis) atribui a um tipo de atividades: àquelas que reputou *não deverem ficar entregues simplesmente aos empenhos da livre iniciativa* e que por isto mesmo – e só por isto – entendeu de assumir e colocar sob a égide do *regime jurídico típico instrumentador e defensor dos interesses públicos*: o regime peculiar ao Estado. Isto é: o regime de direito público, regime este concebido e formulado com o intento manifesto e indeclinável de colocar a satisfação de certos interesses sob o pálio de normas que, de um lado, outorgam prerrogativas de autoridade a seu titular ou exercente (estranhas, pois, à situação que corresponde aos particulares em suas relações recíprocas) e de outro instituem sujeições e restrições igualmente peculiares, tudo conforme será esclarecido mais além". (BANDEIRA DE MELLO, Celso Antônio. Serviço público e sua feição constitucional no Brasil. In: MENDONÇA, Oscar; MODESTO, Paulo (Coord.). *Direito do Estado*: novos rumos – direito administrativo [do Congresso Brasileiro de Direito do Estado]. São Paulo: Max Limonad, 2001. v. 2, p. 20.)

[49] José Anacleto Abduch Santos sustenta que "Diante da importância das prerrogativas da Administração na relação contratual, Miguel Angel Berçaitz chega a ponderar que é a própria 'existência de cláusulas especiais inseridas nos contratos administrativos, exorbitantes do direito privado, que atesta um regime jurídico especial de direito público'. Embora admita que a determinação da cláusula exorbitante seja complexa e difícil, podem ser consideradas como tal 'aquelas representativas do caráter de poder público com que a Administração intervém nos contratos administrativos, colocando-se em uma posição de superioridade jurídica, ou investindo o contratado particular em relação a terceiros, de prerrogativas que são próprias do poder público'. Assim, enquanto uma relação jurídico-contratual privada é marcada pela horizontalidade, a relação contratual administrativa é marcada pela verticalidade, cabendo à pessoa jurídica pública certos privilégios que efetivamente colocam em posição de superioridade perante o contrato privado. Esses privilégios ou prerrogativas implicam uma modificação sensível da estrutura normal e ordinária dos contratos de direito privado. Em uma relação contratual privada prevalece a obrigatoriedade das convenções (pacta sunt servanda) e a consensualidade. Tais características são bastante atenuadas ou mesmo podem deixar de existir em um contrato administrativo". (SANTOS, José Anacleto Abduch. *Contratos administrativos*: formação e controle interno da execução com

Da análise da Lei nº 8.666/93, identifica-se a manutenção de toda a estruturação do Decreto-lei nº 2.300/86, com um regime de supremacia da Administração Pública *a priori* na relação contratual e a positivação do conceito de cláusula exorbitante.

Desse modo a Administração Pública pode modificar ou rescindir unilateralmente os contratos administrativos, fiscalizar sua execução, aplicar sanções administrativas, reter créditos, ocupar provisoriamente bens móveis, imóveis, pessoal e serviços vinculados ao objeto do contrato, e possui ainda restrição à aplicação da cláusula de exceção do contrato não cumprido, regra das mais basilares na *pacta sunt servanda*. Essas prerrogativas estão estruturadas no artigo 58 da Lei nº 8.666/93 na forma de um *regime legal geral*.[50]

Há outros dispositivos na Lei nº 8.666/93 que detalham e esmiúçam esse regime legal geral. O artigo 49 trata da anulação unilateral pela Administração Pública, de ofício, na identificação de ilegalidade, sendo aplicado em conjunto com o artigo 79, que prevê a rescisão por ato unilateral e escrito.[51]

O artigo 54 define regime de direito público para o contrato administrativo e aplicação supletiva e subsidiária das normas de direito privado.[52]

---

particularidades dos contratos de prestação de serviços terceirizados e contratos de obras e serviços de engenharia. Belo Horizonte: Fórum, 2015. p. 28.)

[50] "Art. 58. O regime jurídico dos contratos administrativos instituído por esta Lei confere à Administração, em relação a eles, a prerrogativa de:
I – modificá-los, unilateralmente, para melhor adequação às finalidades de interesse público, respeitados os direitos do contratado;
II – rescindi-los, unilateralmente, nos casos especificados no inciso I do art. 79 desta Lei;
III – fiscalizar-lhes a execução;
IV – aplicar sanções motivadas pela inexecução total ou parcial do ajuste;
V – nos casos de serviços essenciais, ocupar provisoriamente bens móveis, imóveis, pessoal e serviços vinculados ao objeto do contrato, na hipótese da necessidade de acautelar apuração administrativa de faltas contratuais pelo contratado, bem como na hipótese de rescisão do contrato administrativo".

[51] "Art. 49. A autoridade competente para a aprovação do procedimento somente poderá revogar a licitação por razões de interesse público decorrente de fato superveniente devidamente comprovado, pertinente e suficiente para justificar tal conduta, devendo anulá-la por ilegalidade, de ofício ou por provocação de terceiros, mediante parecer escrito e devidamente fundamentado.
Art. 79. A rescisão do contrato poderá ser:
I – determinada por ato unilateral e escrito da Administração, nos casos enumerados nos incisos I a XII e XVII do artigo anterior";

[52] "Art. 54. Os contratos administrativos de que trata esta Lei regulam-se pelas suas cláusulas e pelos preceitos de direito público, aplicando-se-lhes, supletivamente, os princípios da teoria geral dos contratos e as disposições de direito privado".

A modificação unilateral prevista no artigo 58 é complementada no artigo 65, que impõe como critério axiológico para a sua ocorrência a melhor adequação às finalidades de interesse público, e estabelece as condições para essa alteração unilateral: a) modificação do projeto para melhor adequação técnica aos seus objetivos; b) modificação do valor contratual em decorrência de acréscimo ou diminuição quantitativa de seu objeto, ficando o contratado obrigado a aceitar, nas mesmas condições contratuais, os acréscimos ou supressões até 25% (vinte e cinco por cento) do valor inicial atualizado do contrato, e, no caso de reforma de edifício ou de equipamento, até o limite de 50% (cinquenta por cento).[53]

A Lei nº 8.666/93 também disciplina motivos para rescisão contratual fortemente fundamentados no regime exorbitante. O artigo 78, no inciso XII, prevê expressamente a rescisão por razões de interesse público, de alta relevância e amplo conhecimento, justificadas, embora não estabeleça nenhum critério para a sua definição, o que pode propiciar margem para equivocadas interpretações e, inclusive, situações de arbítrio, abuso de poder e desvio de finalidade.[54]

O mesmo dispositivo legal, no inciso XIII, possibilita supressão por parte da administração, de obras, serviços ou compras, nos termos do limite permitido no parágrafo 1º do artigo 65.[55] O inciso XV do artigo 78 garante a possibilidade da Administração Pública

---

[53] "Art. 65. Os contratos regidos por esta Lei poderão ser alterados, com as devidas justificativas, nos seguintes casos:
I – unilateralmente pela Administração:
a) quando houver modificação do projeto ou das especificações, para melhor adequação técnica aos seus objetivos;
b) quando necessária a modificação do valor contratual em decorrência de acréscimo ou diminuição quantitativa de seu objeto, nos limites permitidos por esta Lei;
§1º O contratado fica obrigado a aceitar, nas mesmas condições contratuais, os acréscimos ou supressões que se fizerem nas obras, serviços ou compras, até 25% (vinte e cinco por cento) do valor inicial atualizado do contrato, e, no caso particular de reforma de edifício ou de equipamento, até o limite de 50% (cinquenta por cento) para os seus acréscimos".
[54] "Art. 78. Constituem motivo para rescisão do contrato:
XII – razões de interesse público, de alta relevância e amplo conhecimento, justificadas e determinadas pela máxima autoridade da esfera administrativa a que está subordinado o contratante e exaradas no processo administrativo a que se refere o contrato".
[55] "Art. 78. Constituem motivo para rescisão do contrato:
XIII – a supressão, por parte da Administração, de obras, serviços ou compras, acarretando modificação do valor inicial do contrato além do limite permitido no §1º do art. 65 desta Lei".

suspender o pagamento pela execução do objeto contratado por até noventa dias.[56]

E ainda, o artigo 87 da Lei nº 8.666/93 detalha o inciso IV do artigo 58, permitindo a aplicação unilateral de sanções administrativas de advertência, multa, suspensão temporária do direito de licitar e declaração de inidoneidade, nas hipóteses de inexecução total ou parcial, desde que respeitado o devido processo legal.[57]

Percebe-se claramente o ambiente exorbitante que permeia a formação do contrato administrativo e a sua estruturação na posição jurídica de supremacia da Administração Pública, que apresenta poderes para desconstituir as bases do negócio jurídico unilateralmente, sem contudo ter a lei objetivado adequadamente limites e condições para o exercício desses poderes.

Conceitos jurídicos indeterminados, como "melhor adequação às finalidades de interesse público" (art. 58, I), "melhor adequação técnica aos seus objetivos" (art. 65, I, "a"), "razões de interesse público, de alta relevância e amplo conhecimento" (art. 78, XII) e "grave perturbação da ordem interna" (art. 78, XV) demonstram o grau elevado de discricionariedade administrativa que o Poder Público contratante possui na relação contratual. A indeterminação desses conceitos gera insegurança jurídica, fragiliza o contrato e, a depender da situação, majora seus custos, sobretudo pela ampliação do risco político.[58]

---

[56] "Art. 78. Constituem motivo para rescisão do contrato:
XV – o atraso superior a 90 (noventa) dias dos pagamentos devidos pela Administração decorrentes de obras, serviços ou fornecimento, ou parcelas destes, já recebidos ou executados, salvo em caso de calamidade pública, grave perturbação da ordem interna ou guerra, assegurado ao contratado o direito de optar pela suspensão do cumprimento de suas obrigações até que seja normalizada a situação".

[57] "Art. 87. Pela inexecução total ou parcial do contrato a Administração poderá, garantida a prévia defesa, aplicar ao contratado as seguintes sanções:
I – advertência;
II – multa, na forma prevista no instrumento convocatório ou no contrato;
III – suspensão temporária de participação em licitação e impedimento de contratar com a Administração, por prazo não superior a 2 (dois) anos;
IV – declaração de inidoneidade para licitar ou contratar com a Administração Pública enquanto perdurarem os motivos determinantes da punição ou até que seja promovida a reabilitação perante a própria autoridade que aplicou a penalidade, que será concedida sempre que o contratado ressarcir a Administração pelos prejuízos resultantes e após decorrido o prazo da sanção aplicada com base no inciso anterior".

[58] Sobre a insegurança generalizada e o risco político nos contratos de longa duração, Thiago Valiati aponta que "a despeito de os contratos administrativos de longa duração configurarem verdadeiros instrumentos de governo e efetivos contratos regulatórios, a quebra contratual – e, por consequência, o panorama de insegurança jurídica no seio dos

Essas prerrogativas e a posição de desigualdade jurídica da Administração Pública são justificadas axiológica e epistemologicamente pela aplicação do princípio da supremacia do interesse público sobre o privado. A questão é que no Brasil a interpretação desse princípio, a partir da segunda metade do século XX, ensejou uma posição de supremacia da Administração Pública, representada pela verticalidade existente nas relações com o particular, com a justificativa de se buscar a satisfação do interesse da coletividade.

No espaço temporal anterior ao regime democrático estabelecido com a Constituição de 1988, é possível identificar interpretações do princípio como uma regra abstrata de supremacia, na qual a Administração Pública poderia restringir direito do particular justificando um abstrato e genérico interesse público, sem relacioná-lo com o caso concreto e sem efetuar a devida ponderação de valores.

O início do século XXI é marcado por forte crítica à ideia de supremacia e ao próprio princípio da supremacia do interesse público sobre o privado, ao qual é atribuído caráter autoritário incompatível com a Constituição Federal.

Apontando uma origem autoritária do direito administrativo e baseada nas prerrogativas, Paulo Otero, contudo, entende que,

---

contratos de investimento – configura prática recorrente na realidade nacional, o que acaba por violar o ideal de confiabilidade que integra o conteúdo do princípio da segurança jurídica. Mas o cenário de quebra contratual não se restringe aos ditos contratos de investimento. Os contratos de desembolso, decorrentes da Lei nº 8.666/93 também são frequentemente quebrados pelo Poder Público. O inadimplemento de tais contratos acaba tendo um efeito indireto até mesmo para os investidores que pretendem explorar determinado setor da infraestrutura nacional por intermédio de um contrato de parceria público-privada, visto que reforça uma sensação crescente de insegurança no Brasil. Portanto, a insegurança jurídica por todo o lugar, que não se limita aos contratos de investimento, mas que também engloba a insegurança dos contratos de desembolso. A quebra dos contratos pela Administração configura uma prática arraigada no âmbito do Estado brasileiro. Mas a insegurança na execução contratual não decorre somente da atuação do Poder Executivo; para além dos Poderes Públicos, os órgãos de controle (como é o caso do TCU) também surgem como causadores de insegurança jurídica nos setores de infraestrutura. A fim de evitar problemas na execução dos contratos de investimento, devem eles ser compreendidos a partir da ideia de segurança dinâmica e de sua incontestável incompletude. Todavia, isto não significa que tudo em um contrato seja mutável; resta absolutamente inviável, por exemplo, a possibilidade de alteração da equação econômico-financeira do contrato administrativo". (VALIATI, Thiago Priess. *O princípio constitucional da segurança jurídica nos setores de infraestrutura*: a segurança como dever dos Poderes Públicos e como direito dos agentes econômicos. 2016. Dissertação (Mestrado em Direito) – Programa de Pós-Graduação em Direito da Universidade Federal do Paraná, 2016. p. 214-215.)

no final do século XX, operou-se uma crise de identidade, em que o direito administrativo vivenciou uma progressiva amputação de poder em favor do direito privado.[59]

Mas é relevante destacar a controvérsia doutrinária sobre o tema. Analisando as raízes históricas do direito administrativo, Romeu Felipe Bacellar Filho evidencia a inadequação da ideia de que o contencioso administrativo teria sido criado para o exercício de arbitrariedade sem controle judicial, que seria um instituto herdado do Antigo Regime.[60]

Em outro sentido, autores como Humberto Bergmann Ávila, Paulo Ricardo Schier, Marçal Justen Filho, Daniel Sarmento e Gustavo Binembojm buscaram demonstrar a insuficiência das bases que compõem o princípio frente ao regime jurídico administrativo e ao ordenamento constitucional, propondo um redimensionamento do princípio e do próprio conceito de interesse público.[61]

Para citar alguns exemplos, sustentando que não se trata nem de norma-princípio nem de postulado, Humberto Bergmann

---

[59] "Em termos históricos, o Direito Administrativo nasceu ao arrepio do princípio da separação de poderes, sendo o Direito das prerrogativas de autoridade e não das garantias dos administrados. A evolução do Direito Administrativo operou-se em termos contraditórios, entre constante tentativa de fuga da Administração Pública às vinculações e a paralela preocupação de limitação do seu espaço de liberdade decisória. As últimas décadas do século XX trouxeram uma crise de identidade ao Direito Administrativo, vivendo numa encruzilhada científica pela progressiva amputação do seu espaço de operatividade a favor do Direito Privado, pela emergência das autoridades administrativas independentes e por uma descaracterização do sentido da função administrativa face à função jurisdicional". (OTERO, Paulo. *Legalidade e administração pública*: o sentido da vinculação administrativa à juridicidade. 2. ed. Coimbra: Almedina, 2011. p. 343.)

[60] BACELLAR FILHO, Romeu Felipe. Breves reflexões sobre a jurisdição administrativa: uma perspectiva de direito comparado. *Revista de Direito Administrativo*, Rio de Janeiro, nº 211, p. 71-72, jan./mar. 1998.

[61] ÁVILA, Humberto. Repensando o "Princípio da Supremacia do Interesse Público sobre o Particular". *Revista Eletrônica sobre a Reforma do Estado (RERE)*, Salvador, Instituto Brasileiro de Direito Público, nº 11, set./out./nov. 2007. Disponível em: <http://www.direitodoestado.com.br/rere.asp>. Acesso em: 17/02/2017; BINENBOJM, Gustavo. *Uma teoria do direito administrativo*: direitos fundamentais, democracia e constitucionalização. Rio de Janeiro: Editora Renovar, 2006; SARMENTO, Daniel. Interesses públicos vs. interesses privados na perspectiva da teoria e da filosofia constitucional. In: SARMENTO, Daniel. (Coord.). *Interesses públicos vs. interesses privados*: desconstruindo o princípio da supremacia do interesse público. Rio de Janeiro: Lumen Juris, 2005. p. 23-116; JUSTEN FILHO, Marçal. Conceito de interesse público e a "personalização" do direito administrativo. *Revista Trimestral de Direito Público*, São Paulo, nº 26, p. 115-136, 1999; SCHIER, Paulo Ricardo. Ensaio sobre a supremacia do interesse público sobre o privado e o regime jurídico dos direitos fundamentais. *Cadernos da Escola de Direito e Relações Internacionais*, Curitiba, UNIBRASIL, p. 55-72, jan./jun. 2003.

Ávila[62] define a supremacia do interesse público como um axioma. Para o autor não há no ordenamento constitucional fundamento de justificação do referido princípio. Afirma que, embora não se negue a relevância do interesse público, a imposição estatal em face do particular deve ser analisada na medida de sua limitação.

Na mesma linha de desconstrução do princípio, Paulo Ricardo Schier[63] desenvolve um paralelo entre supremacia do interesse público e direitos fundamentais. E aponta que o direito público não pode prevalecer em detrimento do direito privado, e vice-versa, mas devem coexistir em equilíbrio. Compreende a Constituição como unidade e sistema, e afirma a necessidade de se analisar sua completude, apontando que todos os valores possuem vinculação e mesmo nível de hierarquia, não justificando a relação de superioridade entre os interesses públicos e privados.

Paulo Ricardo Schier ainda destaca que a Constituição, quando escolhe um direito em primazia do outro, o faz como técnica de solução, prevalecendo o direito público ou o direito privado, mas não há como se falar em supremacia, pois a regra é a unicidade. O autor conclui que há equívoco no entendimento do princípio da supremacia do direito público sobre o privado, fazendo com que este assuma cláusula geral de restrição de direitos, liberdades e garantias fundamentais, omitindo e desvirtuando os direitos fundamentais.[64]

No mesmo sentido, propondo uma ressubstancialização do princípio da supremacia a partir da dignidade da pessoa humana e uma personalização do direito administrativo, Marçal Justen Filho propõe um repensar do direito administrativo a partir das ideias de filtragem constitucional, da conformação do direito para orientar e disciplinar as atividade humanas, do questionamento

---

[62] ÁVILA, Humberto. Repensando o "princípio da supremacia do interesse público sobre o particular". *Revista Eletrônica sobre a Reforma do Estado (RERE)*, Salvador, Instituto Brasileiro de Direito Público, nº 11, set./out./nov. 2007. Disponível em: <http://www.direitodoestado.com.br/rere.asp>. Acesso em: 17/02/2017.

[63] SCHIER, Paulo Ricardo. Ensaio sobre a supremacia do interesse público sobre o privado e o regime jurídico dos direitos fundamentais. *Cadernos da Escola de Direito e Relações Internacionais*, Curitiba, p. 55-72, jan./jun. 2003.

[64] SCHIER, Paulo Ricardo. Ensaio sobre a supremacia do interesse público sobre o privado e o regime jurídico dos direitos fundamentais. *Cadernos da Escola de Direito e Relações Internacionais*, Curitiba, p. 55-72, jan./jun. 2003.

da proposta de que o interesse público deve prevalecer sempre, porque é único e singular.[65] Marçal Justen Filho afirma a supremacia dos direitos fundamentais e entende que a Administração Pública deve agir em consonância com a sistemática de proteção dos direitos fundamentais, na qual o direito administrativo deve proteger as minorias e seus interesses, com uma processualização da atividade administrativa e um incremento na participação popular no âmbito das decisões da administração.[66]

O fio condutor desses raciocínios é um suposto caráter autoritário do princípio, ou do relacionamento Estado-cidadão nos séculos XIX e XX, que se incompatibiliza com o conteúdo programático da Constituição de 1988 e exige submissão ao filtro constitucional.

Todavia, defendendo a ausência de um caráter autoritário para o direito administrativo e para a noção de supremacia do interesse público e sustentando equívocos interpretativos e metodológicos nessa visão, Emerson Gabardo e Daniel Wunder Hachem pontuam que o caminho de desenvolvimento dos institutos do direito administrativo denota, seja por intermédio da doutrina, seja pela própria jurisprudência do Conselho de Estado Francês, um meio de resistência ao Estado, exemplificando com os temas do serviço público e da responsabilidade civil do Estado, que foram desenvolvidos exatamente para inverter os padrões típicos do Antigo Regime e estabelecer controle do "excesso de poder".[67]

---

[65] JUSTEN FILHO, Marçal. Conceito de interesse público e a "personalização" do direito administrativo. *Revista Trimestral de Direito Público*, São Paulo, nº 26, p. 135-136, 1999.

[66] JUSTEN FILHO, Marçal. O direito administrativo do espetáculo. In: ARAGÃO, Alexandre Santos de; MARQUES NETO, Floriano de Azevedo (Coord.). *Direito administrativo e seus novos paradigmas*. Belo Horizonte: Fórum, 2012. p. 75-90.

[67] "A alusão a uma pretensa origem autoritária parece ter como escopo reduzir a força legitimatória de princípios como o do interesse público, ou mais especificamente, da 'supremacia do interesse público' – sem dúvida uma interessante crítica que, por sua vez, merece ser refutada. Trata-se, portanto, de uma interpretação da história cujo fim é conferir às proposições do presente um sentido mais facilmente apreensível e consonante com a mentalidade vigente, que é a de maior liberalização e exibilização da vida. E embora seja uma 'tese' muito atraente para o indivíduo pós-moderno, que é um sujeito por definição voltado à autonomia, à liberdade e à consensualidade negocial, trata-se de uma teoria de precária capacidade explicativa". (GABARDO, Emerson; HACHEM, Daniel Wunder. O suposto caráter autoritário da supremacia do interesse público e das origens do direito administrativo: uma crítica da crítica. In: BACELLAR FILHO, Romeu Felipe; HACHEM, Daniel Wunder (Coord.). *Direito*

Concluem os autores que a iniciativa de imputar às origens do direito administrativo um caráter autoritário e refutar a ideia de supremacia do interesse público não passa muitas vezes de fuga do regime jurídico próprio de direito público, de prerrogativas imprescindíveis à consecução dos interesses sociais.[68]

Os autores sustentam ainda que o conceito de interesse público, moldado no século XIX, bem como o aperfeiçoamento de suas ferramentas, representou um inegável avanço, principalmente em relação à proteção do cidadão, pois acabou afastando arbitrariedades praticadas pelo Estado, e citam exemplos de responsabilização, como a possibilidade de controle do Poder Público em razão de suas exorbitâncias no exercício do poder político.

Ainda, ponderam que é necessário entender as questões históricas que deram origem à noção de supremacia do Poder Público, sob pena de equívocos na compreensão do tema, apontando que atualmente há uma concepção diversa ao entendimento do Estado absolutista, e que hoje se pode aceitar a supremacia como princípio do regime jurídico informador do direito administrativo, desde que haja a sua devida compreensão histórica.

Na defesa de um conteúdo substantivo ao princípio, definem interesse público como a parcela coincidente dos interesses individuais de determinada sociedade, externado pela dimensão coletiva desses interesses e fixado pelo próprio direito positivo. Recomendam ainda uma releitura dos institutos do direito administrativo à luz dos princípios democráticos vigentes e em consonância com o modelo social do Estado de Direito, para uma adequada compreensão do fenômeno jurídico e das instituições políticas de acordo com a realidade atual e os anseios

---

administrativo e interesse público: estudos em homenagem ao Professor Celso Antônio Bandeira de Mello. Belo Horizonte: Fórum, 2010. p. 155-201.)

[68] Os autores afirmam que as teorias que procuram refutar a concepção de superioridade do interesse público, defendendo que tal conceito representaria um viés autoritário do Poder Público, representam, na maioria das vezes, uma forma de abandono do regime jurídico próprio do direito público, pois este atribui à administração certas prerrogativas que são necessárias à persecução de seus objetivos. (GABARDO, Emerson; HACHEM, Daniel Wunder. O suposto caráter autoritário da supremacia do interesse público e das origens do direito administrativo: uma crítica da crítica. In: BACELLAR FILHO, Romeu Felipe; HACHEM, Daniel Wunder (Coord.). *Direito Administrativo e interesse público*: estudos em homenagem ao Professor Celso Antônio Bandeira de Mello. Belo Horizonte: Fórum, 2010, p. 195-196.)

sociais, não desprezando as conquistas do passado, porém com foco no presente.[69] E cabe apontar a doutrina de Celso Antônio Bandeira de Mello, defendendo na contemporaneidade uma concepção de interesse público como resultante do conjunto dos interesses "que os indivíduos pessoalmente têm quando considerados em sua qualidade de membros da sociedade pelo simples fato de o serem" (anotando aqui o caráter de respeito ao interesse particular individualmente considerado) e como "dimensão pública dos interesses individuais, ou seja, dos interesses de cada indivíduo enquanto partícipe da sociedade" (destacando a noção de bem comum).[70]

Também não menos relevante o posicionamento de Maria Sylvia Zanella Di Pietro, destacando que o princípio do interesse público iniciou como proposição adequada ao Estado liberal, não intervencionista, e assumiu na contemporaneidade uma feição diversa, de modo a adaptar-se ao Estado social e democrático de Direito.[71]

A autora assinala que não se pode olvidar que o direito administrativo é filho da Revolução Francesa, juntamente com o constitucionalismo e com o Estado de Direito e é inspirado nos mesmos fundamentos filosóficos e ideológicos. Afirma a autora que o papel do direito administrativo é o de "dar concretude às normas e princípios constitucionais, seja por meio de normas (regras e princípios), seja pela atuação no exercício da função administrativa do Estado... se é verdade que a Constituição protege o interesse público, em determinados dispositivos, em outros protege mais os direitos individuais", afirmando que no ordenamento brasileiro constitucional convivem direitos individuais e interesses públicos

---

[69] GABARDO, Emerson; HACHEM, Daniel Wunder. O suposto caráter autoritário da supremacia do interesse público e das origens do direito administrativo: uma crítica da crítica. In: BACELLAR FILHO, Romeu Felipe; HACHEM, Daniel Wunder (Coord.). *Direito administrativo e interesse público*: estudos em homenagem ao Professor Celso Antônio Bandeira de Mello. Belo Horizonte: Fórum, 2010. p. 195-196.

[70] BANDEIRA DE MELLO, Celso Antônio. A noção jurídica de interesse público. In: BANDEIRA DE MELLO, Celso Antônio. *Grandes temas de direito administrativo*. São Paulo: Malheiros, 2009. p. 182-184.

[71] DI PIETRO, Maria Sylvia Zanella. O princípio da supremacia do interesse público. *Revista Interesse Público*, Belo Horizonte, nº 56, p. 40-42, jul./ago. 2009.

e que, por essa razão, não há base para o questionamento da supremacia do interesse público sobre o particular.[72] Prossegue a autora sustentando que o direito administrativo sempre se caracterizou pela busca de um equilíbrio entre as prerrogativas das autoridades e os direitos individuais e que não existe qualquer antagonismo entre o princípio da supremacia e os diretos fundamentais, sendo as duas ideias presentes no regime jurídico administrativo desde as suas origens.[73]

Mariana de Siqueira defende que a titularidade do interesse público não é exclusiva da Administração Pública e que a supremacia do interesse público deve ser encarada sob outra perspectiva, que não permite excluir, em situações concretas, que a melhor solução seja a permanência do interesse particular diante de um interesse público específico. Define a função administrativa como a aplicação da lei de ofício e aponta que a validade das condutas administrativas exige a satisfação de mais do que o interesse público abstrato, de simples observância das normas legais, e sim de observância do que é o interesse público em concreto. Para a autora o interesse público é fim, fundamento e limite do agir administrativo e precisa ser pensado de forma racional, científica e jurídica.[74]

A autora também afirma que o interesse público deve ser compreendido como possibilidade de satisfação de necessidades coletivas e conclui que há uma clara zona de interseção entre público e privado, sendo o interesse privado parte integrante do conceito de interesse público, e que não se deve abandonar a ideia de supremacia do interesse público sobre o privado, mas compreendê-la com cautela conforme se trate da supremacia no plano abstrato ou no plano concreto.[75]

---

[72] DI PIETRO, Maria Sylvia Zanella. Supremacia do interesse público e a questão dos direitos fundamentais. In: BLANCHET, Luiz Alberto; HACHEM, Daniel Wunder; SANTANO, Ana Claudia (Coord.). *Estado, direito e políticas públicas*: homenagem ao Professor Romeu Felipe Bacellar Filho – Anais do Seminário de Integração do Programa de Pós-Graduação em Direito da Pontifícia Universidade Católica do Paraná. Curitiba: Ithala, 2014. p. 29-35.

[73] Ibid., p. 35.

[74] SIQUEIRA, Mariana de. *Interesse público no direito administrativo brasileiro*: da construção da moldura à composição da pintura. Rio de Janeiro: Lumem Juris, 2016. p. 2-10.

[75] Ibid., p. 269.

Esse viés, de uma adequada compreensão do princípio da supremacia e das instituições políticas do Estado, localizada de acordo com a realidade atual e os anseios sociais na contemporaneidade, sem desprezar as conquistas contra o arbítrio do Poder Público praticado no século XIX e nos séculos anteriores, assim como em certa medida ainda presente no século XX e atualmente, é extremamente útil para justificar a proposta da tese de reposicionamento das prerrogativas no ambiente contratual.

O foco no presente exige considerar que o regime contratual administrativo é sustentado na autoridade, mas executado muitas vezes a partir da arbitrariedade, e vários são os exemplos na jurisprudência a respeito.

A Administração Pública inúmeras vezes atua na condição de potestade pública com arbitrariedade, atropelando o direito, desrespeitando a Constituição e o faz empoderada de prerrogativas. A existência de um regime geral de prerrogativas e a opção por uma relação jurídica desigual contribui para uma equivocada interpretação do princípio da supremacia do interesse público e das próprias prerrogativas contratuais.

De todo modo, o que se discute é uma alternativa à existência de um regime geral de prerrogativas, estabelecido na lei, estruturando desigualdade jurídica na relação contratual, num modelo em que a Administração Pública invoca um interesse público abstrato, não materializado no caso concreto e hipotético para justificar a utilização de suas prerrogativas.

CAPÍTULO 3

PRERROGATIVAS PÚBLICAS COMO ELEMENTO ESTRUTURADOR DA VISÃO DO CONTRATADO COMO LITIGANTE E A (IN)SEGURANÇA JURÍDICA NO CONTRATO

En este contexto, en el siglo XXI es posible hablar de un nuevo paradigma, el Del Estado constitucional. Este paradigma refuerza la misma preocupación que se hizo presente la historia de derecho público. La salvaguarda de la persona frente al ejercicio arbitrario del poder público.[76]

No contexto do regime geral exorbitante da Lei nº 8.666/93, a relação jurídica da Administração Pública com o contratado é uma relação que pressupõe a este a condição de litigante. Trata-se de uma relação de subordinação, beligerância e litígio. O contratado é enquadrado como litigante e não como parceiro.

Essa visão do contratado como inimigo produz consequências desastrosas para o equilíbrio contratual e para a própria satisfação das necessidades de interesse público objeto do contrato.

Da análise da estruturação das prerrogativas no regime legal da Lei nº 8.666/93 é perceptível a desconfiança *a priori* na execução do contrato, o que leva a um tratamento jurídico desequilibrador do contrato e empresta à Administração Pública uma posição

---

[76] CORVALÁN, Juan Gustavo. *Derecho administrativo en transición*: reconfiguración de la relación entre la Administración, las normas y el Poder Judicial. Buenos Aires: Astrea, 2016. p. 2.

muitas vezes autoritária (e não de autoridade para a garantia do interesse público).

Não se nega a necessidade de estabelecer sanções administrativas diante da inexecução contratual, mas não parece adequado pressupor *ab initio* que haverá inexecução contratual justificadora da aplicação da coerção estatal. Essa presunção impõe um tratamento jurídico desnecessário para a garantia do interesse público e onera as contratações públicas na medida em que implica no aumento dos custos do negócio pela insegurança contratual, especialmente pelo aumento do risco político.

A visão do contratado como litigante ocasiona colisão indevida, prejudicial, onerosa e desnecessária dos interesses públicos e privados no contrato e causa insegurança jurídica. São diferentes realidades a comprovar o raciocínio.

Na práxis dos contratos administrativos, por exemplo, identifica-se diferentes episódios em que a prerrogativa de suspensão da execução contratual por até noventa dias prevista no artigo 78, inciso XV, da Lei nº 8.666/93 foi utilizada como arbitrariedade e não como ato de autoridade para garantia do interesse público no contrato, sem presença de um fato superveniente de interesse público que justificasse a interrupção, e baseada única e exclusivamente na alteração do governo e de sua equipe.[77]

Marçal Justen Filho expõe que não cabe afirmar que o regime jurídico da contratação administrativa é instaurado no exclusivo interesse da Administração Pública apenas e que toda e qualquer modificação somente seria admissível quando produzida em vista do interesse público. Aponta que é preciso reconhecer que a contratação administrativa se interfere num "processo de associação entre Estado e iniciativa privada".

---

[77] Cita-se, especificamente, o caso do governador Roberto Requião, que editou o Decreto nº 35/2003, em 02/01/03, nos seguintes termos: "Art. 1º. No âmbito do Poder Executivo, ficam suspensos, pelo período de 90 (noventa) dias contados da publicação deste Decreto, os atos de efetivação e liquidação de despesas a conta de recursos provenientes de qualquer fonte". Outro exemplo recente é o caso do governador Carlos Alberto Richa, que editou o Decreto nº 31/2011, de 03/01/11, nos seguintes termos: "Art. 1º. Ficam suspensos, no âmbito do Poder Executivo Estadual os atos de liquidação e efetivação de despesas a conta de recursos provenientes de qualquer fonte, pelo período máximo de 90 (noventa) dias, necessários para o levantamento das informações relacionadas à despesa com pessoal, outros custeios, investimentos, pagamento de amortização e serviços da dívida do Estado e restos a pagar".

E sustenta que "o particular que contrata com a Administração Pública não se constitui em um 'inimigo', nem pode ser reputado como destituído de interesses próprios legítimos", posicionando-se no sentido de que "todos os interesses privados do particular, que não sejam incompatíveis com o interesse público, merecem proteção e tutela". A consequência do raciocínio na visão do autor: a Administração Pública não pode indeferir situações que beneficiem o contratado se estas não produzirem qualquer efeito negativo ao interesse público.[78]

Não menos impactante para a segurança jurídica contratual é a modificação unilateral baseada no artigo 58, inciso I, e no artigo 65, inciso I, "a", da Lei nº 8.666/93, especificamente pela indeterminação dos conceitos de "melhor adequação às finalidades de interesse público", ou "melhor adequação técnica aos seus objetivos". Novamente a práxis demonstra arbítrio, desvio de finalidade e abuso de poder.[79]

---

[78] "Não é compatível com a ordem democrática consagrada na CF/88 que a Administração Pública rejeite um pedido do contrato mediante o puro e simples argumento de que não trará qualquer benefício para o interesse público. Se a alteração pretendida pelo particular for indiferente ao interesse público, a mera circunstância de atender ao interesse privado imporá seu deferimento. Essa é uma das diferenças entre Democracia e Ditadura: a concepção instrumental das competências estatais, cuja utilização tem de fazer-se em benefício tanto do interesse público como dos interesses privados. Mais ainda a Democracia interdita a utilização da competência estatal orientada a produzir prejuízo ao particular sem acarretar benefício para o Estado. Então a Administração está obrigada a deferir o pleito do particular que não prejudique ao interesse público. Não caberá denegar o pedido mediante o argumento de que o deferimento importará uma 'vantagem' para o particular. Por outro lado, não há incompatibilidade entre o regime de direito administrativo e a produção de alterações contratuais em benefício do particular – sempre tomando em vista o postulado de que nenhuma alteração poderá fazer-se em detrimento do interesse público. A invocação ao risco de perecimento ao interesse público fundamenta a alteração unilateral do contrato administrativo. Ou seja, o regime jurídico de direito público autoriza a Administração a impor alteração contratual independentemente da concordância do particular. Mas isso não significa vedação à produção de modificações bilaterais e consensuais, em hipóteses em que não estiver em jogo risco de lesão ao interesse". (JUSTEN FILHO, Marçal. Considerações acerca da modificação subjetiva dos contratos administrativos. In: BACELLAR FILHO, Romeu Felipe (Coord.) *Direito administrativo contemporâneo*. Belo Horizonte: Fórum, 2004. p. 198.)

[79] A título de exemplo, no Paraná há um emblemático caso envolvendo a concessão de rodovias federais, que quase foram afetadas tanto pelo governo de Jaime Lerner quanto de Roberto Requião. Rejane Karam e Walter Tadahiro Shima em artigo ilustrativo e esclarecedor abordam o assunto: "Em 1995, a malha rodoviária federal do Paraná totalizava 3.140 km de rodovias pavimentadas, das quais 15% apresentavam boas condições, 52% apresentavam condições regulares e 33% condições ruins, exigindo serviços de restauração ou reconstrução de certos trechos (PARANÁ, 1995a). (...) Neste contexto surge o Programa de Concessão de Rodovias do Paraná, a partir da delegação de parte da malha rodoviária federal paranaense, no âmbito da necessidade de vultosos investimentos e escassez de recursos públicos. (...) O conflito de interesses que colocaria

O elevado grau de discricionariedade administrativa para rescisão unilateral presente no artigo 78, inciso XII, nos conceitos de "razões de interesse público de alta relevância e amplo conhecimento" gera insegurança jurídica que enfraquece o contrato e aumenta o grau de beligerância deste.

A existência de um regime geral de prerrogativas, *a priori* da relação contratual e constitutivo desta, impõe uma visão de litigante indevida ao contratado, pois não é possível supor que todos aqueles que com a Administração Pública contratam o fazem com objetivos escusos.

Por tudo que até aqui já se aludiu, é possível afirmar que o estabelecimento das prerrogativas como elemento estruturador do

em discussão a exequibilidade do processo ficou evidenciado quando, em 1998, próximo das eleições estaduais e depois de licitados lotes que previam investimentos de mais de R$ 3 bilhões, o governo do Estado decidiu, unilateralmente, reduzir em 50% o valor do pedágio (e em proporção semelhante, os investimentos), pressionado por grupos organizados de usuários. Iniciou-se, a partir desse fato, uma série de confrontos judiciais entre o Estado do Paraná e as empresas concessionárias. As constantes reclamações dos transportadores de cargas e dos usuários em geral, somadas às dificuldades enfrentadas pelo órgão estadual responsável para fiscalizar os contratos, demonstram a fragilidade do modelo e a existência de amplas brechas regulatórias acerca de sua implementação. (...) Em março de 2000, foram assinados Termos Aditivos aos Contratos de Concessão para ajustar os níveis tarifários alterados pelo Termo Unilateral imposto pelo Governo do Estado em 1998, que reduziu as tarifas de pedágio em 50%. Para possibilitar o equilíbrio econômico-financeiro dos contratos, foram reformulados os cronogramas de investimento inicialmente previstos. (...) Esta ação radical do governo, colocada em prática no início de uma campanha eleitoral, trouxe prejuízos para ambas as partes, rompendo com a harmonia necessária ao processo e fazendo com que os investimentos ficassem restritos aos serviços de operação, conservação e manutenção dos trechos concedidos. O resultado deste período de redução tarifária promoveu, entre outras implicações: (i) aumento da desconfiança dos agentes financiadores quanto ao futuro do empreendimento, dificultando as negociações de financiamentos de longo prazo em andamento e futuras; (ii) risco de comprometimento do programa perante a opinião pública, uma vez que as intervenções estariam restritas à operação e conservação das vias, fazendo com que o usuário, não percebendo melhorias significativas, colocasse em descrédito todo o processo. (...) O atual governo, desde a campanha eleitoral, estabeleceu como sua plataforma a redução das tarifas do pedágio ou, ainda, sua extinção. Neste período, várias manobras jurídicas e técnicas foram realizadas, de ambas as partes, no intuito de assegurar os direitos previstos em contrato. Desde a divulgação, por parte do governo do Estado, do Decreto de Encampação mediante ato governamental, o assunto da concessão tornou-se frequente na esfera judicial e na mídia nacional. (...) Apesar da divulgação pelo governo, em 2004, do Decreto de Encampação, o montante de recursos necessário à efetivação desse ato (a ser pago previamente), estimado à época pela Fundação Getúlio Vargas em aproximadamente 4 bilhões de reais, teria impacto significativo nos cofres públicos, inviabilizando esta medida e fazendo com que o governo procurasse outras alternativas, inclusive acordos individuais com concessionárias no intuito de reduzir as tarifas". (KARAM, Rejane; SHIMA, Walter Tadahiro. A concessão de rodovias paranaenses: um serviço público sob a ótica do lucro. *Revista Paranaense de Desenvolvimento*, Curitiba, nº 113, p. 125, jul./dez. 2007.)

contrato gera como consequência uma visão do contratado como litigante e produz insegurança jurídica, desestabilização contratual, e como consequência, prejuízos econômicos significativos ao Estado, impedindo desenvolvimento.

Thiago Valiati, em conclusão acertada (e que pode ser estendida para todo o ambiente contratual), assinala que a insegurança jurídica, em matéria de infraestrutura, encontra-se difundida no Legislativo, no Executivo e no Judiciário e também arraigada na práxis administrativa brasileira ("insegurança é segurança"), devendo ser combatida de modo a propiciar desenvolvimento.[80]

O direito administrativo não pode mais ser um direito de colisão entre interesses públicos e privados, mas sim um direito de distribuição entre interesses privados perante a Administração Pública. Esta não pode se utilizar de prerrogativas para se posicionar com autoritarismo.

Busca-se um modelo teórico e um regime legal para os contratos administrativos que permita uma Administração Pública constitutiva da sociedade, com equilíbrio das posições jurídicas.[81]

A visão do contrato como litigante é incompatível com um modelo pautado na ponderação de valores, na razoabilidade e na

---

[80] "A insegurança jurídica, em matéria de infraestrutura, encontra-se difundida por todo o lugar: nos três Poderes Públicos (Legislativo, Executivo e Judiciário), na execução dos contratos regulatórios de infraestrutura, na atuação das agências reguladoras e dos órgãos de controle etc. À semelhança do que George Orwell já apregoava em sua clássica obra distópica, 'guerra é paz, liberdade é escravidão, ignorância é força', tem-se um verdadeiro panorama de duplipensamento arraigado na práxis administrativa brasileira ("insegurança é segurança"). Insegurança jurídica generalizada no contexto nacional. Mas tal conjuntura de insegurança nos setores de infraestrutura não pode ser aceita como uma realidade imposta pelos Poderes Públicos a ponto de os agentes econômicos e os estudiosos do Direito acomodarem-se com ela. Assim como dois e dois não são cinco, uma realidade de insegurança não configura um cenário aceitável e conforme ao princípio da segurança jurídica. Esta lamentável realidade precisa ser revertida. Vale dizer, a insegurança jurídica não pode ser encarada com normalidade e aceita como uma realidade padronizada. Os Poderes estatais precisam se mover em direção a um cenário que consolide um maior grau de segurança aos agentes econômicos ou, pelo menos, reduzir esta insegurança a um grau considerado aceitável. Trata-se de um dever constitucional por parte dos Poderes Públicos. E de um direito constitucional dos agentes econômicos e dos cidadãos que usufruem das infraestruturas, à luz do direito ao desenvolvimento, consagrado na Constituição Federal". (VALIATI, Thiago Priess. *O princípio constitucional da segurança jurídica nos setores de infraestrutura*: a segurança como dever dos Poderes Públicos e como direito dos agentes econômicos. 2016. Dissertação (Mestrado em Direito) – Programa de Pós-Graduação em Direito da Universidade Federal do Paraná, Curitiba, 2016. p. 216.)

[81] SILVA, Vasco Pereira da. *Em busca do acto administrativo perdido*. Coimbra: Almedina, 2003. p. 149-297.

definição de um interesse público concreto, relacionado à situação fática e justificador de sacrifício individual somente na valoração no caso concreto e na exata medida do indispensável ao interesse público.

O enquadramento do contratado como litigante permite a sustentação de um modelo de supremacia abstrata, em que não há níveis de ponderação nem relação com o caso concreto, e impede a aplicação de um modelo de prevalência concreta, no qual somente há sacrifício do particular se houver um interesse público bastante e suficiente, que justifique tal sacrifício.

Cabe destacar que a Constituição de 1988 não traz em si fundamento axiológico ou epistemológico que justifique essa visão beligerante e, pelo contrário, é permeada pela lógica da igualdade, da segurança jurídica, da boa-fé e do desenvolvimento.

Todo o sentido da Constituição de 1988 comunica-se com a promoção da estabilidade das relações jurídicas, com o desenvolvimento da segurança jurídica nas relações Estado-sociedade, as quais devem estar marcadas pela boa-fé. E a proposta da segurança jurídica e boa-fé é antagônica à posição do contratado como litigante.[82]

O princípio da boa-fé objetiva aplica-se integralmente nas relações público-privadas e apresenta-se como orientador da conduta dos contratantes. Implica no estabelecimento de uma conduta leal e honesta, fundada na ideia de proteção da confiança no comportamento de outrem. Ensina Jesús Gonzalez Pérez que o referido princípio é afetado na medida em que uma das partes não atua com lealdade e com a confiança devida.[83]

O autor trata o princípio da boa-fé como princípio de aplicabilidade geral, funcionando como critério hermenêutico

---

[82] António Menezes Cordeiro defende uma atuação do Poder Público previsível e voltada à proteção da confiança nas relações contratuais: "Dos diversos aspectos que documentam a boa fé no Direito púbico, o da protecção da confiança, tem um papel de relevo. No aspecto mais directamente em causa nesta analise, faz-se notar a injustiça fundamental que adviria para as pessoas quando a Administração assumisse, no tempo, atitudes contraditórias. Todos os motivos, facilmente incluídos, que levam a condenar o *venire contra factum proprium*, num prisma ético, psicológico e sociológico, jogam a favor do particular a quem a Administração tenha criado convicções justificadas. Existem boas perspectivas de ordem em geral para a juridificação desta regra". (CORDEIRO, António Menezes. *Contratos públicos*: subsídios para a dogmática administrativa com exemplo no princípio do equilíbrio financeiro. Coimbra: Almedina, 2007. p. 24.)

[83] PÉREZ, Jesús González. *El princípio general de la buena fe en el Derecho Administrativo*. 3. ed. Madrid: Civitas, 1999. p. 69-370.

de interpretação e também, nas hipóteses de ausência de norma a regular determinada situação jurídica, ocupando a função de fundamento, de interpretação e também de integração.[84] Não se concorda com as afirmações de Luis Felipe Colaço Antunes, para quem o Estado não mais vai existir ou o direito administrativo vai se desenvolver sem a sua referencialidade. Prerrogativas contratuais são garantias ao interesse público na hipótese da atuação desconcertada do contratado, e fundamentais nas situações de inexecução contratual, especialmente nos casos de má-fé. Mas o que se sustenta é uma visão do contrato para além das prerrogativas, ou não as pressupondo como ponto de partida. Não se pode estabelecer uma presunção geral, *iuris tantum*, de que todos os contratados atuarão no contrato voltados à fraude e à má-fé. A presunção é de boa-fé e nesse ponto há contradição intrínseca no estabelecimento das prerrogativas como a base da estrutura contratual.[85]

A partir dessa análise, a ligação direta entre segurança jurídica e boa-fé apresenta-se clara, na medida em que a tutela da boa-fé acaba por complementar a lógica da segurança nas relações Estado-sociedade.[86] Celso Antônio Bandeira de Mello aponta que o

---

[84] Ibid.
[85] Ainda que se discorde da tese, vale a menção a seus fundamentos: "O Estado, ou o que resta dele, só prossegue hoje, no essencial, o interesse privado. O interesse público não passa, nos dias que correm, de uma sublimação político-psicanalítica na chamada actividade administrativa autoritária, o que auspicia (no futuro) uma espécie de reserva para jurisdição administrativa. (...) A globalização e a Administração de resultado deslocaram o interesse público para um interesse geral, transgênico. (...) A principal revolução jurídica do século XX é constituída pelo fim da parábola estadual e do seu ordenamento jurídico de fins gerais. Por detrás do Estado (imaginário) já não existe praticamente nada – nem Administração, nem funções, nem ordenamento jurídico geral. É como ver o sorriso do gato sem o gato. Se ao Estado já não corresponde um ordenamento jurídico de fins gerais, não vemos como possa permanecer no futuro um direito administrativo de contornos exclusivamente nacionais. A evolução do direito administrativo contém este profundo paradoxo: o direito administrativo nasceu com o Estado, sendo que agora se afirma e se desenvolve sem a sua referencialidade ou para além dele". (ANTUNES, Luís Felipe Colaço. *O direito administrativo sem Estado*: crise ou fim de um paradigma? Coimbra: Coimbra, 2008. p. 141.)
[86] Ingo Wolfgang Sarlet aponta relação direta entre segurança jurídica e boa-fé: "Importante lembrar aqui o fato de que a proteção da confiança constitui um dos elementos materiais do princípio da boa-fé, tendo por corolário – notadamente no âmbito das relações negociais – o dever da parte de não fraudar as legítimas expectativas criadas pelos próprios atos, o que evidencia a conexão direta da boa-fé com a proteção da confiança no sentido de uma certa auto-vinculação dos atos e, portanto, de uma inequívoca relação com a noção de proibição de retrocesso". (SARLET, Ingo Wolfgang. A eficácia do direito fundamental à segurança jurídica: dignidade da pessoa humana, direitos fundamentais e proibição de retrocesso

princípio da boa-fé decorre da própria essência do direito, do Estado Democrático de Direito, integrando o sistema constitucional como um todo e orientando a uma certa estabilidade, a um mínimo de certeza no relacionamento do Estado com os cidadãos.[87]

A relação de complementaridade do princípio da boa-fé para com o princípio da segurança jurídica é estabelecida na medida em que aquele fornece densidade e conteúdo a este, notadamente nas relações Estado-sociedade, em que se exige previsibilidade da ação estatal, com respeito às situações jurídicas consolidadas e às relações jurídicas estáveis.

É possível, a partir dessas premissas, sustentar que a Constituição de 1988 guarda sentido e orientação com a segurança jurídica e com a boa-fé, e não apenas nas relações entre particulares, mas sobretudo nas relações público-privadas. E o raciocínio é aplicável aos contratos administrativos, nos quais deve haver uma relação comutativa e sinalagmática de respeito, lealdade, honestidade e estabilidade.[88]

A aplicação dos princípios da boa-fé e da segurança jurídica nos contratos administrativos pressupõe uma via de mão dupla, na qual Poder Público e contratado devem orientar-se com absoluta atenção e responsabilidade aos termos contratuais.

---

social no Direito Constitucional brasileiro. In: ANTUNES, Cármen Lúcia (Org.). *Constituição e segurança jurídica*: direito adquirido, ato jurídico perfeito e coisa julgada – estudos em homenagem a José Paulo Sepúlveda Pertence. Belo Horizonte: Fórum, 2004. p. 97-98.)

[87] BANDEIRA DE MELLO, Celso Antônio. *Grandes temas do direito administrativo*. São Paulo: Malheiros, 2009. p. 177. No mesmo sentido Almiro do Couto e Silva, que enquadra a proteção da confiança como um desdobramento do princípio da segurança jurídica. (SILVA, Almiro do Couto e. O princípio da segurança Jurídica (proteção à confiança) no direito Público brasileiro e o direito da Administração Pública de anular seus próprios atos administrativos: o prazo decadencial do art. 54 da lei do processo administrativo da União (Lei no 9.784/99). *Revista Eletrônica de Direito do Estado*, Salvador, Instituto Brasileiro de Direito Público da Bahia, nº 2, p. 3-4, abr./maio/jun. 2005. Disponível em: <http://www.direitodoestado.com.br/redae.asp>. Acesso em: 10/02/2017). E também Alice González Borges, abordando a relação direta entre segurança jurídica e boa-fé no controle da Administração Pública. (BORGES, Alice González. Valores a serem considerados no controle jurisdicional da Administração Pública: segurança jurídica – boa-fé – conceitos indeterminados – interesse público. *Revista Interesse Público*, Salvador, v. 15, p. 86, jul./set. 2002.)

[88] "Das asserções doutrinárias referidas, dessume-se que decorre da Constituição Federal uma diretriz que preconiza ao Estado não só atuar como guarda da segurança jurídica e da boa-fé objetiva nas relações firmadas entre os particulares, mas também que, quando o Estado seja parte de uma relação contratual, haja estrito respeito a estes valores, atendendo a um modelo de conduta leal, honesta, estimada". (CAMPOS, Rodrigo Augusto de Carvalho. O princípio da boa-fé objetiva nos contratos administrativos. In: CONGRESSO NACIONAL DE PROCURADORES DO ESTADO, 35, out. 2009, Fortaleza. *Tese...*, Fortaleza: 2009. p. 19-23.)

Significa dizer que a Administração Pública deve esperar do contratado respeito ao contrato e comportamento lícito, ético e probo. E a recíproca é verdadeira em relação ao contratado, que espera da Administração Pública respeito à equação econômico-financeira do contrato e previsibilidade da atuação do Poder Público na relação negocial.[89] Daí porque a visão do contratado como litigante divorcia-se por completo do sentido e do conteúdo da Constituição de 1988 e incompatibiliza-se com uma interpretação sistemática e teleológica do sistema jurídico a partir do filtro constitucional.

Na medida em que as prerrogativas públicas são estabelecidas no contrato *a priori* e encontram-se disciplinadas num regime geral previsto na Lei nº 8.666/93 há uma certa presunção de que o contratado faltará com a boa-fé na relação contratual. Essa visão gera beligerância e instabilidade, que tumultuam o contrato e prejudicam o interesse público.

O enquadramento do contratado como litigante na contemporaneidade evidencia uma relação agressiva e de desconfiança entre Poder Público e contratado. O contratado presume comportamentos imprevisíveis e desrespeito ao contrato pelo Poder Público, agregando esse risco político ao valor de sua proposta. O Poder Público, por sua vez, presume inexecução contratual, impondo autoridade e prerrogativas no contrato mesmo antes de qualquer situação de interesse público justificar a medida.

E essa visão do contratado como litigante colide com a lógica de um princípio ético de fidelidade recíproca aos compromissos assumidos.[90] E produz prejuízos ao interesse público em ambos os sentidos.

---

[89] Argumentando neste sentido, Jesús Gonzales Pérez assinala que a aplicação do princípio da boa-fé permite a confiança de que a administração não vai lhe exigir mais do que o estritamente necessário para a realização do interesse público e que não lhe vão ser exigidos comportamentos fora do momento estabelecido, ou que não será imposta uma prestação excessivamente onerosa, cumprível apenas com a superação de extraordinárias dificuldades, ou em lugar que não era o esperado, ou ainda, deslocada dos interesses públicos. Para o Poder Público, o princípio da boa-fé permite a confiança de que o cidadão será leal nas relações jurídicas travadas, no exercício dos seus direitos e no cumprimento de suas obrigações. (PÉREZ, Jesús González. *El princípio general de la buena fe en el Derecho Administrativo*. 3. ed. Madrid: Civitas, 1999. p. 91-92.)

[90] Na análise de Karl Larenz, como a boa-fé integra a base de todas as relações humanas, o sistema jurídico compreende a confiança como um princípio ético, em que cada um possui a obrigação de fidelidade àquilo que se obrigou, de modo a não frustrar a confiança do

Cabe destacar que a Lei nº 9.784/99 positivou o princípio da boa-fé, definindo incidência para o Poder Público (art. 2º, parágrafo único, inciso IV: critério de atuação segundo padrões éticos de probidade, decoro e boa-fé) e também para o cidadão (art. 4º, inciso II: dever do cidadão perante a Administração de proceder com lealdade, urbanidade e boa-fé).

Analisando a boa-fé no exercício da função pública em geral, Egon Bockmann Moreira a vincula ao princípio da moralidade e elenca consequências dessa vinculação, entre as quais proibição de conduta contraditória (diversa de postura anterior e que gerou expectativas legítimas), dever de manutenção dos atos administrativos, lealdade no fator tempo e dever de sinceridade objetiva, sem omissões de fatos relevantes ao caso concreto.[91]

Essas consequências são perfeitamente aplicáveis aos contratos administrativos como materialização do conteúdo jurídico da boa-fé e da segurança jurídica. E absolutamente colidentes com o enquadramento de litigante implicitamente decorrente da Lei nº 8.666/93.

A visão de litigante que permeia a disciplina dos contratos na Lei nº 8.666/93 pressupõe o modelo ultrapassado de relação jurídica beligerante dos séculos XIX e XX. Se a segurança jurídica é um pressuposto do contrato administrativo, é necessária uma revisão de sentido que obriga o repensar da própria utilidade de um regime geral de prerrogativas estabelecido na lei. Segurança jurídica é condição para o desenvolvimento e este é o fio condutor que confere sentido à Constituição de 1988 na construção de uma sociedade mais igualitária, justa e livre.

---

outro, ou dela abusar. (LARENZ, Karl. *Derecho justo fundamento de etica juridica*. Madrid: Civitas, 2001. p. 91-92.)

[91] "A boa-fé, portanto, impõe a supressão de surpresas, ardis ou armadilhas. A conduta administrativa deve guiar-se pela estabilidade, transparência e previsibilidade. Não se permite qualquer possibilidade de engodo – seja ele direto ou indireto, visando à satisfação de interesse secundário da Administração. Nem tampouco poderá ser prestigiada juridicamente a conduta processual de má-fé dos particulares. Ambas as partes (ou interessados) no processo devem orientar seu comportamento, endo e extraprocessual, em atenção à boa-fé. Caso comprovada a má-fé, o ato (ou o pedido) será nulo, por violação à moralidade administrativa". (MOREIRA, Egon Bockmann. *Processo administrativo*: princípios constitucionais e a Lei 9.784/99. 4. ed., São Paulo: Editora Malheiros, 2010. p. 107-108.)

PARTE II

CRISE E CRÍTICA AO MODELO CONTRATUAL DE AUTORIDADE: A INSUFICIÊNCIA DA UNILATERALIDADE FRENTE AOS DESAFIOS DA ADMINISTRAÇÃO PÚBLICA CONTEMPORÂNEA

> *A existência da atividade contratual do Estado relaciona-se com os princípios mais fundamentais da estruturação do poder político.*[92]

O modelo contratual de autoridade foi pouco a pouco demonstrando-se insuficiente para atender às demandas da Administração Pública contemporânea, sobretudo com o aumento de complexidade dos contratos administrativos, em especial dos contratos de longa duração, não regulados *a priori* pela Lei nº 8.666/93, especialmente os contratos de concessão e permissão.

A tese parte da premissa de necessidade de reposicionamento do regime jurídico administrativo a partir da noção de que o tempo dos contratos administrativos de longa duração exige uma nova racionalidade.[93]

---

[92] JUSTEN FILHO, Marçal. *Teoria geral das concessões de serviço público*. São Paulo: Dialética, 2003. p. 153.
[93] Nesse sentido, Egon Bockmann Moreira afirma que existem vários tempos a funcionar em paralelo e que o direito dos contratos administrativos precisa conviver com eles, pois por muito tempo pretendeu ignorá-los, sobretudo desenvolvendo técnicas para impedir que outros tempos se sobrepusessem ao tempo dos contratos, como a teoria da imprevisão. Nessa lógica, se for possível qualificar um fato como imprevisível deve se supor que se

O direito administrativo contratual necessita ser repensado a partir da noção de processo incompleto, que se perfaz na medida dos acontecimentos, sem a pretensão totalitária de estruturação *a priori* e definitiva de suas relações.

Essa não é uma realidade exclusiva do direito administrativo contratual e aparece em diferentes espaços do direito. No Processo Civil, por exemplo, diante da necessidade de proteção de direitos para além do espaço-temporal da coisa julgada, defende-se atualmente os provimentos estruturantes,[94] cujo campo de atuação envolve conflitos em condições mutáveis, flexíveis e altamente alteráveis, que exigem revisão periódica da decisão e especial acompanhamento da execução.

É necessário estabelecer novos paradigmas e é nesse ponto que a tese se fixa. A segurança contratual deve considerar a certeza da mudança, sobretudo nos contratos de longa duração.

No Brasil, o modelo contratual de autoridade proposto pela Lei nº 8.666/93 procurou regular uma enorme quantidade de ambientes negociais, muitos díspares entre si, numa significativa expansão da lei, cujo intuito moralizador é relevante e merece destaque.

---

possa prever todos os seus desdobramentos, através de áleas ordinárias e extraordinárias, o que não se apresenta como possível no ambiente dos contratos de longa duração. (MOREIRA, Egon Bockmann. O contrato administrativo como instrumento de governo. In: GONÇALVES, Pedro Costa (Org.). *Estudos da contratação pública IV*. Coimbra: Coimbra Editora, 2012. p. 6-8.)

[94] No direito processual civil, trabalha-se contemporaneamente com a noção de decisão estruturante e de processos estruturantes, que partem da mesma premissa de impossibilidade de presentificação do futuro e de realidades incompletas por natureza, mutáveis em essência. Nesse sentido Sérgio Arenhardt explica que "para a admissão de provimentos estruturais, é necessário um sistema permeável a certa atenuação do princípio da demanda, de modo a permitir ao magistrado alguma margem de liberdade na eleição da forma de atuação do direito a ser tutelado. Como é lógico, um ordenamento em que impera a necessária correspondência entre pedido e sentença dificilmente consegue operar com a espécie de decisão em análise porque não tem a flexibilidade necessária para a adequação da decisão judicial às particularidades do caso concreto". O autor ainda destaca que "a decisão judicial haverá de considerar as contingências e as necessidades do caso e das partes, adequando as imposições àquilo que seja concretamente viável. Decisões contra o Poder Público, por exemplo, exigirão a ponderação sobre a efetiva condição da Administração Pública em realizar o comando judicial, em que tempo e de que modo. Provimentos que imponham fardo muito grande a réu particular, em geral, deverão atentar para as consequências do cumprimento, que podem levar à falência de uma empresa, à sua exclusão do mercado ou mesmo à inviabilidade concreta do atendimento à determinação judicial". (ARENHART, Sérgio Cruz. Decisões estruturais no direito processual civil brasileiro. *Revista de Processo*, São Paulo, nº 225, p. 29-30, nov. 2013.)

Ocorre que a Lei nº 8.666/93 pretendeu reunir contratos de natureza jurídica diversa sobre o mesmo regime, o que se mostrou inadequado frente à complexidade e variedade dos contratos. A sua insuficiência gerou a edição de diversas outras normativas no ambiente dos contratos de longa duração (Lei nº 8.987/95 e Lei nº 11.079/2004, para citar dois exemplos apenas).[95]

Romeu Felipe Bacellar Filho explica adequadamente os posicionamentos sobre as diferentes manifestações contratuais administrativas, apontando correntes: a) pela afirmação do contrato administrativo regulado exclusivamente pelo direito público, sustentada por Maria Sylvia Zanella di Pietro); b) pela afirmação do contrato administrativo regulado prevalentemente pelo direito público, mas com aplicação subsidiária do direito privado, sustentada por Celso Antônio Bandeira de Mello; c) pela afirmação do contrato da Administração Pública, regulado pelo direito privado com derrogações parciais do direito público.[96]

Analisando a insuficiência da Lei nº 8.666/93, Fernando Menezes de Almeida aponta distorções do modelo brasileiro, sobretudo estabelecidas no reforço do caráter autoritário construído em outro contexto histórico, na cristalização da dogmática, na legislação das ideias construídas jurisprudencialmente e na extensão do regime juspublicístico aos contratos celebrados pela Administração Pública, com publicização do regime dos contratos privados e limitação da margem para o Poder Público trazer elementos privados para o regime dos contratos administrativos.[97]

A crise da teoria contratual administrativa tradicional se funda na constatação de que, quanto ao gênero, o contrato administrativo não pode remeter a um regime único aplicável a todos os contratos da Administração Pública. A contemporaneidade exige regimes específicos para formas contratuais específicas.

---

[95] Fernando Dias Menezes de Almeida nesse sentido afirma que basta uma leitura das PPP – Parcerias Público-Privadas – ou das concessões comuns para se extrair que o regime geral da Lei nº 8.666/93 não é diretamente aplicável para algumas situações específicas. A pretensão do autor é apontar essa insuficiência e propor novas classificações. (ALMEIDA, Fernando Dias Menezes. *Contratos administrativos*. São Paulo: Quartier Latin, 2012. p. 363-364.)
[96] BACELLAR FILHO, Romeu Felipe. *Reflexões sobre direito administrativo*. Belo Horizonte: Fórum, 2009. p. 168.
[97] ALMEIDA, Fernando Dias Menezes de. *Contrato administrativo*. São Paulo: Quartier Latin, 2012. p. 231.

A necessidade de se revisar a teoria contratual administrativa tradicional impõe-se no cotidiano da Administração Pública contemporânea. Acordos negociais que suscitam dúvidas quanto à sua natureza jurídica, se ato ou contrato, invadem o dia a dia das contratações administrativas.[98] E ainda, discussões sobre atos administrativos consensuais ou até contratuais (como os termos de ajustamento de conduta), que possuem forma específica de ato, mas natureza de contrato, são realidades que o Estado contratante do século XXI precisa enfrentar e regular.

---

[98] A verificação da natureza de ato ou contrato é interessante do ponto de vista de partida. No século XIX, discutia-se que certos atos tinham na verdade natureza contratual. No início do século XX a autorização era exemplo nas discussões de contratos com natureza de ato administrativo e essa discussão persiste no século XXI, numa hipótese inversa de análise.

CAPÍTULO 1

A INTERPENETRAÇÃO PÚBLICO-PRIVADO NOS CONTRATOS ADMINISTRATIVOS, A CRISE DA NOÇÃO DE AUTORIDADE E A RELAÇÃO JURÍDICA COMO NOVO CONCEITO CENTRAL

> *É possível evidenciar a modificação paulatina do tradicional regime de direito administrativo em prol de uma disciplina mais aberta aos direitos e interesses do cidadão e da comunidade em geral e mais paritária entre as entidades intervenientes. No termo desse percurso aparece-nos a noção de relação jurídica administrativa, espécie de denominador comum de toda uma evolução do direito administrativo processual, procedimental e até orgânico.*[99]

A contemporaneidade traz consigo significativa crítica ao binário autoridade-liberdade e à dicotomia público-privado[100] na

---

[99] CABRAL DE MONCADA, Luís S. *A relação jurídica administrativa*: para um novo paradigma de compreensão da actividade, da organização e do contencioso administrativos. Coimbra: Coimbra Editora, 2009. p. 11.

[100] No sentido de uma aproximação do regime público e do regime privado, Gustavo Justino de Oliveira se posiciona: "É inegável que assiste-se hodiernamente a uma aproximação entre o regime de direito público e o regime de direito privado, que aliás constituiu-se em uma das prospecções para a Administração pública contemporânea, apontada por Massimo Severo Giannini em 1980". (OLIVEIRA, Gustavo Henrique Justino de. A arbitragem e as parcerias publico-privadas. *Revista Eletrônica de Direito Administrativo Econômico*, Salvador, Instituto

estruturação da teoria contratual administrativa, pela insuficiência de suas propostas no ambiente contratual globalizado e dentro de um Estado onde predominantemente abandona-se o modelo de execução direta de serviços públicos e estabelecem-se parcerias com o segundo setor e o terceiro setor para atendimento dos direitos sociais e realização de serviços públicos.

Esse Estado contratualizado e de parcerias exige a identificação de uma nova racionalidade jurídica para a teoria contratual administrativa, capaz de manter hígidas as garantias ao interesse público e ao mesmo tempo ressubstancializar a relação jurídica administrativa para viabilizar através de um ambiente menos imperativo e mais paritário a satisfação dos direitos sociais.

Essa ressubstancialização exige uma mudança paradigmática, que pressupõe a substituição do paradigma da autoridade nos contratos administrativos por um novo paradigma, focado na paridade e aberto para as diferentes realidades que se comunicam com o direito administrativo.[101] A virada paradigmática na Teoria Contratual Administrativa deve levar em consideração as relações de internalidade e externalidade no direito administrativo, especialmente considerando as relações entre direito, economia e política.

---

de Direito Público da Bahia, nº 2, 2015. Disponível em: <http://www.direitodoestado.com/revista/redae-2-maio-2005-gustavo-justino.pdf>. Acesso em: 15/02/2017.

[101] O conceito de paradigma, oriundo da história da ciência, pode ser aplicado à mudança de orientação no direito administrativo em geral e na teoria contratual administrativa em especial. Thomas Kuhn, ao construir o conceito de paradigma, utiliza-o em dois sentidos: (i) constelação de crenças, valores, técnicas, etc., partilhadas pelos membros de uma comunidade determinada; (ii) um tipo de elemento dessa constelação: as soluções concretas de quebra-cabeças que, empregadas como exemplos ou modelos, podem substituir regras explícitas como base para a solução dos restantes quebra-cabeças da ciência normal. Nesse sentido a ciência desenvolve-se em duas fases: (a) ciência normal: ocorre quando o paradigma é aceito pela ampla maioria da comunidade científica. Os cientistas seguem as regras básicas estabelecidas pelo padrão científico da comunidade. Essas bases não estão sujeitas a críticas e questionamentos radicais. (b) Ciência revolucionária: quando não se consegue mais resolver os problemas dados a partir dos parâmetros do paradigma dominante, inicia-se um processo de crise. A exigência da solução de problemas acumulados permite que se elabore um novo paradigma. Esse tipo de ciência se processa no momento da mudança paradigmática. O desenvolvimento da ciência não ocorre gradual e continuamente: sua mudança ocorre paradigmaticamente. O novo paradigma é delineado a partir de princípios diversos do paradigma decadente, de novas formulações teóricas. Cada paradigma produz suas próprias condições de cientificidade. O conceito de paradigma consiste num modelo de racionalidade, num padrão teórico, hegemônico em determinados momentos da história e aceito pela comunidade que o utiliza como fundamento do saber na busca de compreensões e soluções. (KUHN, Thomas. *A estrutura das revoluções científicas*. 7. ed. São Paulo: Perspectiva, 2003.)

O direito administrativo tradicional ignora o tempo dos contratos com a pretensão de fotografar e congelar realidades por toda a extensão do prazo contratual. A economia de há muito trabalha o elemento tempo, atribuindo-lhe valor e importância na elaboração dos acordos negociais. Essa realidade precisa ser considerada.

A relação de internalidade e externalidade pode ser aplicada ao estudo para demonstrar o quanto o direito administrativo é constitutivo do Estado e vice-versa e como o direito administrativo tradicional apresenta-se cego, surdo e mudo diante de externalidades que obviamente o impactam e influenciam, como a política, o mercado, a economia.

Ao se trabalhar com a relação entre estrutura e função, partindo-se da premissa de que há uma relação de circularidade que impregna o direito e a economia, é possível iniciar a compreensão da ruptura paradigmática atualmente vivenciada pela teoria contratual administrativa.

Na teoria contratual administrativa, essa análise é importante, pois os contratos administrativos estão sujeitos a relações de externalidade com o mercado e com a política que afetam a equação econômica-contratual, o equilíbrio econômico-financeiro e exigem disciplina jurídica para além da tradicional lógica da segurança jurídica localizada no tempo e no espaço do contrato.[102]

Contratos de longa duração são incertos por natureza e precisam de uma regulação jurídica que permita mutabilidade (ainda que com geração de incerteza) e ao mesmo tempo segurança do cumprimento das obrigações contratuais recíprocas, seja para o atendimento das finalidades contratuais de interesse público, seja para o respeito do negócio jurídico com o particular contratado.

O ambiente de complexidade dos contratos administrativos de longa duração exige uma racionalidade Estado-mercado-direito,

---

[102] Iggor Gomes Rocha assinala que a alocação de riscos se torna fundamental no conteúdo dos negócios público-privados na medida em que influencia diretamente o volume de investimentos, a divisão de responsabilidades e a própria qualidade dos objetivos almejados. Para o autor a distribuição de riscos pode ser encarada como a principal função dos contratos administrativos de investimentos em infraestrutura, gerando incentivo para que as partes adotem providências para evitar ou mitigar ocorrências desestabilizadoras do contrato. (ROCHA, Iggor Gomes. *Eficiência na alocação de riscos em concessões públicas viabilizadoras de infraestrutura*. 2014. 200 f. Dissertação (Mestrado em Direito) – Programa de Pós-Graduação em Direito, Pontifícia Universidade Católica do Paraná, Curitiba, 2014. p. 175-176.)

numa relação de internalidade, mas também há relações de externalidade entre economia-mercado-política que afetam essa internalidade, especialmente considerando que o tempo dos contratos administrativos de longa duração, sobretudo nos contratos de Parceria Público-Privada (PPP), pode alcançar até oito mandatos, estando sujeitos a áleas sequer cogitadas no ambiente da Lei nº 8.666/93.[103] A ciência revolucionária nesse ponto parte de uma racionalidade jurídica contemporânea para os contratos administrativos, sobretudo os contratos de longa duração, que deve considerar uma aproximação entre direito, política, estado, mercado e economia.

É necessário revisar categorias metodológicas para a compreensão da tese. O Estado de Bem-Estar Social aponta para uma ampliação do direito tutelar do Estado e nessa direção, como exemplo, estão as decisões estruturantes dentro de processos judiciais, que não mais se encaixam no modelo tradicional da coisa julgada e do término formal e material da lide e do litígio.[104]

---

[103] A longa duração é um dos principais elementos que fez com que o contrato de concessão fosse tratado em apartado dos demais contratos – isso no século XIX e início do século XX. O argumento é exatamente o mesmo agora para as Parcerias Público-Privadas. O risco político é exemplo de álea alocada no contrato de concessão exatamente por se reconhecer essas relações de externalidade.

[104] Essas decisões estruturantes se representam como função, no âmbito do processo, que está inserida no âmbito do ordenamento jurídico, no âmbito do Estado, que está encartada a externalidades, especialmente a economia. Muitos são os que hoje defendem uma conexão entre esses níveis, algum nível de adequação com o Estado, com a economia e a sociedade. E nesse ponto haveria uma racionalidade constitutiva entre função e estrutura. Essa racionalidade tem que estar adequada ao processo, ao Estado, ao ordenamento jurídico e este Estado tem que possuir uma adequação extraorgânica. Essa adequação não significa que esse conjunto estrutura-funcional tem que ser igual, semelhante, compatível. Tem que ser funcional a essa estrutura. A decisão estruturante precisa ser funcional à reprodução do sistema. Há um controle empírico porque, se essa decisão não for funcional ao ordenamento, ela muda e não se sustenta do ponto de vista da legitimação política e do seu encaixe no real. Essa decisão pode ser oposta ao direito, mas essa oposição tem que ser funcional. Em última instância há um controle de funcionalidade. E nesse ponto se opta pela razoabilidade, pela moralidade e pela eficiência. Nas mudanças da teoria do processo há uma abertura do formal para o material como tendência. Há uma confluência Estado-processo. O Estado substitui uma racionalidade formal em homenagem a uma racionalidade mais material. Sérgio Cruz Arenhardt, nesse sentido, assinala que "pode a sentença delegar a execução ou a fiscalização do julgado a outros órgãos, criar etapas para o cumprimento da ordem judicial, nomear terceiros encarregados de esboçar plano de cumprimento, ou adotar outras providências que a situação concreta requeira. Enfim, deve haver ampla margem para a gestão da decisão judicial, de modo a compatibilizá-la com as necessidades da situação concreta e com as possibilidades das partes. Pode-se, por exemplo, ditar à Administração Pública o objetivo a ser alcançado, reservando-lhe a escolha dos meios e preservando sua discricionariedade, ou se pode estabelecer desde logo um cronograma de atividades a serem adotadas. Pode-se impor certas condutas ao réu, ou deixar essa determinação a um órgão técnico especializado.

Há um sentido voltado para o material e para uma redução de racionalidade formal, e isso no direito administrativo é visível. A estrutura do processo é marcada pelo carimbo da racionalidade formal, mas vai sofrendo ponderações, como na eficiência e na razoabilidade.

Há um sentido que permite dizer que o processo do futuro, seguindo esse sentido, deverá ter maior aderência material, instrumental, maior confluência entre estrutura social, econômica. A visão clássica de solução da lide passa a ser substituída por uma definição de jurisdição a partir da concepção do Estado. A eficiência aparece como um elemento nuclear dessa racionalidade contemporânea.

Não é diferente no ambiente dos contratos administrativos. Essa relação de internalidade-externalidade pressupõe que o direito é permeado de economia e de política e não pode simplesmente ignorar a afetação que sofre ao internalizar esses valores. Nesse espaço, apresenta-se inadequado e pouco eficiente discutir contratos administrativos dentro da lógica binária autoridade X liberdade, poder X dever, prerrogativas X sujeições, direito público X direito privado.

Defendendo que direito e economia não podem se ignorar, Manuel Afonso Vaz aponta que a ordem jurídica afeta o sistema econômico existente e é por ele afetada. Aborda que o direito enquadra, rege ou normaliza a economia. Os dados econômicos têm repercussões no sistema jurídico. Para o autor, a partir do momento

---

Pode-se escalonar medidas a serem adotadas no tempo, com prestação de contas periódicas, ou mesmo nomear um interventor fiscalizador para acompanhar o desenvolvimento da satisfação à prestação jurisdicional. Sem dúvida, essa flexibilização é essencial para a adequada proteção de certos interesses. Com efeito, a especialização de certos órgãos da Administração Pública pode torná-los, em relação ao órgão jurisdicional, um ambiente muito mais apropriado para a especificação das prestações específicas a serem realizadas ou mesmo para a avaliação da suficiência das medidas adotadas para a proteção do direito tutelado. Por outro lado, a descentralização na fiscalização do cumprimento das diretrizes judiciais permite que o Judiciário concentre seu foco naquilo que é mais importante, que é a visão geral do problema, deixando aspectos pontuais e ocasionais à atividade de outros órgãos também comprometidos com o direito tutelado. Em síntese, deve haver aqui maior latitude para a indicação das providências a serem adotadas pelo magistrado na solução do litígio e para a eleição dos mecanismos a serem empregados para chegar àquele objetivo. O limite deve estar fixado, sobretudo, pela justificação da decisão judicial, pois é aqui que se verifica que o Poder estatal foi atuado de maneira razoável, proporcional e legítima. Para tanto, a colaboração das partes – e, de modo mais amplo, dos atingidos pela decisão – e sua participação na formação da(s) decisão(ões) judicial(is) são imprescindíveis". (ARENHARDT, Sérgio. Decisões estruturais no direito processual civil brasileiro. *Revista de Processo*, São Paulo, v. 38, nº 225, p. 389, nov. 2013). Essa virada paradigmática também é sentida no direito administrativo, especialmente na teoria contratual administrativa.

em que o Estado intervém na economia, direito e economia se relacionam. Há uma interpenetração profunda e uma evidente constatação de que há uma insuficiência dos quadros clássicos do direito para incluir a realidade econômica.[105] Prossegue o autor afirmando que a interação jurídico-econômica constitui o Estado contemporâneo. A norma jurídica tende a enquadrar a realidade econômica. Há uma economização do direito e uma juridicização da economia. A norma jurídica assume um fator dinâmico de direção da economia e com isso sustenta que as relações do direito e economia são de interdependência.

O direito fornece enquadramento da realidade econômica e segurança jurídica. Nessa perspectiva, as características das normas de direito econômico não se adaptam com as características tradicionais da lei: universalidade, abstração, perenidade e imperatividade. São elas: mobilidade, dispersão, caráter concreto, declínio das fontes clássicas do direito e declínio da coercibilidade e vinculação concertada.[106]

Mas é clara a insuficiência regulatória do atual regime contratual em face do aumento de complexidade, e essa insuficiência não é sentida apenas no âmbito do ordenamento jurídico brasileiro. A problemática passa pela discussão de regime jurídico aplicável aos contratos administrativos.

---

[105] VAZ, Manuel Afonso. *Direito econômico*. 4. ed. Coimbra: Coimbra Editora, 1998. p. 15-31.

[106] E o autor vai além, contribuindo para a defesa de um regime de direito, nem público nem privado, em especial quando procura delimitar o campo de atuação do direito econômico. Adota posição de que o direito econômico desenvolve-se numa zona intermediária compreendendo regras de direito civil, comercial, constitucional, administrativo, penal e tributário, numa zona que não é direito público nem privado e numa área de profunda interpenetração entre o econômico e o jurídico. É um direito em formação. O objeto do direito econômico seria a atividade econômica produtiva. Há a introdução de um suposto elemento teleológico novo – a realização do interesse geral, que conferiria coesão a todo um sistema de normas e princípios (*Ibid.*, p. 79-99). Para o autor, o encontro entre a ciência jurídica e a ciência econômica é o reflexo do reencontro Estado-sociedade (*Ibid.*, p. 20). Identifica-se certa pretensão do autor quanto a definição e o papel do direito econômico. A dicotomia Estado-sociedade existe e é refundada a partir do processo constitucional emancipatório vivenciado pelo Estado-nação na pós-modernidade e a relação Estado-sociedade não é modificada só pelo direito econômico. Aliás, talvez nem seja essa a perspectiva de análise. O pluralismo jurídico impõe um repensar da relação Estado-sociedade e o direito econômico é mais um passo nesse sentido, mas não a razão única da modificação da relação. A existência do direito econômico não pode ser vista como a razão do fim da dicotomia Estado-economia e Estado-sociedade. Essa dicotomia persiste ressubstancializada e ressignificada, com diferentes e plurais influências.

Na realidade europeia, o regime jurídico dos contratos que envolvam a pessoa jurídica de direito público foi inspirado pela submissão ao direito público ou pela submissão ao direito privado.

A submissão ao direito público se fez presente no modelo francês e a submissão ao direito privado se destacou no modelo alemão e no inglês. Atualmente, há uma tendência de convergência dos modelos, especialmente pelo foco no livre mercado do direito europeu, que vem diluindo a relação autoridade-liberdade como tradicionalmente vista na teoria contratual administrativa.

No Brasil, a opção da Lei nº 8.666/93 foi por um regime jurídico de direito público.

O contrato não é estático e sim dinâmico e não se pode perder de vista sua essência. O contrato administrativo não pertence a um ou outro ramo específico do direito e não pertence nem ao direito privado nem ao direito público.[107]

Nesse sentido, Fernando Menezes de Almeida apresenta o contrato como superconceito, patrimônio comum de toda a ciência do direito, da teoria do direito e sustenta o equívoco da doutrina tradicional que afirma o contrato administrativo como exceção ao contrato baseado no direito civil.[108]

Faz-se necessário desvelar a realidade oculta por detrás dos contratos de longa duração: a necessidade de uma regulação que não se estabeleça exclusivamente nem sobre o direito público nem sobre o direito privado, com a construção de uma doutrina de interesse público entre as fronteiras do direito público e do direito privado que remeta a uma nova racionalidade no direito administrativo.

É a ideia de ir para além das aparências que se apresenta compatível com as atuais necessidades contratuais da Administração Pública, que evidenciam uma interpenetração público-privado que não cabe no regime jurídico da Lei nº 8.666/93 ou na lógica da unilateralidade das relações contratuais administrativas formulada nos séculos XVIII e XIX.

Os contratos administrativos de longa duração expressam uma relação de internalidade e externalidade entre economia, mer-

---

[107] Mário Masagão já sinalizava nesse sentido na década de 1970. (MASAGÃO, Mário. *Curso de direito administrativo*. São Paulo: Revista dos Tribunais, 1977. p. 287.)
[108] ALMEIDA, Fernando Dias Menezes de. *Contratos administrativos*. São Paulo: Quartier Latin, 2012. p. 12-25.

cado e política que não permite necessariamente a completude. Há um espaço natural de incompletude nesses contratos a ser regulado. O desafio da Administração Pública contemporânea é desenvolver regulação jurídica capaz de se relacionar com essas internalidades e externalidades.[109]

Ao tratar das dimensões do público e privado no direito, Maurizio Fioravanti as inclui como princípios fundamentais da Constituição Democrática, ambas necessárias para a vida da democracia, tendo a Constituição Democrática como uma das principais tarefas estabelecer o espaço público, o espaço privado e seus limites. Destaca o autor que o modelo democrático não pressupõe um modelo constitucional flagrantemente publicístico e que a relação público-privado é consagrada nas Constituições Democráticas.[110]

Mas alerta que ainda que se deva ter cautela quanto ao automatismo do mercado, não se pode confiar cegamente na virtude do público e de sua forma estatal. O autor formula interessante tese ao afirmar que tanto a dimensão pública quanto a dimensão privada encontram-se limitadas pela Constituição, e que se trava uma batalha do constitucionalismo contra o arbítrio político.[111]

E prossegue o autor afirmando que público e privado não são outra coisa senão duas dimensões fundamentais da democracia.[112]

---

[109] O que permite, dentro de um argumento consequencialista, por exemplo, a utilização de técnicas privadas de solução de conflitos, como a arbitragem nos contratos administrativos. Essa lógica nos contratos administrativos se verifica muito atual, com um fetichismo sobre o papel do Estado nas relações econômicas, a lógica de sua insuficiência no mercado. O consequencialismo é a base causal de uma decisão política. Na busca do desvelamento da base causal da decisão se encontra o argumento político, econômico da decisão. O consequencialismo expõe os interesses da decisão. E a arbitragem como meio para solução de conflitos nos contratos administrativos é justificada por lógicas de eficiência, celeridade, economicidade, razoabilidade, proporcionalidade, todas encartadas no atendimento às finalidades de interesse público.

[110] FIORAVANTI, Maurizio. Público e privado: os princípios fundamentais da Constituição Democrática. *Revista da Faculdade de Direito UFPR*, Curitiba, nº 58, p. 7-24, 2013.

[111] A Constituição para o autor não prega virtudes nem do Estado nem do mercado, pressupondo que ambos podem violar os direitos da pessoa, e é cautelosa em relação a ambos. Aponta para um modelo de dupla limitação – duplo valor da Constituição limitando um ou outro, socorrendo o espaço público quando é invadido pelo privado e vice-versa. (*Ibid.*)

[112] "as duas dimensões fundamentais da democracia, ambas necessárias para a própria vida da democracia. Por um lado, a liberdade dos privados e o princípio da livre autodeterminação dos indivíduos, por outro, a força e a autoridade da *res publica*. Nenhuma democracia é imaginável sem essas duas dimensões. Não é por acaso que uma das principais tarefas das Constituições democráticas é aquela de estabelecer o espaço e a profundidade de um e de outro, do Público e do Privado, e, portanto, de estabelecer também os limites de cada

Maurizio Fioravanti questiona se existe um modelo constitucional sobre o qual é possível orientar um correto relacionamento entre público e privado.[113] *O objetivo da tese é demonstrar a existência de um espaço de diálogo Estado-sociedade mais equilibrado e um relacionamento público-privado sem prevalências* a priori.

Nesse sentido, a total inadequação da dicotomia público-privado já anteriormente apontada. Na teoria contratual administrativa, essa realidade é sobretudo ampliada, com significativas consequências para o interesse público, de ordem econômica (pelo aumento do litígio e das consequências dele decorrentes envolvendo contratos administrativos), de ordem social (pela paralização ou não atendimento adequado de serviços públicos através dos contratos administrativos), de ordem política (pela perda de legitimidade da ação estatal na satisfação dos direitos fundamentais).

Mário Masagão em 1977 já apontava, quanto à natureza do contrato, que este não era figura peculiar e exclusiva do direito civil.[114] Contemporaneamente e alinhado à noção de que os desafios da administração contemporânea necessitam da construção de uma doutrina de interesse público entre as fronteiras do público e do privado está Romeu Felipe Bacellar Filho.

O autor parte da premissa de que *o contrato administrativo é instituto de direito*, não pertencente especialmente nem ao direito público nem ao direito privado.[115] Tal fato desafia a criação de uma nova regulação dos contratos administrativos, especialmente considerando as deficiências do modelo tradicional unilateral frente às necessidades contratuais atuais e a incompatibilidade de um modelo exclusivo de consenso e negociação em face dos pilares de

---

um, o ponto para além do qual o Público tende a exorbitar e a violar arbitrariamente as esferas dos indivíduos, e o ponto para além do qual, na dimensão inversa, a extensão dos poderes dos privados tende a ameaçar a integridade da *res publica*". Para o autor, se isso não for claro e comum, a crise se instala nas democracias e o espaço público e o espaço privado tendem a se exceder e a se ameaçar reciprocamente, entrelaçando-se de modo disfuncional, com prejuízo para ambos e para a sociedade civil. (*Ibid.*, p. 9.)

[113] *Ibid.*
[114] "Realmente, o contrato não é figura peculiar ao direito privado. Seu conceito pertence à teoria geral do direito, e suas manifestações tanto surgem em matéria civil e comercial como no campo do direito público interno e externo". (MASAGÃO, Mário. *Curso de direito administrativo*. São Paulo: Revista dos Tribunais, 1977. p. 283.)
[115] BACELLAR FILHO, Romeu Felipe. *Direito administrativo e o Novo Código Civil*. Belo Horizonte: Editora Fórum, 2007. p.182-183.

supremacia do interesse público e indisponibilidade do interesse público estabelecidos no regime jurídico administrativo.

No ambiente do serviço público, o Direito Administrativo tradicional exclui o regime de direito privado lastreado pela dicotomia Estado-sociedade, público-privado. E isso repercute sensivelmente na teoria contratual administrativa, na medida em que serviços públicos relevantes são prestados através de contratos administrativos no ambiente do segundo setor e do terceiro setor.

O paradigma tradicional do contrato administrativo, fundamentado na unilateralidade, apresenta deficiências diante dos desafios enfrentados pela Administração Pública brasileira atualmente. Contudo, discorda-se da discussão crítica que pretende a abolição das prerrogativas contratuais, para defender a necessidade de reorganização do regime jurídico administrativo dos contratos, com um reposicionamento das prerrogativas contratuais.

Na contemporaneidade não faz sentido questionar se o regime do contrato é de direito público ou de direito privado. O regime contratual administrativo pode ser de direito público ou de direito privado. Não se parte de uma única forma contratual com um único regime jurídico. A realidade contratual pressupõe diferentes relações contratuais com regimes jurídicos distintos, em que a questão público e privado sequer se coloca, pois elementos dos dois ambientes podem estar presentes.

Parece clara a necessidade de adoção de um regime jurídico de direito nos contratos administrativos, nem público nem privado, desafiando a criação de uma nova regulação, que não permita a substituição de prerrogativas por lógicas exclusivas de consenso, mas que permita o equilíbrio entre essas duas realidades. Um regime geral que permita a adoção de vários regimes específicos, distintos entre si, aplicáveis às diferentes estruturas convencionais da Administração Pública. Um regime que não possua a pretensão totalizante de ser único e aplicável a realidades distintas uniformemente.[116]

Fernando Dias Menezes de Almeida desenvolve a proposta do contrato administrativo ser contrato de direito, o que não significa

---

[116] Fernando Dias Menezes de Almeida distingue os diferentes módulos convencionais da Administração Pública, demonstrando claramente a necessidade de adoção de diferentes regimes jurídicos. (ALMEIDA, Fernando Dias Menezes de. *Contratos administrativos*. São Paulo: Quartier Latin, 2012. p. 231).

que o direito que o regula seja fragmentado (seja como um dado da realidade, ou como fenômeno social, ou como fenômeno normativo ou como ciência do direito).[117]

Prossegue o autor afirmando que o conteúdo estabelecido sob a rubrica Direito Administrativo pressupõe uma determinada configuração sócio-política do Estado que só passa a existir em meados do século XVII e XVIII. Isso não quer dizer que o contrato pertença ao Direito Civil porque quando o Direito Administrativo surgiu ele já era trabalhado no Direito Civil.[118]

Partindo dessa perspectiva, discutir regime de direito nos contratos administrativos é discutir sobre heteronomia e autonomia. A lei é um modo de produção normativa que pressupõe que o destinatário não necessariamente participe com a sua vontade para a formação da norma, expressando o princípio da heteronomia e a obrigatoriedade perante o cidadão.

---

[117] O autor assinala que um primeiro pressuposto então é entender que contrato não é uma figura do direito civil que foi adaptada pelo direito administrativo. Antes de mais nada é uma figura do próprio direito. Se circunstancialmente por razões históricas aquilo que convencionou-se chamar direito civil abrange mais do assunto de contratos, isso se explica pelo modo de ser da sociedade humana ao longo dos tempos. A consolidação do direito civil precedeu historicamente a consolidação do direito constitucional e do direito administrativo. (*Ibid.*, p. 174-180.)

[118] Fernando Dias Menezes de Almeida afirma que o ser contrato é o mesmo. Não há uma diferença ontológica. Essa é uma primeira premissa. Usando a palavra "contrato" num sentido amplo, um segundo elemento é verificar como são produzidas as normas jurídicas que regem a vida em sociedade. Essa pergunta induz a distinguir "contrato" de outros modos de produção normativa. Porque alguém é obrigado a fazer algo? Por força de lei. O que é a lei na sua essência? É fruto de convenção humana. É ato de vontade. Existe porque alguém quis que aquilo fosse lei. Neste ponto, transita-se por uma teoria do direito que pressupõe a norma como ato de vontade. Para o autor, o direito é fenômeno que essencialmente expressa vontade. Dentre os fenômenos psíquicos há o que é vontade e o que é conhecimento. A postura do conhecimento não é de querer, mas de observação da realidade. A postura do ato de vontade pretende configurar as condutas futuras. Isso dá origem à dicotomia básica em teoria do direito da distinção entre ser e dever ser. Prossegue afirmando que a vontade lida com o dever ser e tem pouco a ver com aquilo que é. O fato de alguém ser obrigado a fazer alguma coisa não guarda nenhuma relação com a coisa feita. Opera-se no direito com vontade e decisão volitiva de alguém sobre o que deve e não deve acontecer, existindo dois mecanismos básicos pelos quais a vontade opera na formação do direito em relação aos sujeitos envolvidos. O direito é algo criado pela vontade humana e não é um dado da realidade natural. É algo que o homem decide criar por um ato de vontade. Quem decide criar? Por que a lei decide criar? Por trás do fato de a lei obrigar está a decisão de cada um concordar que a lei obrigue. Isso está presente na doutrina ocidental e parte da ideia de um contrato social, metajurídico, *a priori*, fictício. Não é um contrato no sentido do contrato administrativo, mas a ideia de convenção é a mesma. (*Ibid.*, p. 104 *et seq.*)

Mas a Constituição pode optar pelo princípio da autonomia, em que as partes, os indivíduos que estarão sujeitos àquela norma, participam eles mesmos com a produção do conteúdo específico da norma. A vontade do destinatário da norma participa da formação da norma. Relevante neste contexto é a reflexão sobre quando cabe o princípio da autonomia e quando cabe a heteronomia. Para Fernando Menezes de Almeida não existe uma regra *a priori*, ideal. Para certas situações um é melhor que o outro, a critério de cada sociedade.[119]

No ambiente dos contratos administrativos a partir da segunda metade do século XX, em especial com o Decreto nº 2.300/86, houve uma tendência pró-autoridade na eleição entre o princípio da heteronomia e o princípio da autonomia.

Defende-se uma nova relação público-privado, em que *um misto de autonomia e heteronomia é necessário para o atendimento das demandas contratuais contemporâneas,* especialmente considerando no ambiente dos contratos questões sobre taxa interna de lucro, equilíbrio econômico-financeiro, alterações qualitativas do objeto, participação pública no financiamento e investimento do negócio, definição do objeto negocial e aplicação da cláusula da *exceptio non adimpleti contractus.*

O direito administrativo tradicional surgiu no contexto do direito europeu ocidental estabelecendo submissão dos governantes à lei e impondo-se contra a sobreposição dos governantes à lei. Nesse momento surge a figura da Administração Pública como sujeito de direito. Ela não apenas é sujeito ao direito como se põe nas relações jurídicas como sujeito de direito.

A Administração Pública recebe em grande medida o atributo da soberania. E nesse ponto a estruturação da lógica da autoridade se organiza. É relevante refletir como a Administração Pública, sendo a detentora da soberania, vai se relacionar como sujeito de direito.

Esse foi o grande problema teórico no século XIX para a concepção do contrato administrativo, com reflexões que concluíam pela impossibilidade de acordo quando se tratava da Administração Pública, uma vez que esta não poderia livremente fazer acordos de

---

[119] ALMEIDA, Fernando Menezes. *Contratos administrativos.* São Paulo: Quartier Latin, 2012. p. 379-385.

vontade porque suas relações jurídicas reger-se-iam estritamente pelo princípio da heteronomia. Essa visão é própria do direito administrativo do século XIX, que posiciona a soberania como atributo da Administração Pública.[120]

E no contexto de heteronomia, as prerrogativas nos contratos administrativos aparecem como regra geral e essência, o que denota um desperdício do contrato como importante modelo de conformação da sociedade e de desenvolvimento.

A construção de uma doutrina de interesse público que não se fixe na dicotomia público-privado é indispensável para a construção de novos paradigmas na teoria contratual administrativa. O direito administrativo contratual não é nem público nem privado. Rótulos muito estanques segmentam e fracionam as realidades complexas do ambiente contratual administrativo e impossibilitam um olhar para além do direito, substancializado e ressubstancializado pela interpenetração das externalidades da política, da economia, do mercado e da própria sociedade civil.

E nesse sentido teses como a de um direito administrativo privado[121] ou de fuga do direito administrativo para o direito privado[122] não correspondem ao contexto atual. O público e privado não

---

[120] ALMEIDA, Fernando Dias Menezes de. *Contratos administrativos*. São Paulo: Quartier Latin, 2012.

[121] Na doutrina europeia há construções teóricas de um direito administrativo privado, remetendo-se ao reconhecimento de que as formas de consensualismo na Administração Pública se definem pela tendência ao direito privado. (IBÁÑEZ, Santiago González-Varas. *El derecho administrativo privado*. Madrid: Ed. Montecorvo, 1996. p. 87-128). Porém, há espaço para a construção de uma doutrina de interesse público entre as fronteiras do público e do privado e não há incompatibilidade entre o regime jurídico de direito público e a consensualidade. Neste ponto cabe discutir as possibilidades de compatibilização da supremacia do interesse público e indisponibilidade do interesse público com o "direito administrativo privado". A ideia de cooperação e consensualismo não é privativa do direito privado.

[122] Tradicionalmente sempre se defendeu que o regime jurídico administrativo era de direito público. Com o aumento da complexidade contratual e a introdução de elementos privados na relação negocial administrativa, passou-se a apontar que no século XXI havia uma fuga para o direito privado da Administração Pública, como denominou Maria João Estorninho. A crítica à fuga do direito público para o direito privado pela Administração Pública estaria na retirada de vinculações do regime jurídico público, as quais sempre condicionaram o exercício da função pública, como competência, forma de organização e atuação, controle e responsabilidade. Para Maria João Estorninho "ao longo dos tempos a Administração Pública acabou muitas vezes por passar de uma fuga que se poderia dizer quase 'inocente' a uma fuga 'consciente e perversa' para o direito privado (...) hoje existe o perigo de a Administração, através de uma fuga para o direito privado, se libertar das suas vinculações jurídico-públicas". (ESTORNINHO, Maria João. *A fuga para o direito privado.*

são definidos pela presença da Administração Pública na relação negocial e essa presença não induz necessariamente a um dado regime aplicável.

Não se discute que o regime público possa ser associado a modos heterônomos de ação (a autoexecutoriedade própria do Estado por certo não acompanha as relações individuais), assim como não se discute que o privado possa ser associado a modos autônomos de ação (as lógicas de liberdade e autonomia privadas não repercutem igualmente no espaço público).

Conforme apontado por Santiago González-Varas Ibáñez, firmou-se no direito espanhol o princípio da absoluta liberdade de eleição de regime jurídico público ou privado para a regulação dos sujeitos que realizam funções administrativas. Faz-se necessário discutir os limites dessa liberdade. O autor analisa as possibilidades jurídicas sobre a atividade administrativa ser regida por um direito privado e para isso analisa o direito alemão, no qual a liberdade de eleição de regime jurídico entre direito público e direito privado é um princípio característico.[123]

O que se pode afirmar como certo é que não há sentido em se estabelecer rigidamente e de forma estanque, divisora e excludente, uma dicotomia público e privado no regime jurídico dos contratos administrativos.[124]

O que é público não é um regime aplicável à Administração Pública. Há relações tipicamente públicas no momento em que a

---

Coimbra: Editora Almedina, 1996. p. 68). No mesmo sentido Juarez Freitas: "vê-se alastrada a pecaminosa tentação de sonegar ou de não conferir o devido reconhecimento às conquistas principiológicas do Direito Público, como se estas fossem, no seu conjunto, um mal, cuja obediência se assemelhasse ao pagamento de um tributo impagável. Ora, precisamos combater essa tendência clara de sonegação dos princípios do Direito Público". (FREITAS, Juarez. Regime dos serviços públicos e proteção dos consumidores. *Revista Trimestral de Direito Civil*, Rio de Janeiro, Editora Padma, v. 2, nº 6, abr./jun. 2001.)

[123] No direito alemão também é característico que, se a atividade for regida pelo direito privado, sua atuação respeitará os princípios gerais do direito administrativo, donde resultaria um direito administrativo privado. A questão é saber em que medida há a liberdade de eleição de regime jurídico em relação a competências tipicamente administrativas e em que medida o direito privado pode ser regulador dos entes criados para cumprir funções administrativas. (IBÁÑEZ, Santiago González-Varas. *El derecho administrativo privado*. Madrid: Montecorvo, 1996. p. 87-128.)

[124] Essa divisão consolidou-se no Brasil somente na segunda metade do século XX, a partir da década de 1980, com o Decreto-lei nº 2.300/86 e após, com a Lei nº 8.666/93.

autoexecutoriedade aparece.[125] E o contrário também é verdadeiro. Existem situações em que excepcionalmente a Administração Pública não possui autoexecutoriedade e outras situações nas quais excepcionalmente os indivíduos a possuem, como por exemplo legítima defesa, defesa da posse.

Percebe-se, portanto, certa incongruência na afirmação da autoridade dentro de um regime exclusivo de direito público aos contratos administrativos. Romeu Felipe Bacellar Filho nesse sentido afirma que o predomínio da autoridade no direito administrativo fez com que o "negócio" fosse proibido, estabelecendo a imperatividade do ato administrativo como "sacralização do poder estatal", e, portanto, dificultando a adoção de uma Administração Pública inserida num panorama de bilateralidade e consenso. E ainda assinala que essa é uma visão monolítica de Administração Pública, fundada num conceito de interesse público "absoluto e homogêneo", que recusa interpretações dissidentes.[126]

Buscando identificar o lugar do contrato administrativo no direito administrativo, Casalta Nabais parte da premissa de que a figura contratual foi gradualmente se instalando no direito administrativo e no direito público.[127]

E assinala que a crise do contrato é também crise da figura contratual do liberalismo oitocentista, que o ligou intrinsecamente à autonomia da vontade. Quando a crescente interligação Estado/sociedade coloca em xeque a autonomia da vontade, a figura contratual entra em crise.[128]

A crescente estatização da sociedade e a progressiva diminuição da autoridade do Estado possibilita a extensão do contrato aos domínios das relações jurídico-públicas. Segundo o autor, *mais Estado em extensão*

---

[125] O ato administrativo é autoexecutório pela mesma razão que a lei o é. Expressão de ato de vontade heterônomo estatal. Enxergar o regime de direito público como autoexecutório faz sentido, mas isso pouco guarda sentido com afirmar que o direito administrativo é necessariamente regulado pelo direito público.
[126] BACELLAR FILHO, Romeu Felipe. *Direito administrativo e o Novo Código Civil*. Belo Horizonte: Editora Fórum, 2007. p.192-193.
[127] Refere que apesar do contrato estar intimamente associado ao direito público, enfrentou sérias dificuldades para assegurar um *campus* próprio e que o tempo estabeleceu lugar ao contrato no direito público, onde hoje sua presença já não é mais contestada. (CASALTA NABAIS, José. *Contratos fiscais*. Coimbra: Ed. Coimbra, 1994. p. 9-84.)
[128] *Ibid.*, p. 12.

(quantidade) e menos Estado em intensidade (qualidade). Aqui já se aponta uma certa flexibilização de prerrogativas, com a diminuição da autoridade.[129]

E no mesmo sentido, entende o autor que a aceitação do contrato como figura do direito público e do direito administrativo ganhou desenvolvimento com o advento do Estado Social, daí porque o contrato tenha se tornado instrumento normal da ação estatal atualmente, tanto na conformação econômica quanto social em que o Estado deva intervir.

O autor ainda destaca que os contratos de direito público são gênero em que os contratos administrativos são espécie, não havendo identidade entre as expressões nem razão para designar os contratos administrativos como contratos públicos.[130]

Neste ponto se identifica uma primeira distinção em relação às prerrogativas contratuais. Aponta que o contrato foi transformado em *modus agendi* do Estado Social e que não se limita a operar nos novos domínios a que a ação do Estado foi chamada, mas põe em causa o próprio *modus operandi* do Estado em setores antes nunca disciplinados por contrato.

Um exemplo é o direito fiscal, no qual sua presença foi considerada incompatível com a natureza deste ramo. O autor coloca que não há razão na assertiva, especialmente porque o contrato não deixou de estar presente, embora limitadamente, no direito fiscal comum. Assinala ainda que a base dessa concepção se assenta no abandono da concepção de Estado fiscal liberal, burguês, de todo ultrapassada pelo Estado fiscal intervencionista.[131]

Nesse sentido, Marçal Justen Filho aponta que a tendência à contratualização da função administrativa é reflexo da ampliação do Estado Democrático de Direito, na medida em que o exercício das competências públicas torna-se cada vez mas sujeito à negociação com a comunidade. E pontua o autor que nas prestações de fazer a única alternativa é o contrato.[132]

---

[129] *Ibid.*, p. 13.
[130] Esta distinção não existe no ordenamento positivo brasileiro.
[131] Aqui se vislumbra o governo por meio de contratos e o estabelecimento de políticas públicas através dos contratos de longa duração. (CASALTA NABAIS, José. *Contratos fiscais*. Coimbra: Ed. Coimbra, 1994. p. 15-16.)
[132] "Assiste-se a um fenômeno muito peculiar, consistente na organização da sociedade civil. Surgem entidades privadas, sem fins lucrativos, que se interpõem entre o Estado e a Comunidade. Os poderes Públicos deixam de ser exercitados autoritariamente e a democracia manifesta-se como concordância das decisões públicas como os interesses

André de Laubadère nesse ponto identificou um novo "estilo" de Administração Pública, a administração por via contratual, em preferência ao modo de gestão de atuação unilateral.[133] Na linha da redução da autoridade na relação contratual, sustentando consenso e transação, novamente cabe a citação de Romeu Felipe Bacellar Filho, que afirma que a Administração Pública está autorizada a celebrar acordos e transacionar a fim de evitar litígios despropositados que somente prejudicariam suas finalidades.[134]

A verdade é que a doutrina vem identificando a insuficiência e inadequação da dicotomia entre a supremacia do interesse público e a autonomia privada. Giorgio Berti nesse sentido defende o banimento da usual contraposição entre o princípio da supremacia do interesse público e a autonomia privada.[135]

---

concretos da comunidade. Isso se passa no próprio âmbito dos atos unilaterais. Daí a crescente importância do instrumento contratual, que tende a substituir amplamente as figuras unilaterais. Observe-se que, em muitas hipóteses, sequer há alternativa para o Estado, fora contrato. As garantias constitucionais impedem a requisição compulsória da prestação privada consistente em um fazer. O Estado pode apropriar-se compulsoriamente do patrimônio privado, por via da desapropriação. Logo, as prestações de dar, quando houver recusa do particular em aquiescer com a decisão estatal, podem resultar no exercício do poder autoritário do Estado. Mas é inviável o Estado constranger um sujeito a uma prestação positiva, de natureza patrimonial, em benefício dele (Estado). A única via é produzir a colaboração por via negocial. Por todos esses fatores, a relevância do contrato administrativo é cada vez mais intensa. O grande universo das prestações positivas de fazer escapa do âmago do poder de constrição unilateral do Estado. Somente mediante concordância do particular é que se abre oportunidade para o Estado valer-se dos préstimos dos sujeitos privados". (JUSTEN FILHO, Marçal. *Teoria geral das concessões de serviço público*. São Paulo: Dialética, 2003. p. 155.)

[133] LAUBADÈRE, André de; MODERNE, Franck; DEVOLVÉ, Pierre. *Traité des contrats administratifs*. Paris: LGDJ, 1983.

[134] "A transação pressupõe a existência de um espaço de conformação que a Lei outorga ao administrador (em outras palavras, discricionariedade) para valorar, no caso concreto, as medidas necessárias para a proteção do interesse público. Transacionar não importa abrir mão do interesse público. A transação existe para permitir a concretização do interesse público, sem excluir a participação dos particulares interessados na solução da contenda". (BACELLAR FILHO, Romeu Felipe. *Direito administrativo e o Novo Código Civil*. Belo Horizonte: Editora Fórum, 2007. p. 192-193). Entretanto, a aplicação da transação implica em dificuldades para a relação jurídico-administrativa e não apenas e especificamente para a teoria dos contratos. Este é um assunto correlato a tese, mas paralelo, que será na sequência abordado, especialmente no enfrentamento da arbitragem na Administração Pública.

[135] "Deve-se banir a usual contraposição entre princípio da supremacia (esfera do Direito Administrativo) e da autonomia privada (esfera do Direito Privado). Mesmo a autonomia privada não se apresenta mais como liberdade de contratar como direito absoluto em sentido patrimonial". (BERTI, Giorgio. *Il Principio Contrattuale Nell'Attività Amministrativa*. In: SCRITTI IN ONORE DI MASSIMO SEVERO GIANNINI. Milano: Giuffrè, 1988. p. 61.)

Cabe destacar que a liberdade de contratar nunca foi absoluta, seja numa análise do ambiente contratual do século XIX ou do século XX. Nesse sentido, o fato de a liberdade de contratar não ser absoluta não afasta a premissa de que, quando em confronto, no regime jurídico, a autonomia privada (enquanto interesse privado) irá ceder ao interesse público conflitante.

Com a devida vênia, o que se propõe na tese é exatamente a limitação da condição potestativa de intervenção e subordinação na esfera da liberdade individual, contratual, justamente pela alteração da posição do Estado na relação jurídica administrativa.

Pretende-se uma alteração qualitativa das posições jurídicas na relação contratual. Isso acarretará, necessariamente, uma reorganização do poder dentro do contrato administrativo e uma heterocontenção deste. De todo modo, não se pode discordar da lógica que exige a prevalência do interesse público (e a utilização de prerrogativas, se necessário) no confronto com interesses privados.

Mas a premissa da relação contratual não pode mais ser a autoridade. O consenso aparece como muito mais do que uma fonte de legitimação. Apresenta-se como essência do contrato e vai revelar-se no seu planejamento, na definição da equação econômica, na discussão da matriz de riscos e na sua execução.

Para isso não se pode partir de um modelo abstrato e teórico de sustentação da relação jurídica contratual, pois as realidades contratuais não se justificam através da legitimação de autoridade abstratamente colocada. O ponto de partida pressupõe discussão das condições do negócio. E não imposição inicial dessas condições.

A matriz de riscos nos contratos de longa duração é um adequado reflexo dessa realidade. Sequer consiste em um conceito jurídico. Demonstra que as relações contratuais administrativas precisam ser analisadas em concreto, considerando-se direitos e obrigações recíprocas, avaliando-se as circunstâncias do negócio, alocando-se os riscos e estabelecendo-se a equação econômica a partir das diferentes realidades a serem suportadas na execução contratual e considerando-se a extensão do tempo do contrato.[136]

---

[136] O artigo 42, inciso X, da Lei 13.303/2016 – Lei das Estatais, dispõe o seguinte: "X – matriz de riscos: cláusula contratual definidora de riscos e responsabilidades entre as partes e caracterizadora do equilíbrio econômico-financeiro inicial do contrato, em termos de ônus

Nesse raciocínio, o grau de eficiência do contrato por certo aumentará se suas bases forem estabelecidas a partir do consenso ao invés da imposição unilateral, e o nível de beligerância por certo diminuirá.

A legitimação desse novo modelo pode ser buscada através da conciliação dinâmica entre autonomia da vontade e indisponibilidade do interesse público para além da dicotomia público-privado, e conduz a reflexão a novos horizontes, especialmente considerando que o princípio da indisponibilidade é fundamentalmente uma limitação ao Poder Público, não sendo limitante da autonomia da vontade.[137]

Ao mesmo tempo em que é possível afirmar a inadequação do questionamento sobre ser o regime contratual administrativo de direito público ou de direito privado, é importante destacar que o modelo contemporâneo proposto é estruturalmente diferente deste modelo binário público-privado.

Não apenas circunstancialmente diferente, mas estruturalmente diferente. E é por isso que não se pode falar em publicização do privado e privatização do público, porque pressupõe aceitar a dicotomia público-privado e capitular frente aos novos horizontes, em especial frente à concepção de regime de direito exclusivamente, nem público nem privado, como já afirmado anteriormente.

As atuais discussões sobre o modelo contratual da Administração Pública estão todas estabelecidas dentro dessa virada

---

financeiro decorrente de eventos supervenientes à contratação, contendo, no mínimo, as seguintes informações: a) listagem de possíveis eventos supervenientes à assinatura do contrato, impactantes no equilíbrio econômico-financeiro da avença, e previsão de eventual necessidade de prolação de termo aditivo quando de sua ocorrência; b) estabelecimento preciso das frações do objeto em que haverá liberdade das contratadas para inovar em soluções metodológicas ou tecnológicas, em obrigações de resultado, em termos de modificação das soluções previamente delineadas no anteprojeto ou no projeto básico da licitação; c) estabelecimento preciso das frações do objeto em que não haverá liberdade das contratadas para inovar em soluções metodológicas ou tecnológicas, em obrigações de meio, devendo haver obrigação de identidade entre a execução e a solução predefinida no anteprojeto ou no projeto básico da licitação". Nesse sentido ver: ROCHA, Iggor Gomes. *Eficiência na alocação de riscos em concessões públicas viabilizadoras de infraestrutura*. 2014. 200 f. Dissertação (Mestrado em Direito) – Programa de Pós-Graduação em Direito, Pontifícia Universidade Católica do Paraná, Curitiba, 2014. p. 15 *et seq*.

[137] Considere-se que o fato de a administração não poder transigir em algum aspecto que prejudique o interesse público pode ir contra o interesse de transação de um particular, mas isso não quer dizer que a indisponibilidade afete o direito do particular (essa afetação indireta está na esfera do ser e não na esfera do dever ser).

paradigmática do regime jurídico-administrativo. Consensualismo e negociação, com uma dialética entre Estado-sociedade cada vez mais aberta à realização de acordos e à disposição de interesses para um melhor atendimento do interesse público. Uma interpenetração significativa do público-privado, sem prevalência *a priori* de nenhum dos espaços, e sem uma rígida contraposição entre a lógica do direito público e do direito privado.[138]

A interpenetração público-privado conduz a um ambiente de incerteza jurídica que precisa ser enfrentado, sobretudo na questão do controle. A mudança paradigmática que se pretende não pode desconsiderar a necessidade de manutenção de garantias de interesse público na relação contratual.

Se é fato que se deve realizar a defesa do regime jurídico-administrativo, também é fato a necessidade de identificação de vias de compatibilização com as necessidades contratuais atuais da Administração Pública brasileira. O que se pretende é reposicionamento de prerrogativas e fim de um regime geral único, para o estabelecimento de prerrogativas contrato a contrato.

O controle sobre o negócio administrativo nesse modelo deve ser repensado, assumindo aspecto finalístico para além da dimensão puramente formal (como é o atual modelo de controle previsto na Lei nº 8.666/93).

---

[138] Maurizio Fioravanti assinala neste ponto que "o que nós sustentamos agora é que essa rígida contraposição, que tem raízes profundas que remontam pelo menos à idade das revoluções na metade do século XVII, que foi revivida após a promulgação das Constituições democráticas, e que acreditamos ainda estar bastante viva entre nós na cultura difusa, e, mais especificamente, na cultura política e constitucional, na verdade não é própria das Constituições democráticas do século XX, e, portanto, nem sequer da Constituição italiana de 1947. Em suma, o "modelo constitucional" inerente às Constituições democráticas, incluindo aquele desejado pelos Constituintes italianos, que inspira, ou deveria inspirar, a nossa democracia, não é o modelo contrapositivo acima delineado. Em outras palavras, os nossos Constituintes não acreditavam em alguma 'virtude' a preservar e afirmar, nem a do Privado contra o Público, nem a do Público contra o Privado. Quem ainda hoje continua a raciocinar assim não faz outra coisa senão levar adiante sua batalha política, por motivos ideais, e talvez, também para a defesa de interesses bastante encorpados, sejam do Privado ou do Público, mas não podem contar, entre seus argumentos, com a Constituição. A nossa tarefa – talvez a mais urgente – é, portanto, precisamente aquela de subtrair a Constituição da luta política, para afirmar, acima da luta política, o 'modelo constitucional', ou seja, a relação entre Público e Privado que é efetivamente consagrada nas Cartas constitucionais das democracias europeias no século XX, como único dever ser da democracia, não ideológico, mas simples e puramente constitucional. É necessário, em uma palavra, voltar-se à Constituição". (FIORAVANTI, Maurizio. Público e Privado: os princípios fundamentais da Constituição Democrática. *Revista da Faculdade de Direito UFPR*, Curitiba, nº 58, p. 20, 2013.)

Nesse sentido, não se pode ignorar que é impossível abdicar da face impositiva da Administração Pública, especialmente considerando a sua aplicação nas hipóteses de conflitos entre interesses públicos e privados e prevalência daqueles no caso concreto para a satisfação do bem comum e do bem-estar coletivo.

O consensualismo representa uma das hipóteses atualmente defendidas para a Administração Pública contemporânea, mas não se pode olvidar que há situações de ausência de conveniência ao interesse público na transação e a Administração Pública deverá pautar-se pela unilateralidade para a preservação do interesse público.

O desafio está no controle desse novo modelo. No estabelecimento dos limites para a hipótese de transação para bem do interesse público. No dimensionamento da parcela de autoridade que, ainda que residual, deverá ser mantida para garantia do bem comum. Em se tratando de arbitragem, o desafio é estabelecer no que consistem os direitos patrimoniais disponíveis e como realizar coerentemente a sua identificação dentro do contrato administrativo.

Daí o foco no reposicionamento das prerrogativas administrativas contratuais e o repúdio a um modelo de substituição. Busca-se uma Administração Pública mais democrática, pautada mais pelo dever de ponderação de interesses[139] do que pela supremacia geral e abstrata do interesse público sobre o privado.[140]

---

[139] Sobre a necessidade de ponderação para solução de conflitos envolvendo direitos fundamentais, Clèmerson Merlin Clève escreveu: "A ponderação ou balanceamento compreende método hábil a proporcionar solução ajustadora à colisão entre direitos fundamentais ou entre direitos fundamentais e bens constitucionalmente protegidos. Deveras, a interpretação apresenta-se na resolução dos conflitos entre direitos fundamentais, como um procedimento destinado a adjudicar sentido à elaboração de uma norma de decisão. Nesta situação, a ponderação é conferida à missão de propiciar equilíbrio aos direitos que estão em estado de tensão. A atividade interpretativa principia por uma reconstrução e qualificação dos interesses contrapostos atribuindo sentido à norma de decisão. Por outro lado, a ponderação promove a ordenação entre os fatos e a normativa conferindo, desta forma, critérios para a obtenção de uma decisão constitucionalmente adequada. (...) À guisa de conclusão, cumpre lembrar que a resolução de colisão entre bens constitucionalmente protegidos reclama aplicação do princípio da concordância prática, eis que imprime coordenação necessária à efetivação concomitante dos bens em jogo". (CLÈVE, Clèmerson Merlin; FREIRE, Alexandre Reis Siqueira. Algumas notas sobre colisão de direitos fundamentais. *Cadernos da Escola de Direito e Relações Internacionais das Faculdades do Brasil*, Curitiba, Unibrasil, p. 29-42, mar./ago. 2002.)

[140] Não se pode olvidar neste ponto que já está consagrado na doutrina nacional e estabelecido no direito positivo brasileiro o dever de ponderação, em que se sustenta que não há sacrifício individual de direitos se não houver um interesse público, bastante e suficiente, a justificar

Nos contratos administrativos, isso se reflete nas prerrogativas públicas, que sempre foram chamadas de cláusulas exorbitantes exatamente porque exorbitam do direito comum (privado) e concedem à Administração Pública uma posição privilegiada. Essa visão precisa ser revista. Prerrogativas não podem ser entendidas como privilégios da Administração Pública dentro de um Estado Democrático de Direito.[141]

Sob esse assunto, Fernando Dias Menezes de Almeida pontua que a teoria do contrato administrativo possui problemas de duas ordens. Primeiro, um problema intrínseco, relacionado ao fato de que desde a origem a teoria não explica completa e adequadamente o fenômeno contratual da administração, resumindo a explicação à existência de prerrogativas.[142]

Segundo, um problema relacionado à insuficiência da teoria do contrato face ao aumento da complexidade do fenômeno contratual da Administração Pública. Para o autor, a teoria do contrato administrativo precisa evoluir rumo a um novo ponto de convergência, justamente pelo aumento de complexidade.[143]

Igualmente analisando a insuficiência da abordagem dicotômica público-privado da teoria contratual administrativa, Charles

---

tal sacrifício, numa interpretação concretizadora da Constituição e dos direitos fundamentais, voltada à análise da razoabilidade e proporcionalidade do caso concreto. Essa positivação pode ser verificada na Lei de Processo Administrativo Federal, Lei nº 9.784/99, que estabelece em seu artigo 2º, inciso VI: "Art. 2º – A Administração Pública obedecerá, dentre outros, aos princípios da legalidade, finalidade, motivação, razoabilidade, proporcionalidade, moralidade, ampla defesa, contraditório, segurança jurídica, interesse público e eficiência. VI – adequação entre meios e fins, vedada a imposição de obrigações, restrições e sanções em medida superior àquelas estritamente necessárias ao atendimento do interesse público".

[141] A expressão "cláusula exorbitante" remete ao regime dicotômico público-privado, razão pela qual utilizar-se-á na tese apenas a denominação "prerrogativas públicas", justamente para dar espaço à argumentação consensualista. Pretende-se inclusive uma alteração semântica, de sentido, significado e valor no regime dos contratos administrativos.

[142] "resume o cerne da explicação à existência de certas prerrogativas inerentes ao contrato (situação jurídica subjetiva), não atentando de modo suficiente para o regime materialmente legislativo do objeto da relação contratual (situação jurídica objetiva). É certo que tais prerrogativas, em momento posterior e em certos Direitos Positivos, passaram formalmente a ser previstas como inerentes ao regime do contrato; mas isso se deu, justamente, por influência do posicionamento teórico distorcido". (ALMEIDA, Fernando Menezes. *Contrato administrativo*. São Paulo: Quartier Latin, 2012. p. 12.)

[143] "especialmente em consequência do aumento da complexidade do fenômeno contratual envolvendo a Administração Pública" (*Ibid.*, p. 13). O autor vai além, ainda afirmando que "o ponto de convergência da evolução da teoria do contrato administrativo propor-se que seja a essência contratual, atentando-se especialmente para a distinção entre o regime jurídico criado mediante contrato e o regime jurídico criado legislativamente quanto ao contrato e quanto a seu objeto; e atentando-se também para a distinção fundamental entre situações jurídicas subjetivas e situações jurídicas objetivas". (*Ibid.*, p. 13-14.) Charles

Debbasch reconhece que hoje ainda se fala em direito administrativo como derrogatório do direito comum, mas afirma que o direito privado não é mais comum do que o direito administrativo.[144]

E nesse ponto outra premissa se estabelece: a delimitação do contrato administrativo enquanto gênero pertencente à Teoria Geral do Direito impede a identificação de vários institutos públicos como "derrogatórios" e "exorbitantes" do direito comum.[145]

Essa relação é equilibrada com as sujeições administrativas, que no contrato administrativo se consubstanciam nas regras de preservação da equação econômica financeira do contrato.

E nesse ambiente a discussão sobre um novo paradigma na relação Estado-sociedade e uma nova teoria contratual administrativa ganha fôlego diante da insuficiência do direito administrativo focado na autoridade em fornecer respostas adequadas para o regime jurídico de controle dos contratos administrativos.

Nesse contexto complexo, a afirmação da autoridade como elemento de sustentação na relação Estado-sociedade precisa ser revista. É possível uma ideia de circularidade, constitutiva de uma nova racionalidade de justificação dessa relação. Essa nova racionalidade passa pelo conceito de relação jurídica.

A insuficiência regulatória do direito administrativo tradicional e da teoria contratual administrativa fundada no autoritarismo permite uma releitura da relação jurídica Estado-sociedade e uma ressubstancialização de seu conteúdo, ressignificando a essência do contrato administrativo.

Se no ambiente tradicional da Lei nº 8.666/93 a autoridade apresenta-se como base de sustentação da relação contratual administrativa, na contemporaneidade a legitimação dos negócios jurídicos travados com a Administração Pública se perfaz através da relação jurídica-administrativa, que aparece como novo conceito central do direito administrativo, e permite a ressubstancialização do interesse público no contrato administrativo, reposicionando-o

---

[144] DEBBASCH, Charles. Le droit administratif, droit dérogatoire Au Droit Commun? In: MELANGES RENÉ CHAPUS. Paris: Montchrestien, 1992. p. 127.

[145] Em 1989 José Cretella Junior afirmava que "na realidade não ocorrem nem derrogação nem exorbitância, mas apenas diferenças específicas sabidamente existentes nas espécies, ao serem confrontadas com os gêneros de que descendem". (CRETELLA JUNIOR, José. Matrizes civilísticas do direito administrativo. In: FRANCESCO, José Roberto Pacheco di (Org.). *Estudos em homenagem ao Professor Silvio Rodrigues*. São Paulo: Saraiva, 1989. p. 232.)

para permitir a inserção de um novo elemento de justificação da exorbitância do contrato administrativo, não mais focado na presença da Administração Pública num dos polos do contrato, mas na relação jurídica de interesse público que se objetiva.

Essa ressubstancialização parte da contextualização dos problemas contratuais na realidade contemporânea e da constatação de que o modelo de relação jurídica Estado-sociedade não é mais compatível para justificação dessa relação jurídica.

A falta de respostas da teoria contratual administrativa para resolver os diferentes conflitos que se apresentam no cotidiano da Administração Pública gera crise de legitimação do modelo de autoridade. A Lei nº 8.666/93 apresenta-se totalmente ineficiente, especialmente no ambiente dos contratos de longa duração, para o alcance da solução ótima. Não há respostas para problemas complexos e difíceis, gerados pela mutabilidade característica da relação contratual administrativa contemporânea.

A necessidade de rediscussão do pacto inicial para melhor atendimento da solução ótima e da vantajosidade na relação contratual exige racionalidade diversa daquela estabelecida para a Administração Pública dos séculos XIX e XX. O contrato administrativo de longa duração produz demandas relacionadas à mutabilidade que lhe é peculiar, impossíveis de serem solucionadas no modelo tradicional de autoridade.

Discutir taxa interna de retorno, reequilíbrio econômico financeiro a partir de áleas extraordinárias, fora das bases estabelecidas na Lei nº 8.666/93, ou alocação de riscos, por exemplo, exige maior paridade na relação negocial e coloca a relação jurídica num outro patamar, não mais como consequência do ajuste firmado entre a Administração Pública e o particular, mas como razão de existência do ajuste.

Assim, a ruptura com o paradigma da unilateralidade aparece na eleição do conceito de relação jurídica administrativa, como já dito, enquadrado como elemento central na teoria contratual contemporânea, conforme pontua Cabral de Moncada.[146]

---

[146] E o autor também aponta que foi durante o século XX que nasceu o Estado Social ou Providência. Com isso a atuação deste Estado se alterou, passando de uma atuação neutra para um papel calcado na intervenção direta. Essas mudanças impactaram fortemente no direito administrativo, pois alteraram a relação entre o indivíduo e o Estado. E essas alterações também atingiram outras vertentes do direito, abrangendo tanto o âmbito público quanto o privado, ampliando a aplicação do contrato como um meio de realização das

Cabral de Moncada anota que a perspectiva da relação jurídica é capaz de transcender a tradicional dicotomia público-privado, especialmente porque resulta de uma figura claramente geral, apresentando-se extremamente apta a retratar a situação dogmática atual do direito administrativo.[147]

O posicionamento pela relação jurídica como novo conceito central do direito administrativo também é sustentado por Vasco Pereira da Silva, que justifica nesse sentido o reposicionamento das prerrogativas públicas e do conceito de autoridade na relação contratual.[148]

Na sua visão, com a existência de crise do ato administrativo, que não mais se apresenta como a forma dominante de atuação da Administração Pública e não consegue abarcar a integralidade do relacionamento desta com os particulares, a relação jurídica surge como conceito central do direito administrativo.[149]

A crise do ato administrativo é a crise da face de autoridade e prerrogativas da Administração Pública.[150] Estabelecer a relação jurídica como novo conceito central do direito administrativo

---

atividades administrativas, em substituição ao modelo autoritário, trazendo mudanças no objeto do ato administrativo, bem como aos poderes envolvidos na sua elaboração. Discorre o autor que o renovado modelo se propagou a partir dos anos 1980 e consiste em uma administração pluralista e "policêntrica", que se parece com a desenvolvida no setor privado. Como resultado houve a ruptura do modelo clássico de Estado baseado na centralização e hierarquia no uso de seu poder. (CABRAL DE MONCADA, Luís S. *Autoridade e liberdade na teoria do ato administrativo*. Coimbra: Coimbra Editora, 2014. p. 126-128.)

[147] (CABRAL DE MONCADA, Luís S. *A relação jurídica administrativa*: para um novo paradigma de compreensão da actividade, da organização e do contencioso administrativos. Coimbra: Coimbra Editora, 2009. p. 16.) Na sequência do raciocínio o autor assevera que: "a relação jurídica administrativa assenta numa compreensão das relações entre a Administração e os cidadãos que passa pela valorização da presença destes como interlocutores e destinatários da atividade da Administração. O paradigma do direito administrativo é agora preferencialmente pensado na perspectiva 'subjetivista' do cidadão e não na perspectiva 'objetivista' da vontade da Administração, embora se saiba que a consideração objetiva da vontade desta é também indispensável para a diagnose da relação. A relação jurídica administrativa pressupõe uma Administração voltada para o cidadão, chamado a com ela colaborar e para ele desperta". (*Ibid.*, p. 35.)

[148] SILVA, Vasco Pereira da. *Em busca do acto administrativo perdido*. Coimbra: Almedina, 2003. p. 149-297.

[149] *Ibid.*

[150] Analisando os aspectos de autoridade e liberdade na teoria do ato administrativo, Cabral de Moncada afirma que atualmente nada fundamentaria a definitividade no aspecto vertical do ato, ou seja, a necessidade de esperar o último posicionamento da Administração Pública para assim o particular poder demandar em juízo. Tal afirmação mostra o desrespeito pelos interesses e direitos dos cidadãos prejudicados pelos atos administrativos e uma reverência a um poder injustificado. (CABRAL DE MONCADA, Luís S. *Autoridade e liberdade na teoria do ato administrativo*. Coimbra: Coimbra Editora, 2014. p. 291.)

permite explicar relações contratuais administrativas consensuais e estabelecer um regime jurídico próprio, contrato a contrato, em que, nas palavras de Egon Bockmann Moreira, o contrato vai sendo descoberto durante sua execução.[151]

O regime jurídico do contrato, híbrido entre o direito administrativo e o direito privado, a partir dessa noção, não é integralmente estabelecido *a priori*, e a depender do contexto da relação jurídica, pode vir a ser modificado, para atender necessidades contratuais relacionadas ao interesse público, no momento em que elas se colocam.

A certeza da mudança contratual não traz abalo ao princípio da segurança jurídica, justamente pelo seu conteúdo dinâmico e não estático, adotando-se a lógica da mutabilidade para melhor atendimento do interesse público.

É fato que a doutrina clássica focada no ato administrativo e no paradigma da Administração Pública agressiva é inadequada para compreender os fenômenos de transformação do Estado Social no ambiente contratual. Essa constatação é ponto de partida dogmático para vencer as limitações da doutrina de autoridade na teoria contratual administrativa.

Aponta Vasco Pereira da Silva que a relação jurídica não faz desaparecer o ato administrativo, mas o integra num novo esquema explicativo, como um dos fatos suscetíveis de criar, modificar ou extinguir relações jurídicas, ao lado dos contratos, de comportamentos materiais, por exemplo, e que há uma mudança de paradigma, em que a relação jurídica é colocada como categoria principal do estudo científico da Administração Pública.[152]

A doutrina da relação jurídica busca na Constituição seu fundamento de aplicabilidade e justificação. A sua legitimidade radica-se na concepção de que a relação entre o Estado e o cidadão é uma relação jurídica e não uma mera ligação de sujeição entre o poder

---

[151] MOREIRA, Egon Bockmann. O contrato administrativo como instrumento de governo. In: GONÇALVES, Pedro Costa (Org.). *Estudos da contratação pública IV*. Coimbra: Coimbra Editora, 2012. p. 5-18.

[152] O autor parte de uma concepção jurídica ampla em que a relação jurídica é instituto cuja criação é diretamente realizada pela norma jurídica. A relação jurídica é instrumento compreensivo do direito administrativo e de toda a ordem jurídica, entendendo-se que entre o cidadão e o Estado existe desde logo uma relação jurídica geral ao lado de outras relações jurídicas especiais que podem nascer de qualquer fato jurídico relevante. (SILVA, Vasco Pereira da. *Em busca do acto administrativo perdido*. Coimbra: Almedina, 2003. p. 149-297.)

administrativo e um administrado. Não é relação de poder vez que Estado e cidadão estão submetidos ao direito e a Administração Pública não possui nenhum poder preexistente à Constituição, justificador de uma relação de subordinação pré-jurídica, abstrata e geral.[153] Entender a relação jurídica como a chave da dogmática do direito administrativo significa considerar que a maior e mais importante parcela das situações administrativas corresponde a um esquema relacional mais adequado à compreensão da maior parcela dos fenômenos administrativos da atualidade.[154]

E no mesmo viés, a compreensão de que os contratos de longa duração envolvem relações jurídicas multipolares[155] surge como uma manifestação da moderna administração prestadora e constitutiva da sociedade, e representa uma transformação importante da sua forma de atuar e se relacionar com esta.[156]

---

[153] SILVA, Vasco Pereira da. *Em busca do acto administrativo perdido*. Coimbra: Almedina, 2003. p. 149-297.

[154] Vasco Pereira da Silva aponta vantagens da relação jurídica como conceito central do Direito Administrativo: (a) a busca dos interesses públicos por parte da Administração Pública não significa sempre o uso dos poderes de autoridade, sendo cada vez mais frequente formas não autoritárias; (b) nos casos em que a Administração Pública goza de autoridade não se trata de uma posição de poder, mas do exercício de um poder jurídico; (c) compreensão do posicionamento relativo a diversos sujeitos administrativos tanto nas relações unilaterais como nas consensuais; (d) compreensão dogmática das posições ativas e passivas dos particulares e da Administração Pública anteriores e posteriores à pratica do ato; (e) explicação dos efeitos das atuações administrativas multilaterais da moderna Administração Pública de infraestruturas (relação jurídica multipolar); (f) possibilita melhor entendimento das relações jurídicas duradouras e (g) enquadramento do procedimento como espaço em que se desenvolvem relações jurídico-administrativas. (SILVA, Vasco Pereira da. *Em busca do acto administrativo perdido*. Coimbra: Almedina, 2003. p. 149-297.)

[155] Cabe destacar que no entorno de um contrato de concessão estão redes de contratos, exatamente dentro do contexto de relações multipolares e relacionais, especialmente em se tratando de Parcerias Público-Privadas.

[156] (SILVA, Vasco Pereira da. *Op. cit.*). Para Marçal Justen Filho o contrato de concessão seria espécie de relação jurídica administrativa trilateral, Estado, concessionário e sociedade. A sociedade se manifesta a partir da outorga através de associações de usuários. O usuário é parte do contrato, está dentro do relação contratual e a relação é trilateral. Um contrato pactuado entre três partes. (JUSTEN FILHO, Marçal. *Teoria geral das concessões de serviço público*. São Paulo: Dialética, 2003. p. 150 *et seq.*). Vasco Pereira da Silva não enquadra o usuário como parte, mas também não o qualifica como terceiro na relação contratual (*op. cit.*). Egon Bockmann Moreira não posiciona o usuário no contrato e aponta que não se trata de contrato multilateral, mas de uma relação jurídica multipolar. Isso não quer dizer que as partes vão assumir diferentes posições, mas que constituem direitos em face do contrato, e afirma que a teoria da relação jurídica multipolar é mais aberta porque não limita o contrato a quem contrata apenas. Para o autor, quem contrata não contrata apenas com quem contrata. Isso é muito aplicável à relação jurídico-administrativa e em especial àquelas situadas como contrato administrativo. (MOREIRA, Egon Bockmann. *Direito das concessões de serviço público*: inteligência da Lei 8.987/95 – parte geral. São Paulo: Malheiros, 2010. p. 40 *et seq.*)

A Administração Pública como função constitutiva da sociedade e de relações administrativas multilaterais modifica a compreensão do processo de tomada de decisão administrativa, a começar pela própria noção de processo, passando pela revisão inclusive dos motivos determinantes da decisão, considerando os diferentes legitimados a intervir.[157] Essa proposta exige um regime equilibrado de prerrogativas e consensualismo.

Alexandra Leitão também identifica uma ampliação da atividade contratual administrativa, com substituição do Estado contratante pelo Estado gestor, e desenvolvimento no âmbito de relações multilaterais.[158]

Nessa linha de raciocínio se encontra Francisco Paes Marques, sustentando que o que caracteriza realmente esse tipo de relação jurídica afigura-se como controverso, mas necessariamente transcende o esquema tradicional sobre o qual se assenta a dogmática do direito administrativo: "a relação bipolar Administração-Cidadão, abrangendo outros sujeitos participantes". O autor coloca a necessidade de determinar em que medida a figura da relação jurídica multipolar implica numa transformação dogmática geral do direito administrativo substantivo, formatado em um modelo puramente dicotômico "Administração Pública *versus* cidadão,

---

[157] Sobre relações jurídicas multipolares: "Com efeito, a abordagem ao fenômeno negocial não poderá nunca perder de vista o facto de a relação jurídica existente nos procedimentos adjudicatórios se apresentar, em regra, como uma relação jurídica poligonal ou multipolar. Diferentemente das relações jurídico-administrativas, marcadas por 'um esquema referencial binário – de um lado os poderes públicos administrativos e do outro lado um cidadão (particular) ou vários cidadãos com interesses idênticos' – nas relações poligonais é possível identificar mais do que dois polos de interesse. Não raras vezes nestes diversos polos, os sujeitos 'aparecem com posições conflituantes entre si, interessados em actuações diferentes (ou até contrárias) da Administração'". (SOUSA, Luís Verde de. *A negociação dos procedimentos de adjudicação*: uma análise do Código nos contratos públicos. Coimbra: Almedina, 2010. p. 44-45.)

[158] "Esta evolução, no sentido da crescente contratualização da actividade administrativa começou a sentir-se no Estado Social de Direito, devido à multiplicação das tarefas do Estado, ao aumento e diversificação das actividades desempenhadas pela Administração prestadora e pela tendencial preferência dos órgãos administrativos por formas de actuação consensuais, que, por implicarem a participação activa dos particulares contribuem para a legitimação e aceitação das medidas adoptadas, bem como para a redução da litigiosidade. No Estado Social de Direito, o 'Estado contratante' sucedeu ao 'Estado gestor', privilegiando-se a delegação de tarefas nos particulares através da celebração de contratos em detrimento da exploração e gestão directa dos serviços públicos. Assim, o papel da actividade contratual da Administração tem-se desenvolvido não apenas no âmbito das relações bilaterais, mas também multilaterais, para a realização de tarefas macroadministrativas". (LEITÃO, Alexandra. *A proteção judicial dos terceiros nos contratos da Administração Pública*. Coimbra: Almedina, 2002. p. 41.)

interesse público *versus* interesse privado, Administração agressiva versus Administração de prestação".[159]

O autor ainda assinala que a concepção dicotômica do direito administrativo é insuficiente para entender que este não pode somente tratar do interesse da comunidade ou da liberdade individual e que precisa atender à tarefa de proteger todos os cidadãos, disciplinando interesses heterogêneos e contrapostos, aos quais o direito administrativo deve dar resposta através da ponderação de todos os interesses em causa.[160]

Daí o foco no reposicionamento das prerrogativas administrativas contratuais. Uma Administração Pública mais democrática, pautada mais pelo dever de ponderação de interesses do que pela unilateralidade.

Não se pode olvidar neste ponto que já está consagrado na doutrina nacional e estabelecido no direito positivo brasileiro o dever de ponderação, no qual se sustenta que não há sacrifício individual de direitos se não houver um interesse público, bastante e suficiente, a justificar tal sacrifício, numa interpretação concretizadora da Constituição e dos direitos fundamentais, voltada à análise da razoabilidade e proporcionalidade do caso concreto.

Nesse sentido Licínio Lopes Martins afirma que prerrogativas são universalmente contrabalanceadas por um princípio de justiça contratual.[161]

O ambiente da Administração Pública contratual nesse contexto é de paridade. Luiz Cabral de Moncada, sobre o assunto, afirma que a relação entre a administração e os cidadãos é uma relação jurídica caracterizada pela tendencial paridade entre a administração e aqueles na

---

[159] MARQUES, Francisco Paes. *As relações jurídicas administrativas multipolares*: contributo para a sua compreensão substantiva. Coimbra: Editora Almedina, 2011. p. 13-14.
[160] O autor pondera que os efeitos da relação jurídica multipolar são de tamanha ordem de alteração do direito tradicional que "o regime da nulidade do acto administrativo quadra mal com a multipolaridade administrativa, pelo que ponderação do interesse público e dos interesses privados, em cada caso concreto, pode levar ao afastamento da nulidade mesmo que à partida". (*Ibid.*, p. 440).
[161] "Aquelas prerrogativas (ou o seu exercício) são, de igual modo, universalmente contrabalanceadas por um princípio de justiça contratual: o princípio do equilíbrio econômico-financeiro do contrato, cuja valia normativa supera, do mesmo modo, as diferenças formais de qualificação e de regime". (MARTINS, Licínio Lopes. *Empreitada de obras públicas*: o modelo normativo do regime do contrato administrativo e do contrato público – em especial, o equilíbrio econômico financeiro. Coimbra: Editora Almedina, 2014. p. 23.)

base de direitos e deveres recíprocos, e compreende as relações com os cidadãos que estão imersos em relações gerais ou especiais de poder.[162] Os marcos teóricos ligados às ideias de universalidade, abstração e imperatividade não se sustentam na contemporaneidade. Essas ideias estão de acordo com uma concepção de Estado como centro unitário de poder e isso não se aplica hoje. O Estado é o resultado de vários grupos de poder e o direito necessita se acomodar nesse ambiente sem esquecer que atua em uma área em constante e estrutural mutação.

O direito administrativo pode reorganizar-se a partir dessa nova concepção de relação jurídica. Mas para isso necessita abandonar suas bases tradicionais de sustentação, especialmente centradas na dicotomia público-privado, num ambiente hermético de soluções jurídicas aplicáveis, pouco permeável à mutabilidade própria das relações negociais administrativas.[163]

A chamada Administração Pública paritária, consensual, pretende discutir o modelo da autoridade e reorganizar as bases de sustentação da teoria contratual administrativa, incluindo a transação na essência dos contratos administrativos. A tese sustenta-se na necessidade de reposicionamento da condição e existência de prerrogativas públicas contratuais, a partir do conceito de relação jurídica.

---

[162] (CABRAL DE MONCADA, Luís S. *Autoridade e consenso na teoria do acto administrativo*. Coimbra: Coimbra Editora, 2014. p. 516.) O autor prossegue nas folhas 519 apontando que "A relação jurídica administrativa, como também dissemos já, é a consequência natural da relação jurídica constitucional que vê no cidadão um titular de direitos contra o Estado em geral e a Administração em particular e que pensa o contrato recíproco numa perspectiva tendencialmente paritária. A relação jurídica constitucional não é apenas uma relação entre os cidadãos e a Constituição. É uma relação entre os cidadãos e a lei e os direitos, de acordo com a Constituição".

[163] Nesse sentido o direito econômico vem oferecendo respostas razoáveis para a complexidade do fenômeno jurídico contratual. Manuel Afonso Vaz, ao analisar a situação, aponta que o direito econômico desenvolve-se numa zona intermediária de direito público e privado, usando categorias do direito civil, penal, administrativo e comercial e que representa um encontro do Estado com a sociedade. Através do direito econômico o Estado deixa de intervir na economia para atuar na economia. A concepção é dinâmica, o Estado movimenta, transforma e o direito econômico aparece como área privilegiada de encontro entre o direito e a economia. O autor aponta que existe uma infinidade de institutos diretamente dirigidos à economia e o campo do direito alarga-se para domínios econômicos de que antes nem chegava perto, especialmente porque na contemporaneidade o Estado chama para si domínios econômicos. A distinção típica entre direito público e privado não é mais absoluta. Para Manuel Afonso Vaz a ordem econômica é uma ordem jurídica. Não existe atividade econômica que não seja juridicamente relevante e com isso há o fenômeno da economização do direito: a evolução econômica projeta-se no direito, assim como há a juridicização da economia: o direito pretende garantir a segurança para as relações econômicas. (VAZ, Manuel Afonso. *Direito econômico*. 4. ed. Coimbra: Coimbra Editora, 1998. p. 79-99.)

CAPÍTULO 2

AUMENTO DE COMPLEXIDADE CONTRATUAL, A UNILATERALIDADE COMO DESVANTAGEM JURÍDICA E ECONÔMICA E A CONSENSUALIDADE COMO ELEMENTO DE EQUILÍBRIO ENTRE COORDENAÇÃO, COOPERAÇÃO E SUBORDINAÇÃO

A escassez de recursos públicos para fazer frente aos projetos estruturantes em áreas essenciais como rodovias, ferrovias, portos, saneamento, presídios, saúde, habitação e equipamentos públicos em geral é um fenômeno mundial que vem sendo tomado como razão de ser para o desenvolvimento de novas formas de relacionamento entre o setor público e o privado.[164]

No século XIX, através da classificação dos atos administrativos em atos de gestão e atos de império (com diferenciação entre contrato de administração e contrato administrativo), era aceitável que a Administração Pública realizasse transações com o objetivo de atendimento das demandas contratuais do Estado, especialmente considerando a realidade de pouca complexidade nas relações negociais. O aumento de complexidade dos acordos envolvendo

---

[164] MONTEIRO, Vera. Legislação de Parceria Público-Privada no Brasil: aspectos fiscais desse novo modelo de contratação. In: SUNDFELD, Carlos Ari (Coord.) *Parcerias Público-Privadas*. São Paulo: Malheiros Editores, 2005. p. 80.

a Administração Pública impõe necessidades regulatórias que não mais são atendidas por essa lógica.

Era razoavelmente sustentável no século XIX a explicação do contrato realizada mediante a divisão da Administração Pública em ente despido de soberania e ente soberano detentor de potestade pública. Fernando Menezes de Almeida explica que nesse caso o contrato não era administrativo, adjetivado, era apenas contrato e que somente em meados do século XX surgiu uma forte necessidade de teorias explicativas da figura do contrato administrativo, isso porque o modelo de Estado de Bem-Estar Social exige prestação de serviços públicos pelo Estado e este passa a realizar essa prestação através do contrato administrativo.[165]

O século XX exigiu do Estado novos papéis, e trouxe consigo uma especial cobrança em relação à prestação dos serviços públicos, e não apenas em relação à garantia da ordem. Como prestador de serviços públicos o Estado passou a manter novas relações jurídicas com os indivíduos e passou a relacionar-se através da cooperação privada. Num regime democrático, a cooperação privada se manifesta mediante contrato, pois não há como impor a delegação da prestação do serviço público ao particular.[166]

O relacionamento do Estado Social no século XX com os particulares ampliou-se sensivelmente e apresentou uma intensidade nunca antes considerada. O Estado contratualizou-se para garantir a prestação dos serviços públicos e o contrato apareceu nesse contexto como o principal instrumento para a prestação dos serviços públicos e para a satisfação dos direitos fundamentais sociais.[167]

---

[165] ALMEIDA, Fernando Dias Menezes de. *Contrato administrativo*. São Paulo: Quartier Latin, 2012. p. 28 *et seq.*

[166] O Estado prestador de serviços públicos, no decorrer do século XX, reduz sensivelmente a proposta de prestação direta no primeiro setor e cada vez mais intensifica qualitativamente e quantitativamente a prestação indireta por delegação no segundo setor, no terceiro setor e no mercado. Num ambiente democrático ou o Estado impõe-se como potestade pública, através do ato, desapropriando bens privados, por exemplo, ou necessita convencer contratualmente o particular a aderir à prestação do serviço.

[167] "Após grande oposição à possibilidade da contratualização da atividade administrativa, principalmente levando em conta os preceitos da doutrina alemã, a utilização da técnica contratual espalhou-se pelos Estados Europeus, inclusive na própria Alemanha. Este fato também pode ser verificado nos dias atuais, onde a Administração parece se envergonhar da sua posição de poder público e necessitasse da aprovação do particular para o desempenho das suas funções. Atualmente, a realização de contratos entre a Administração Pública e os particulares tornou-se uma atividade típica administrativa juntamente com o regulamento

A contratualização administrativa implicou uma mudança da estrutura do relacionamento Estado-sociedade. O Estado passou a ter relações contratuais com o objeto de serviço público no espaço em que a Constituição Federal reservava a prestação direta de serviços públicos. O objeto da relação jurídica contratual passou a ser, significativamente, o serviço público.

E com isso a condição de autoridade se desenvolveu, para explicar a natureza da relação jurídica do particular com o Estado. A autoridade passou a ser fundamento de legitimação da relação contratual. E essa é a raiz do modelo binário prerrogativas-equilíbrio-econômico financeiro do contrato.[168]

O equilíbrio econômico financeiro como contraponto às prerrogativas contratuais, numa relação estática de contraposição e distinção entre cláusulas contratuais econômicas e regulamentares, faz parte desse modelo.

Todavia, Eduardo Garcia de Enterría afasta a natureza exorbitante dos contratos administrativos, afirmando que o elemento específico dos contratos administrativos é o fato de a Administração Pública exercer os seus poderes no contrato através da autoexecutoriedade e da unilateralidade. Afirma que o fundamental é entender que este poder não resulta do contrato, mas sim da própria posição jurídica geral da administração, de natureza extracontratual. Com esse raciocínio o autor afasta a noção tradicional de que o contrato administrativo, pela sua própria natureza especial, possui,

---

e o ato administrativo". (LEITÃO, Alexandra. *A proteção judicial dos terceiros nos contratos da administração pública*. Coimbra: Livraria Almedina, 2002. p. 40.)

[168] Fernando Menezes de Almeida explica que essa é a formulação de Gaston Jèze, sistematizando a jurisprudência do Conselho de Estado francês. O autor explica por exemplo que, se num contrato que tivesse por objeto transporte público de passageiros, o concessionário não concordasse com mudanças no modo de prestação de serviços, o Conselho de Estado determinaria que o Estado tem o dever de dizer qual seria a solução ótima para o interesse público e a concessionária subordinar-se-ia a esse comando, restando ao concessionário o direito a uma indenização para o reequilíbrio do contrato. Jèze identificou este fenômeno, da supremacia dos interesses públicos sobre os individuais, salientando que a peculiaridade estava no objeto sendo serviço público. Jèze apontava que *pacta sund servanda* ainda assim aplicava-se mesmo que o modo de ser do contrato não fosse fixado pela autonomia, pois analisava que não é o contrato que fixa como deve ser prestado o serviço público e sim a lei, através de um princípio da heteronomia. E tanto a Administração Pública quanto o concessionário tem que obedecer à lei e não existe um direito adquirido à não submissão à lei. (ALMEIDA, Fernando Dias Menezes de. *Contrato administrativo*. São Paulo: Quartier Latin, 2012. p. 142 *et seq*.)

intrinsecamente, prerrogativas "exorbitantes" para a Administração Pública. No seu entendimento, é a própria administração que, pela sua natureza, é dotada poderes especiais aos quais não pode renunciar mesmo quando celebra contratos.[169] No século XX, o contrato administrativo parte da premissa de que as cláusulas regulamentares constituem-se como heterônomas e sofrem mudanças pelas alterações da lei (não se trata da Administração Pública mudando unilateralmente o contrato, e sim da lei determinar a alteração do contrato. O contrato propriamente dito não muda, o equilíbrio econômico-financeiro exige manutenção da proporcionalidade inicial decorrente da equação econômico-financeira do contrato). Nesse modelo tradicional, os elementos que formam esse equilíbrio podem até mudar, mas a relação não muda. Se aumentam os encargos, aumenta a remuneração.[170]

Todavia, esse viés de base no autoritarismo passou a ser questionado com o aumento de complexidade do fenômeno contratual administrativo. A unilateralidade, antes fundamento de legitimação da relação contratual, passa a ser enquadrada como desvantagem jurídica, uma vez que fragiliza o acordo com o particular e o desestabiliza, e desvantagem econômica, na medida em que onera os pactos administrativos com a alocação de riscos pela instabilidade política.

Na visão de que as prerrogativas produzem desvantagens jurídicas e econômicas na relação contratual, Diogo de Figueiredo Moreira Neto aponta que a sua presença passou a gerar dificuldades, como insegurança no contrato, agravamento dos custos de transação pelo aumento do risco, déficit de transparência da transação e sacrifício da confiança legítima do administrado na transação.

O autor pontua que o custo do negócio eleva-se como forma de resposta ao risco político de uso de poderes exorbitantes, e também afirma que as prerrogativas, por serem *genericamente* estabelecidas na lei, divorciadas do caso concreto e das peculiaridades de cada contrato, estão deslocadas do ambiente de complexidade vivenciado nas contratações públicas, até porque esse regime geral

---

[169] GARCÍA DE ENTERRÍA, Eduardo. La figura del contrato amministrativo. In: STUDI IN MEMORIA DI GUIDO ZANOBINI. Milano: Giuffrè, 1965. v. 2, p. 637.

[170] ALMEIDA, Fernando Dias Menezes de. *Contrato administrativo*. São Paulo: Quartier Latin, 2012. p. 150 *et seq*.

foi estabelecido na era democrática brasileira em 1993 pela Lei nº 8.666/93, momento histórico em que ainda não havia um incremento qualitativo da figura contratual.[171]

São inúmeros os modelos negociais da Administração Pública na contemporaneidade a demonstrar o aumento de complexidade e a desvantagem jurídica e econômica na unilateralidade. Fernando Menezes de Almeida procura sistematizar os diferentes modelos contratuais da Administração Pública, para demonstrar a complexa natureza contratual administrativa, através do que denomina *Módulos convencionais*, que abrangem *os casos em que uma nova situação jurídica é criada* e *os casos em que a Administração Pública decide substituir o exercício unilateral por um ato convencional.*

O autor divide os *Módulos convencionais nos quais uma nova situação jurídica é criada* em três categorias: Módulos Convencionais de Colaboração, Módulos Convencionais de Concessão e Módulos Convencionais Instrumentais.[172]

Os Módulos Convencionais de Colaboração pressupõem cooperação e atuação conjunta Poder Público-particular para um mesmo fim. Na visão do autor são: convênio, consórcio, contrato de repasse, convênio de cooperação, contrato de gestão, termo de parceria, consórcio público, contrato de programa, sociedade e associação em que o Estado participe e figuras de fomento de atividades privadas.[173]

Os Módulos Convencionais de Concessão pressupõem transferência de exercício de atividades administrativas (atualmente com mais ganho de inovação e complexidade). São eles: concessão de serviços públicos, permissão de serviços públicos, concessão patrocinada, concessão administrativa, concessão urbanística, concessão de uso ou de exploração de bem público.[174]

Os Módulos Convencionais Instrumentais pressupõem aspecto instrumental em face da finalidade da função pública e

---

[171] MOREIRA NETO, Diogo de Figueiredo. O futuro das cláusulas exorbitantes no contrato administrativo. In: MARQUES NETO, Floriano de Azevedo; ARAGÃO, Alexandre Santos de (Coord.). *Direito administrativo e seus novos paradigmas*. Belo Horizonte: Fórum, 2008. p. 585-589.

[172] ALMEIDA, Fernando Dias Menezes de. *Contrato administrativo*. São Paulo: Quartier Latin, 2012. p. 236 et seq.

[173] ALMEIDA, Fernando Dias Menezes de. *Contrato administrativo*. São Paulo: Quartier Latin, 2012. p. 120-260.

[174] *Ibid.*, p. 260-284.

para o autor dividem-se em contratos de obras, serviços, compras, alienações e locações, contratos de leis especiais de gestão, arrendamento, enfiteuse, artigo 62 da Lei nº 8.666/93, contratos de direito privado, seguro, financiamento e locação, contratos em que a Administração Pública presta serviços que se caracterizam como atividade econômica estrito senso, contratos nos quais a Administração Pública aparece como usuária de serviço público, contratos de trabalho.[175]

Os *Módulos convencionais substitutivos de decisão unilateral da administração* pressupõem a substituição pela Administração Pública de ato unilateral por uma convenção, nos limites da lei. Não se trata de ato unilateral que exige aquiescência do particular, como uma licença, e sim de criação de uma situação jurídica nova. O módulo convencional nesse caso gera pacificação social pelo respeito à confiança e traz vantagens pragmáticas ligadas à celeridade e eficiência. O que seria decidido através da imperatividade cede lugar ao espaço de consenso e negociação. No Brasil os Termos de Ajustamento de Conduta refletem essa realidade.[176]

A divisão apontada reflete a pluralidade contratual administrativa e o inevitável aumento de complexidade do fenômeno contratual na Administração Pública.

E esse aumento de complexidade contratual originado na plêiade de negócios jurídicos travados pelo Estado no primeiro setor, no segundo setor e no terceiro setor reflete-se também e, sobretudo,

---

[175] *Ibid.*, p. 284-296.
[176] Fernando Dias Menezes de Almeida sustenta nesse módulo convencional a substituição do ato unilateral por uma convenção, apontando exemplos no direito alemão, italiano e espanhol, e salientando que no Brasil não há previsão expressa na Lei de Processo Administrativo Federal (Lei nº 9.784/99), mas também não há vedação e os Termos de Ajustamento de Conduta seguramente demonstram a sistemática de utilização desse módulo convencional. Para o autor o que existe são leis esparsas sobre isso. Identifica 39 leis federais, 24 decretos e 62 atos normativos tratando dessa possibilidade (ALMEIDA, Fernando Dias Menezes de. *Contrato administrativo*. São Paulo: Quartier Latin, 2012. p. 297-316). Carlos Ari Sundfeld aponta nesse sentido que a Lei da Ação Civil Pública, Lei nº 7.347/85 estabelece uma espécie de permissão geral para a Administração Pública realizar acordos substitutivos (SUNDFELD, Carlos Ari; CÂMARA, Jacintho Arruda. Acordos substitutivos nas sanções regulatórias. *Revista de Direito Público da Economia RDPE*, Belo Horizonte, v. 9, nº 34, p. 133-151, abr./jun. 2011). Odete Medauar traz dúvidas em relação aos módulos substitutivos sobre seu regime, se de direito público, privado ou misto e sobre se a negociação preliminar geraria uma responsabilidade contratual (MEDAUAR, Odete. *O direito administrativo em evolução*. São Paulo: Revista dos Tribunais, 2003).

em um incremento qualitativo e quantitativo nos contratos de longa duração, no regime dos contratos de concessão.

Ainda que não se adote a teoria dos módulos convencionais proposta, é fato o aumento de complexidade e a pluralidade de acordos travados pela Administração Pública. E clara a impossibilidade de uniformização de regime jurídico. Da enfiteuse ao contrato de concessão, a ampliação qualitativa e quantitativa do nível técnico dos contratos administrativos exige formulações singulares a cada realidade negocial. A teoria contratual administrativa não explica os diferentes módulos convencionais e esse é o motivo da sua crise e crítica.

A insuficiência da unilateralidade num ambiente de complexidade pode ser exemplificada em diferentes espaços. A unilateralidade não atende satisfatoriamente discussões sobre degrau tarifário num contrato de concessão comum, ou sobre a taxa interna de retorno numa concessão patrocinada, ou ainda sobre condutas poluidoras de um grande agente econômico num Termo de Ajustamento de Conduta.

Na verdade, os três exemplos denotam ambientes de solução discutida e negociada. A Administração Pública não impõe simplesmente seu comando, seja pelo risco da inviabilização do negócio,[177] seja pelo risco da ineficácia da medida ao final,[178] seja porque ao

---

[177] Contratos de concessão possuem uma singular e delicada constituição, na qual o equilíbrio da equação econômica depende de um ajuste muito mais equilibrado entre o prazo, o preço tarifário e o objeto. A mutabilidade das demandas de serviço público afeta a natureza do objeto, que em face da modicidade da tarifa não necessariamente poderá justificar uma imediata recomposição do preço. As obrigações técnicas precisam ser cobradas e implantadas dentro de um ambiente de amortização do capital investido. Nesse cenário a imposição unilateral de obrigações apenas desequilibra a relação contratual e muitas vezes inviabiliza o negócio jurídico, como no caso já citado da redução unilateral dos valores de cobrança da tarifa nos contratos de concessão no Paraná, realizada pelo então Governador Jaime Lerner em 1998. O negócio jurídico inviabilizou-se de tal forma que o Judiciário determinou a redução proporcional das obrigações contratuais e o resultado final foi prejudicial ao interesse público. Sobre esse assunto cabe a citação da jurisprudência em questão: "EMENTA: ADMINISTRATIVO. CONTRATO DE CONCESSÃO DE RODOVIAS. MODIFICAÇÃO UNILATERAL DO CONTRATO. INVESTIMENTOS ANTERIORES NÃO-CONSIDERADOS. QUEBRA DO EQUILÍBRIO FINANCEIRO. 1. É permitida à Administração a alteração unilateral do contrato, desde que mantido o equilíbrio econômico-financeiro da empresa contratante. 2. No caso em exame, ao ser feita a redução dos recursos financeiros da concessionária e dos encargos a ela atribuídos, deixou-se de considerar o investimento de trezentos milhões de reais que, por exigência da Administração, a empresa foi compelida a realizar. 3. A redução unilateral causou prejuízo econômico-financeiro, que prejudicará o cumprimento do contrato" (TRF4, AG 1998.04.01.060813-0, TERCEIRA TURMA, Relatora para Acórdão LUIZA DIAS CASSALES, DJ 30/06/1999).

[178] No caso dos Termos de Ajustamento de Conduta, o Ministério Público percebeu a ineficácia e ineficiência de medidas de autoridade baseadas no princípio do poluído pagador.

avaliar os resultados pode produzir mais prejuízo do que benefício ao interesse público.[179]

Nos três casos citados a solução ótima para o atendimento do interesse público parte de uma negociação entre os interesses contrapostos, num ambiente de consensualidade.

Da análise desse ambiente de complexidade, percebe-se que a doutrina do contrato administrativo precisa ser revista de forma abrangente, assim como a legislação correlata. A unilateralidade se apresenta insuficiente para resolver satisfatoriamente problemas nas diferentes áreas de interesse público dentro da relação Estado-sociedade. Contudo, em que pese existir uma tendência de mudança, essa tendência ainda não atingiu a legislação brasileira e apenas existem figuras legislativas esparsas. Faz-se necessário um trabalho de sistematização e reformulação dos conceitos basilares do direito administrativo para atender às novas realidades administrativas no âmbito negocial.

A teoria contratual administrativa foi pensada para o modelo dos contratos de curta duração, cujas características denotam previsibilidade e pouca complexidade do objeto contratual. Esse é o ambiente da Lei nº 8.666/93. São contratos com prazo curto (em geral um ano), vinculados à vigência dos créditos orçamentários, com rigidez da equação econômica inicial, que somente poderá ser revista na ocorrência de fato superveniente oriundo de áleas extraordinárias,[180]

[ ] Identificadas ações ofensivas ao meio ambiente, após regular processo administrativo, sanções pecuniárias elevadas eram aplicadas ao poluidor, o que não reduzia a incidência e reincidência nas práticas ilegais. O poluidor internalizava no custo de sua produção o gasto com o poder de polícia do Estado e prosseguia na violação ao meio ambiente. No entanto, ao passar a adotar medidas consensuais de solução dos conflitos de interesse público *versus* interesse privado, houve uma significativa diminuição da reincidência da prática delitiva ambiental e um aumento qualitativo da eficiência na preservação ambiental.

[179] Num contrato de longa duração com aporte particular de investimento financeiro significativo e verticalização técnica, modificações das condições contratuais para melhor atendimento do interesse público precisam ser negociadas de modo a garantir o retorno financeiro ao concessionário e permitir a mudança necessária ao melhor atendimento do interesse público. A imperatividade pouco pode contribuir numa discussão técnica (sobretudo nos espaços técnicos em que o Estado não possui *expertise*), em que diferentes soluções técnicas com diferentes impactos financeiros podem ser adotadas. Poder concedente e concessionário necessitam de uma repactuação equilibrada e que possa ser pensada em conjunto para evitar solução de continuidade na prestação do serviço público, com geração de prejuízos de difícil controle.

[180] Fato do príncipe, Fato da Administração, Agravo Econômico Decorrente de Sujeições Imprevistas e Teoria da Imprevisão.

em que o objeto contratual não exige grau sofisticado de técnica, nem prazo longo para amortização do capital inicial investido, as garantias à execução contratual estão previstas no artigo 56 da Lei nº 8.666/93[181] e a integralidade da remuneração do contratado é de responsabilidade do erário. Neste modelo de contrato administrativo a relação é bilateral Poder Público-contratado.

No ambiente da Lei nº 8.666/93 a Administração Pública concebe inteiramente o projeto (projeto básico e orçamento detalhado), o particular não faz investimentos e o Poder Público realiza medições e efetua o pagamento mensal. Há rigidez formal no processo de licitação, com busca de verdade formal na habilitação e classificação dos licitantes, com julgamento orientado sobretudo para o menor preço. O autor do projeto básico[182] é proibido de participar da licitação para a execução do objeto (art. 9º, inciso I),[183]

---

[181] "Art. 56. A critério da autoridade competente, em cada caso, e desde que prevista no instrumento convocatório, poderá ser exigida prestação de garantia nas contratações de obras, serviços e compras.
§1º Caberá ao contratado optar por uma das seguintes modalidades de garantia:
I – caução em dinheiro ou em títulos da dívida pública, devendo estes ter sido emitidos sob a forma escritural, mediante registro em sistema centralizado de liquidação e de custódia autorizado pelo Banco Central do Brasil e avaliados pelos seus valores econômicos, conforme definido pelo Ministério da Fazenda;
II – seguro-garantia;
III – fiança bancária.
§2º A garantia a que se refere o caput deste artigo não excederá a cinco por cento do valor do contrato e terá seu valor atualizado nas mesmas condições daquele, ressalvado o previsto no parágrafo 3º deste artigo.
§3º Para obras, serviços e fornecimentos de grande vulto envolvendo alta complexidade técnica e riscos financeiros consideráveis, demonstrados através de parecer tecnicamente aprovado pela autoridade competente, o limite de garantia previsto no parágrafo anterior poderá ser elevado para até dez por cento do valor do contrato.
§4º A garantia prestada pelo contratado será liberada ou restituída após a execução do contrato e, quando em dinheiro, atualizada monetariamente.
§5º Nos casos de contratos que importem na entrega de bens pela Administração, dos quais o contratado ficará depositário, ao valor da garantia deverá ser acrescido o valor desses bens".

[182] Definição de projeto básico: "Conjunto de elementos necessários e suficientes, com nível de precisão adequado, para caracterizar a obra ou serviço, ou complexo de obras ou serviços objeto da licitação, elaborado com base nas indicações dos estudos técnicos preliminares, que assegurem a viabilidade técnica e o adequado tratamento do impacto ambiental do empreendimento, e que possibilite a avaliação do custo da obra e a definição dos métodos e do prazo de execução, devendo conter os seguintes elementos (...)" (art. 6º, IX, da Lei n 8.666/93).

[183] "Art. 9º Não poderá participar, direta ou indiretamente, da licitação ou da execução de obra ou serviço e do fornecimento de bens a eles necessários:
I – o autor do projeto, básico ou executivo, pessoa física ou jurídica;
II – empresa, isoladamente ou em consórcio, responsável pela elaboração do projeto básico ou executivo ou da qual o autor do projeto seja dirigente, gerente, acionista ou

como regra moralizante contra tratamentos privilegiados. A Lei nº 8.666/93 se orienta nestes contratos para satisfação imediata das necessidades de interesse público. A Administração Pública define imediatamente toda a relação contratual. Os contratos regidos nesse ambiente possuem objeto presentificável, mensurável em sua integralidade e em todos os seus desdobramentos na linha do tempo do contrato.

O contraponto deste modelo desenvolve-se nas bases do Estado Social no século XXI. Trata-se de um espaço constitutivo de progressiva contratualização administrativa e de crescente transferência da execução dos serviços públicos para particulares, numa relação de coordenação e cooperação.[184]

Novas realidades contratuais (de serviços públicos de duração contínua, diretamente relacionados ao bem-estar coletivo e individual, que exigem tratamento qualificado e singularizado, com aporte privado de investimento, *expertise* de domínio privado e não público), que não conseguem desenvolver-se numa relação vertical de imposição e que partem do consenso como base do negócio, desde o momento da sua formulação e planejamento até o momento da sua execução.

---

detentor de mais de 5% (cinco por cento) do capital com direito a voto ou controlador, responsável técnico ou subcontratado;

III – servidor ou dirigente de órgão ou entidade contratante ou responsável pela licitação.

§1º É permitida a participação do autor do projeto ou da empresa a que se refere o inciso II deste artigo, na licitação de obra ou serviço, ou na execução, como consultor ou técnico, nas funções de fiscalização, supervisão ou gerenciamento, exclusivamente a serviço da Administração interessada.

§2º O disposto neste artigo não impede a licitação ou contratação de obra ou serviço que inclua a elaboração de projeto executivo como encargo do contratado ou pelo preço previamente fixado pela Administração.

§3º Considera-se participação indireta, para fins do disposto neste artigo, a existência de qualquer vínculo de natureza técnica, comercial, econômica, financeira ou trabalhista entre o autor do projeto, pessoa física ou jurídica, e o licitante ou responsável pelos serviços, fornecimentos e obras, incluindo-se os fornecimentos de bens e serviços a estes necessários.

§4º O disposto no parágrafo anterior aplica-se aos membros da comissão de licitação".

[184] O modelo de Estado Prestador encontra respaldo na Lei nº 8666/93. A chamada Era das Parcerias e o Estado Contratualizado podem ser identificados em diferentes atos normativos: Lei dos Portos (Lei nº 8630/93, alterada pela Lei nº 1.285/2013), Lei de Concessões e Permissões (Lei nº 8987/95), Lei de Outorga e Prorrogações de Concessões e Permissões de Serviços Públicos (Lei nº 9.074/95), Lei Geral de Telecomunicações (Lei nº 9472/97), Leis de OS (Lei nº 9637/98) e OSCIP (Lei nº 9790/99) e Lei de PPP (Lei nº 11079/2004), para citar apenas alguns exemplos.

Neste novo cenário, que pode ser chamado de Era das Parcerias,[185] aliada à complexidade técnica de diferentes objetos, está também a incapacidade financeira do Estado de assumir grandes empreendimentos para a prestação dos serviços públicos.

E é nesse contexto que o contrato de concessão ressubstancializa a relação contratual e exige novas balizas conformadoras da ação estatal, fundamentadas na consensualidade como elemento decisivo para o equilíbrio entre coordenação, cooperação e subordinação na Administração Pública contratual contemporânea.

O contrato de concessão (aqui, em especial, trata-se da concessão comum regida pela Lei nº 8.987/95) pressupõe liberdade de meios ao particular, o qual realiza investimentos com longos prazos para amortização do capital, através de exploração da prestação do serviço público. Toda a operação da atividade é realizada pelo particular, que realiza o investimento e no qual se busca um incremento na eficiência da atividade.

No contexto da Lei nº 8.987/95, a concessão comum se organiza para a execução de serviços públicos sem a contraprestação pecuniária do concedente ao concessionário, e possibilita mais flexibilidade no processo da licitação, com inversão das fases (art. 18)[186] e um procedimento prévio de justificativa genérica, através de decreto.

A participação do autor do projeto básico é permitida na licitação (art. 31, Lei nº 9.074/95),[187] o que permite buscar projetos e

---

[185] Diogo de Figueiredo Moreira Neto nesse contexto aponta que o refluxo da imperatividade e a tendência reequilibradora da afirmação imemorial da coerção são características do Estado. Para o autor, participação e consensualidade tornam-se decisivas para a democracia pois contribuem para aprimorar a governabilidade, para frear o abuso de poder e para gerar mais eficiência, legitimidade e responsabilidade na relação Estado-sociedade. (MOREIRA NETO. *Mutações do direito administrativo*. Rio de Janeiro: Renovar, 2000. p. 40-41.)

[186] "Art. 18-A. O edital poderá prever a inversão da ordem das fases de habilitação e julgamento, hipótese em que:
I – encerrada a fase de classificação das propostas ou o oferecimento de lances, será aberto o invólucro com os documentos de habilitação do licitante mais bem classificado, para verificação do atendimento das condições fixadas no edital.
II – verificado o atendimento das exigências do edital, o licitante será declarado vencedor.
III – inabilitado o licitante melhor classificado, serão analisados os documentos habilitatórios do licitante com a proposta classificada em segundo lugar, e assim sucessivamente, até que um licitante classificado atenda às condições fixadas no edital.
IV – proclamado o resultado final do certame, o objeto será adjudicado ao vencedor nas condições técnicas e econômicas por ele ofertadas".

[187] "Art. 31. Nas licitações para concessão e permissão de serviços públicos ou uso de bem público, os autores ou responsáveis economicamente pelos projetos básico ou

soluções junto à iniciativa privada e gera uma mudança no papel do particular, que participa da decisão técnica, gerando também uma divisão da responsabilidade na relação contratual, que não se apresenta mais bilateral, e sim multipolar. A remuneração do concessionário é realizada pelo usuário de serviço público e amortizada para garantir a modicidade tarifária.

Na Lei nº 8.987/95 a reciprocidade de obrigações contratuais (execução do objeto X pagamento do preço) não significa uma mera troca de obrigações, há transferência de um negócio próprio da Administração Pública para um particular, que vai explorar esse setor da economia, desonerando o Poder Público e propiciando um ganho de gestão, um ganho para o usuário, numa relação de longo prazo. Com isso há diferença de regime jurídico, inclusive no processo de escolha do contratado.

O Estado de Parcerias aprofunda a sua configuração na conjuntura da Lei nº 11.079/2004, que institui a concessão administrativa e a concessão patrocinada, num modelo de Parceria Público-Privada (PPP). Esse modelo trabalha com a atribuição contratual a particular da gestão do interesse público, em contrato de longo prazo, com flexibilidade de meios e remuneração por resultados.

Dentre as diretrizes dessa forma contratual estão a utilização de técnicas privadas na gestão do empreendimento (e não só da empresa) a ser delegado, com participação efetiva do particular no desenvolvimento do projeto a ser implementado, transferência de riscos econômicos para o parceiro privado, maior proveito na aplicação de recursos econômicos, pagamento por *performance*, contrato de serviço e de longo prazo.[188]

Ainda, os contratos de concessão em Parceria Público-Privada trouxeram inovações importantes ao modelo contratual: celebração de contratos com características de contrato *administrativo* e de *concessão*, em que o modelo é de concessão, mas o pagamento é feito com recursos do orçamento estatal; previsão de garantias dadas pelo Poder Público ao particular, destinando-se a projetos

---

executivo podem participar, direta ou indiretamente, da licitação ou da execução de obras ou serviços".

[188] Muitas dessas diretrizes já estavam previstas e foram aplicadas com base na Lei Geral de Concessões e nas leis setoriais.

que não sejam autossustentáveis economicamente, mediante sua exploração autônoma, em que o particular assume o dever de criar uma infraestrutura e explorá-la por prazo determinado (até 35 anos, de acordo com o projeto), com repartição de riscos.[189]

São contratos de longo prazo de amortização do capital investido, com valores mínimos de vinte milhões de reais e prazo de prestação do serviço superior a cinco anos, que não apresentam como único objeto o fornecimento de mão de obra, o fornecimento ou instalação de equipamento ou a execução de obra pública.

Nos contratos de Parceria Público-Privada, observa-se uma tendência de consensualização da relação jurídico-administrativa e uma busca pela verdade material em substituição à verdade formal da Lei nº 8.666/93.

Tal qual o processo do pregão, a Lei nº 11.079/2004 inverte as fases da licitação e permite lances orais, primeiro classificando propostas para depois habilitar licitantes, além de permitir uma fase de saneamento de falhas, de complementação de insuficiências ou ainda de correções de caráter formal no curso do processo, desde que o licitante possa satisfazer as exigências dentro do prazo fixado no edital.[190]

---

[189] Tratam-se dos modelos de concessão administrativa e concessão patrocinada, na forma da Lei nº 11.079/2004: "Art. 2º Parceria público-privada é o contrato administrativo de concessão, na modalidade patrocinada ou administrativa".
§1º Concessão patrocinada é a concessão de serviços públicos ou de obras públicas de que trata a Lei nº 8.987/95, quando envolver, adicionalmente à tarifa cobrada dos usuários, contraprestação pecuniária do parceiro público ao parceiro privado.
§2º Concessão administrativa é o contrato de prestação de serviços de que a Administração Pública seja a usuária direta ou indireta, ainda que envolva execução de obra ou fornecimento e instalação de bens.
§3º Não constitui parceria público-privada a concessão comum, assim entendida a concessão de serviços públicos ou de obras públicas de que trata a Lei nº 8.987/95, quando não envolver contraprestação pecuniária do parceiro público ao parceiro privado.

[190] "Art. 12. O certame para a contratação de parcerias público-privadas obedecerá ao procedimento previsto na legislação vigente sobre licitações e contratos administrativos e também ao seguinte:
I – o julgamento poderá ser precedido de etapa de qualificação de propostas técnicas, desclassificando-se os licitantes que não alcançarem a pontuação mínima, os quais não participarão das etapas seguintes;
II – o julgamento poderá adotar como critérios, além dos previstos nos incisos I e V do art. 15 da Lei nº 8.987, de 13 de fevereiro de 1995, os seguintes:
a) menor valor da contraprestação a ser paga pela Administração Pública;
b) melhor proposta em razão da combinação do critério da alínea a com o de melhor técnica, de acordo com os pesos estabelecidos no edital;
III – o edital definirá a forma de apresentação das propostas econômicas, admitindo-se:
a) propostas escritas em envelopes lacrados; ou
b) propostas escritas, seguidas de lances em viva voz;

E também é relevante apontar que os contratos em Parceria Público-Privada possuem uma SPE – Sociedade de Propósito Específico, criada para realizar a gestão do empreendimento, que tem por objetivo facilitar a fiscalização, evitar a transferência de recursos da concessão para outros empreendimentos da concessionária, facilitar a transferência da concessão, tanto pelo poder concedente, quanto pelo agente financeiro, facilitar a intervenção e o saneamento da concessão (segurança aos agentes financeiros). Há segregação de patrimônio do contrato, o que fornece uma blindagem jurídica, política e econômica ao negócio jurídico, além de facilitar projetos financeiros.[191]

Nos contratos de concessão, tanto na concessão comum quanto na concessão em Parceria Público-Privada é possível e muitas vezes desejável a participação do autor do projeto básico na licitação, pois em muitas situações não há *expertise* do Poder Público no objeto a ser concedido e essa solução permite buscar projetos e soluções junto à iniciativa privada, mudando o papel do particular, que participa da decisão técnica e divide responsabilidades com o poder concedente.[192]

IV – o edital poderá prever a possibilidade de saneamento de falhas, de complementação de insuficiências ou ainda de correções de caráter formal no curso do procedimento, desde que o licitante possa satisfazer as exigências dentro do prazo fixado no instrumento convocatório.
§1º Na hipótese da alínea b do inciso III do *caput* deste artigo:
I – os lances em viva voz serão sempre oferecidos na ordem inversa da classificação das propostas escritas, sendo vedado ao edital limitar a quantidade de lances;
II – o edital poderá restringir a apresentação de lances em viva voz aos licitantes cuja proposta escrita for no máximo 20% (vinte por cento) maior que o valor da melhor proposta.
§2º O exame de propostas técnicas, para fins de qualificação ou julgamento, será feito por ato motivado, com base em exigências, parâmetros e indicadores de resultado pertinentes ao objeto, definidos com clareza e objetividade no edital.
Art. 13. O edital poderá prever a inversão da ordem das fases de habilitação e julgamento, hipótese em que:
I – encerrada a fase de classificação das propostas ou o oferecimento de lances, será aberto o invólucro com os documentos de habilitação do licitante mais bem classificado, para verificação do atendimento das condições fixadas no edital;
II – verificado o atendimento das exigências do edital, o licitante será declarado vencedor;
III – inabilitado o licitante melhor classificado, serão analisados os documentos habilitatórios do licitante com a proposta classificada em 2º (segundo) lugar, e assim, sucessivamente, até que um licitante classificado atenda às condições fixadas no edital;
IV – proclamado o resultado final do certame, o objeto será adjudicado ao vencedor nas condições técnicas e econômicas por ele ofertadas".

[191] Todavia, é relevante apontar que se a natureza ou porte do serviço for muito simples, a criação da SPE pode não compensar em virtude dos custos administrativos.

[192] Lei nº 9.074/95, Art. 31: "Nas licitações para concessão e permissão de serviços públicos ou uso de bem público, os autores ou responsáveis economicamente pelos projetos básico

Ao se permitir que o particular participe da elaboração do projeto básico, trabalhando na definição do conjunto de elementos necessários e suficientes, com nível de precisão adequado, para caracterizar a obra ou serviço, ou complexo de obras ou serviços objetos da licitação, o poder concedente abre mão de imperatividade e discute as bases do negócio jurídico, compartilha a decisão sobre os estudos técnicos preliminares e sobre a viabilidade técnica e o adequado tratamento do impacto ambiental do empreendimento. O particular participa da avaliação do custo da obra e a definição dos métodos e do prazo de execução, o que gera um ganho de *accountability* ao negócio e de estabilidade e segurança jurídica.[193]

Os contratos de Parceria Público-Privada preveem instrumentos de garantia diferenciados em relação às garantias da Lei nº 8.666/93: transferência do controle da Sociedade de Propósito Específico para seus financiadores, com o objetivo de promover sua reestruturação financeira e assegurar a continuidade da prestação dos serviços, possibilidade de emissão de empenho em nome dos financiadores do projeto, legitimidade dos financiadores para recebimento de indenizações e dos pagamentos efetuados pelos fundos e empresas estatais garantidoras.

Esses contratos pressupõem a figura do Fundo Garantidor, que se trata de um fundo que tem personalidade de direito privado, no qual a União subscreverá cotas com dinheiro e bens e essas cotas não podem ser dadas em garantia. O Fundo é que dará garantia dos pagamentos em contratos em Parceria Público-Privada. O Poder Público oferece garantias das obrigações pecuniárias contraídas em face do contrato: vinculação de receitas (observado o art. 167, IV, da CF), fundos especiais, seguro-garantia.

Percebe-se claramente uma desintegração da autoridade no ambiente da legislação dos contratos de concessão. Da Lei nº 9.074/95, passando pela Lei nº 8.987/95, pela Lei nº 11.079/2004, para citar apenas os exemplos mais visíveis, a consensualidade acaba

---

ou executivo podem participar, direta ou indiretamente, da licitação ou da execução de obras ou serviços".

[193] Na Lei nº 8.666/93 a participação do autor do projeto na licitação é vedada porque está a se regular contratos imediatos, com definição imediata da relação contratual. Nas Leis nº 8987/95 e nº 11079/2004, há transferência de um negócio próprio da Administração Pública para um particular, que vai explorar esse setor da economia, com desoneração da Administração Pública e ganho de gestão.

aparecendo, diretamente ou indiretamente, na relação contratual, e tem como ponto de partida a insuficiência da unilateralidade frente à complexidade contratual da Administração Pública contemporânea.

Nesse sentido, Francisco Zardo posiciona-se afirmando que o impacto da consensualidade sobre as concepções tradicionais é significativo, e que o uso moderado das prerrogativas especiais da administração deve ser mitigado sempre que possível pela via consensual, especialmente ao se demonstrar maior vantajosidade ao próprio interesse público.[194]

A consensualidade aparece como elemento decisivo para equilíbrio da relação contratual administrativa complexa, de modo a compatibilizar o ambiente novo da coordenação e cooperação administrativa com a tradicional imperatividade e subordinação da Administração Pública.

Suzana Tavares da Silva afirma que a contemporaneidade obriga a Administração Pública a dialogar e negociar com todos os interessados, aplicando-se os princípios da participação e da colaboração na tomada de decisão, diminuindo o risco de surpresa diante de decisões que afetem a esfera jurídica individual.[195]

Equilíbrio entre coordenação, cooperação e subordinação dentro da relação contratual. Essa parece ser a chave da moderna e complexa Administração Pública para a materialização da eficiência nos serviços públicos contratualizados.

A inserção da consensualidade na teoria contratual permite ressubstancialização da relação jurídica administrativa e oferece respostas a situações complexas não resolvidas na premissa imperativa das prerrogativas públicas.

Nesse ponto, interessante a colocação de João Batista Machado, defendendo que o consenso impede que as funções sociais do Estado se convertam em funções de dominação, numa reestruturação da economia.[196] Essa análise coloca o consenso no âmbito negocial administrativo como elemento reestruturador da democracia.

---

[194] ZARDO, Francisco. *Infrações e sanções em licitações e contratos administrativos*. São Paulo: Revista dos Tribunais, 2014. p. 196.

[195] SILVA, Suzana Tavares da. *Um novo direito administrativo?* Coimbra: Imprensa da Universidade de Coimbra, 2010. p. 92.

[196] MACHADO, João Batista. *Participação e descentralização*: democratização e neutralidade na Constituição de 76. Coimbra: Almedina, 1982. p. 46-108.

Ou seja, estabelece um novo fundamento de legitimação democrática, pautado na lógica da ponderação de interesses e da participação popular. Essa é a era da Administração Pública negocial, fazendo-se necessário estabelecer em que parâmetros essa proposta se coloca, quais são suas estruturas e fundamentos e como se dá a relação com o espaço privado de negociação, sustentando a necessidade de manutenção do regime de prerrogativas da Administração Pública.

Nesse sentido, Nuria Cunill Grau afirma que processos horizontais de articulação política podem influir nas decisões administrativas, refletindo a aglutinação da vontade pública.[197]

Essa Administração Pública negocial tem alterado seu processo de tomada de decisão administrativa, que passa a ser plural, mais igualitário e mais democrático. Nesse ponto Gustavo Justino de Oliveira assinala que a decisão administrativa fica respaldada pela participação popular e terá maior eficácia e efetividade.[198]

Gustavo Justino de Oliveira parece acertadamente definir a questão, estabelecendo equilíbrio entre os dois mundos: o do consenso e o da autoridade. O autor afirma que a Administração Pública consensual não estabelece a superação da Administração Pública imperativa. Há uma nova mudança no eixo do direito administrativo, que passa a não ser orientado exclusivamente pela lógica da autoridade, mas permeado também pela lógica do consenso.[199]

É certo que o paradigma tradicional do contrato administrativo, fundamentado na unilateralidade, apresenta-se insuficiente frente aos desafios enfrentados pela Administração Pública brasileira atualmente, havendo um discurso pela discussão crítica do paradigma que pretende a abolição das prerrogativas contratuais.

---

[197] A autora ainda destaca que essa aglutinação da vontade pública se apresenta como *accountability* da Administração Pública, revelando seu caráter multidimensional, com uma expressão tanto vertical quanto horizontal em tensão, mas complementares, quase uma relação recíproca. (GRAU, Nuria Cunill. *Repensando o público através da sociedade*: novas formas de gestão pública e representação social. Brasília: ENAP, 1998. p. 272.)

[198] OLIVEIRA, Gustavo Justino de. Participação administrativa. In: OSÓRIO, Fabio Medina Souto; VILLELA, Marcos Juruena (Coord.). *Direito administrativo*: estudos em homenagem a Diogo de Figueiredo Moreira Neto. Rio de Janeiro: Lúmen JÚRIS, 2006. p. 401-427.

[199] OLIVEIRA, Gustavo Justino de. A arbitragem e as Parcerias Público-Privadas. In: SUNDFELD, Carlos Ari (Org.). *Parcerias Público-Privadas*. São Paulo: Malheiros, 2005. p. 569.

Mas é certo também que deve haver um discurso para defender a necessidade de reorganização do regime jurídico administrativo dos contratos, com um reposicionamento das prerrogativas públicas que permita um espaço adequado de consensualismo e negociação especialmente no ambiente dos contratos de longa duração, que pela sua própria natureza são contratos mutáveis e sujeitos a modificações ao longo do tempo.

Defende-se um regime jurídico dos contratos administrativos, nem público nem privado, que permita a convivência entre prerrogativas públicas e lógicas como a do consenso e da negociação, e possibilite um regime de prerrogativas contrato a contrato, em substituição a um regime geral e unificado.

Que viabilize o consensualismo, especialmente nos contratos de longa duração, assegurando a condição da autoridade para as situações em que o consenso não for capaz de produzir um resultado de interesse público, numa utilização subsidiária do regime de prerrogativas, atendendo ao interesse público da melhor forma.

Uma nova face da velha administração.[200] O problema é que nesse diálogo não se pode ignorar que é impossível abdicar da face impositiva da Administração Pública, especialmente considerando a sua aplicação nas hipóteses de conflitos entre interesses públicos e privados e prevalência daqueles no caso concreto para a satisfação do bem comum e do bem-estar coletivo. O caminho do reposicionamento das prerrogativas encontra muito mais espaço e acomodação no ordenamento jurídico do que o da substituição e flexibilização.

O desafio então é estabelecer os limites para transação e paridade para bem do interesse público e o unilateralismo para garantia do bem comum (ainda que subsidiário), especialmente considerando institutos como o da arbitragem e sua aparente, mas

---

[200] A expressão é de Pedro Miguel Matias Pereira (*Os poderes do contraente público no Código dos Contratos Públicos*. Coimbra: Coimbra Editora, 2011. p. 17). O autor ainda afirma que "se é certo que a procura de *consensus-based solutions* se conjuga melhor com a ideia de contratualização, nem por isso se pode deixar de reconhecer a permanência do acto administrativo, informado também ele, actualmente, por uma reforçada ideia de colaboração, resultando num apelo à ideia de consenso no aparentemente solitário domínio do acto de autoridade". No mesmo sentido ver: GONÇALVES, Pedro Costa. *O contrato administrativo*: uma instituição do direito administrativo do nosso tempo. Coimbra: Almedina, 2004. p. 23-24.

não sustentada, contraposição com os princípios da Supremacia do Interesse Público e da Indisponibilidade do Interesse Público para as relações contratuais.[201]

É fato que uma das linhas de transformação do direito administrativo é a abertura no campo estatal da imperatividade para consideráveis espaços de consensualidade, especialmente considerando a sua importância na prestação de serviços públicos.

Essa proposta de nova contratualização administrativa substitui em parte o modelo da imposição pelo da negociação e com isso a verticalização entre a Administração Pública e o particular nas relações contratuais é fortemente atenuada. É nesse contexto que os contratos de Parceria Público-Privada estão sendo realizados.

O objetivo dessa nova contratualização é possibilitar um incremento qualitativo e quantitativo da atividade negocial entre a Administração Pública e os particulares, de modo a possibilitar uma maior realização de serviços públicos, mais eficiente e universal. A parceria entre Estado e sociedade é a chave para a satisfação do interesse público, especialmente considerando o aumento exponencial na demanda de serviços públicos e na sua complexidade, a serem prestados com graus de certeza e eficiência e qualidade capazes de garantir a toda sociedade a satisfação da dignidade da pessoa humana.[202]

É necessário um redimensionamento da autoridade para reconhecer o consenso nos contratos administrativos, com reposicionamento do regime jurídico exorbitante para além da Administração Pública, entendido como consequência do contrato, o qual é celebrado segundo um pressuposto de igualdade assimétrica.[203]

---

[201] Marta García Pérez afirma que "Las ventajas del procedimiento arbitral por contraposición al proceso judicial han sido reiteradamente expuestas por la doctrina". A autora ainda assinala a necessidade de se aprovar uma lei geral de arbitragem de direito público. (GARCÍA PEREZ, Marta. *Arbitraje y derecho administrativo*. Navarra: Editora Aranzadi, 2011.)

[202] Nesse sentido Luis Verde de Sousa afirma que "A grande vantagem apontada à negociação do projecto contratual é a da eficiência, traduzida na celebração de um contrato que permita obter *"good value for Money"*, i.e. de um contrato (i) cujo objeto responda, de forma óptima, às necessidades da entidade adjudicante, ajustando a procura à oferta e esta àquela; (ii) e que preveja as melhores condições possíveis para a Administração". (SOUSA, Luís Verde de. *A negociação nos procedimentos de adjudicação*: uma análise do código dos contratos públicos. Coimbra: Editora Almedina, 2010. p. 301.)

[203] É nesse sentido que Egon Bockmann Moreira fala em igualdade assimétrica. (MOREIRA, Egon Bockmann. O contrato administrativo como instrumento de governo. In:

Não são valores incompatíveis entre si, pelo contrário. Autoridade e consenso são vértices da figura do contrato administrativo, num regime jurídico misto, vertical e consensual, no qual essa dupla origem exige equilíbrio entre as exigências de interesse público da lei e a autonomia da vontade das partes.[204]

O fortalecimento da negociação na Administração Pública por via de acordos, com avanço da consensualidade, parece ser um novo paradigma do próprio Estado.[205]

Essas estratégias de gestão exigem imensa cautela, principalmente em se tratando da prestação de serviços públicos, vez que estes representam, para um grande número de pessoas, o acesso aos direitos fundamentais sociais. Nessa linha, Maria João Estorninho assinala que o contrato assume novo papel qualitativo, colocando-se como símbolo de um novo modelo de relação autoridade-liberdade, especialmente ao substituir os meios de atuação unilateral da Administração Pública.[206]

A nova contratualização administrativa deve se estabelecer segundo um regime de direito público e de direito privado, adequado às necessidades de eficiência da Administração Pública contemporânea.[207]

GONÇALVES, Pedro Costa (Org.). *Estudos de contratação pública IV*. Coimbra: Coimbra Editora, 2012. p. 5-18.)

[204] Esse posicionamento é de Luís Cabral de Moncada, que ainda afirma que "A Administração só existe para prosseguir o interesse público e carece dos meios jurídicos indispensáveis para tanto. A autoridade de origem legal está, portanto, perfeitamente justificada e faz parte do código genético daquela figura. *Mas um contrato é um contrato e desta constatação evidente resultam amplos limites para a autoridade administrativa. Estamos perante linhas de força completamente opostas e o respectivo encontro não pode fazer-se sem cedências mútuas sendo inevitáveis fricções. É de um problema de equilíbrio que estamos falando. No tratamento deste equilíbrio as soluções legislativas não valem todas e mesmo nem são fungíveis. São possíveis soluções muito diversas consoante o polo do equilíbrio que se pretenda favorecer*". (CABRAL DE MONCADA, Luís S. *Consenso e autoridade na teoria do contrato administrativo*. Lisboa: Quid Juris Sociedade Editora, 2012. p. 10.)

[205] Para Sabino Cassese, "interesses privados coincidentes com interesses públicos comunitários estão em conflito com outros interesses públicos, de natureza nacional, não há distinção ou oposição pública-privada, assim como não há uma superioridade do momento público sobre o privado". (CASSESE, Sabino. La arena publica: nuevos paradigmas para el Estado. In: CASSESE, Sabino. *La crisis del Estado*. Buenos Aires: Albeledo Perrot, 2003. p. 131.)

[206] A autora defende que a Administração Pública, em vez de impor um ato, acorda com os destinatários a solução para o problema administrativo. O ato administrativo perde a posição de protagonista nas relações Estado-cidadão. (ESTORNINHO, Maria João. Requiem pelo contrato administrativo. Coimbra: Almedina, 2003. p. 64.)

[207] Segundo Gustavo Justino de Oliveira, essa nova contratualização passa por um processo que compreende: privilégio da cultura do diálogo entre parceiro público e privado, maior

A dificuldade do consensualismo é que a alteração do vínculo contratual pode vir a colocar a Administração Pública em subordinação a interesses particulares. E esse é um aspecto que não se pretende admitir.[208]

Assim, se há um incremento quantitativo e qualitativo da atividade negocial Administração Pública-particular, com abrandamento do primado da autoridade, deve haver um incremento do primado do interesse público e dos direitos fundamentais e das bases da regulação e controle do modelo que ora se coloca. Nesse sentido, Pedro Costa Gonçalves assinala que as relações entre regulação e contrato requerem uma visão consensual da atividade regulatória.[209]

A filtragem dos poderes unilaterais da Administração Pública deve acontecer, mas deve ser na medida adequada de modo a deixar intacta a condição da Administração Pública de exercício de poderes unilaterais para a proteção do interesse público. E é evidente a necessidade de estabelecimento de um novo marco regulatório capaz de atender as necessidades dessa Administração Pública contemporânea, especialmente para garantir a satisfação dos interesses públicos primários.[210]

---

atenção a negociações preliminares, troca de concessões mútuas, redução da imposição unilateral e proporcional aumento da interação entre os parceiros e maior interdependência entre as prestações do parceiro público e do parceiro privado. (OLIVEIRA, Gustavo Justino. A arbitragem e as Parcerias Público-Privadas. In: SUNDFELD, Carlos Ari (Org.). *Parcerias Público-Privadas*. São Paulo: Malheiros, 2005. p. 569.)

[208] No Brasil essa discussão já se apresentava no Código Civil de 2002. Alice Gonzales Borges assinala que o Código Civil reflete as tendências contraditórias da atualidade, com a interpenetração do público e do privado, com adoção de novas tipologias contratuais, nas quais as novas regras aproximam a concepção contratual de 2002 com as peculiaridades do contrato administrativo. (BORGES, Alice Gonzalez. Reflexos do Código Civil nos contratos administrativos. *Jus Navigandi*, Teresina, v. 10, nº 846, 27 out. 2005. Disponível em: <http://jus.com.br/artigos/7509>. Acesso em: 21/07/2014.)

[209] O autor afirma que "dizer-se que a regulação utiliza o contrato como instrumento equivale a considerar que a regulação se pode implementar por via do consenso. Todavia, o consenso entre instâncias reguladoras e operadores regulados não se esgota ou não se materializa apenas em instrumentos contratuais". (GONÇALVES, Pedro Costa. *Reflexões sobre o Estado regulador e o Estado contratante*. Coimbra: Editora Coimbra, 2013. p. 15.)

[210] Nesse sentido oportuna a transcrição da obra de Enzo Roppo: "O significado desta tendência, no sentido da progressiva 'contratualização' de numerosas relações e situações que os esquemas tradicionais da intervenção pública teriam submetido a uma disciplina 'autoritária' e não 'consensual', não é fácil de decifrar. Também esta aparece, de facto, eivada por certo grau de ambivalência, e aberta a implicações e resultados potencialmente contraditórios". O autor ainda assinala que: "Por um lado, não deve subvalorizar-se o risco de a difusão das técnicas 'consensuais' no campo da acção administrativa, e, portanto, a prática constante do negócio e do acordo com os privados, acabarem por determinar

A vinculação direta e imediata ao interesse público é o elemento qualificador do contrato administrativo. O declínio de soluções imperativas deve ser norteado pelo atendimento do interesse público e por uma interpretação conforme a Constituição, em que o Estado garantidor de prestações de interesse público deverá dar conta dessa nova realidade jurídica.

---

desvios perigosos no modo de proceder e nos objectivos dos poderes públicos, dando azo a formas de colusão e mesmo a situações em que é fácil que interesses individuais ou de grupo se sobreponham aos interesses da coletividade. Mas por outro lado, esta afirmação do modelo 'convencional' em lugar dos instrumentos de imposição unilateral, assinala um processo rico de potencialidades positivas: isto porque a procura e a promoção do 'consenso' dos 'administrados' significam desenvolvimento da sua activa e consciente «participação», na qual, por sua vez, se encontra um pressuposto de democracia e, ao mesmo tempo de eficiência do procedimento administrativo. Neste sentido, o contrato, com os valores que exprime, coloca-se, de certo modo, como símbolo e suporte de um novo e mais avançado modelo de relação entre autoridade e liberdade". (ROPPO, Enzo. *O contrato*. Coimbra: Almedina, 2009. p. 346-347.)

CAPÍTULO 3

O DESLOCAMENTO DA POSIÇÃO DE SUBORDINAÇÃO NO CONTRATO ADMINISTRATIVO: SUPERIORIDADE DO INTERESSE PÚBLICO EM CONTRAPONTO À SUPERIORIDADE DA ADMINISTRAÇÃO PÚBLICA

Mais do que nunca, parece que o grande problema brasileiro se relaciona com o conhecimento. O sucesso do modelo das PPPs depende não apenas da autorização legislativa, da vontade política ou da capacidade gerencial da Administração Pública. Trata-se, antes de tudo, de uma questão atinente ao conhecimento técnico-científico.[211]

O deslocamento da posição de subordinação no contrato, de superioridade da Administração Pública para superioridade do interesse público na relação contratual administrativa, exige uma teoria disruptiva com o modelo tradicional de autoridade. Numa digressão histórico-legislativa pode-se observar o fenômeno disruptivo da consensualidade.

Toda a estruturação legislativa de contrato administrativo no Brasil se inicia a partir do século XX, mais acentuadamente na segunda metade, e fortemente a partir da década de 1980, e baseia-se na unilateralidade, em maior ou menor intensidade.

---

[211] JUSTEN FILHO, Marçal. Concessões de rodovias: a experiência brasileira. In: SUNDFELD, Carlos Ari (Coord.). *Parcerias Público-Privadas*. São Paulo: Malheiros Editores, 2005. p. 232.

Analisando-se o Código de Contabilidade Pública da União, Decreto nº 4.536/22, artigo 51, parágrafo 4º e artigo 54, alínea "h", é de se observar que o referido Código disciplinava genericamente o regime dos contratos administrativos, fazendo previsão expressa de que se submeteriam ao regime comum, privado, mas paradoxalmente, também previa cláusula de anulação unilateral, ainda que neste momento o regime exorbitante não fosse trabalhado nos termos do que no futuro, no ambiente da Lei nº 8.666/93, se estabeleceu no direito positivo brasileiro. Mas já estava em 1922 estabelecida a possibilidade de anulação unilateral do contrato administrativo.[212]

Percebe-se então que havia regramento genérico dos contratos da Administração Pública, num regime híbrido, de submissão ao direito civil, mas com clara opção pela supremacia da Administração Pública. Ou seja, nesse momento, a legislação brasileira sobre contratos dividia-se entre a explicação que a maioria doutrinária francesa realizava, baseada na teoria da *puissance publique*, e a lógica civilista da teoria contratual.

Com o Decreto-lei nº 2.300/86 e o Decreto nº 2.348/87 o Estado Brasileiro organiza no âmbito da Administração Pública federal as licitações e contratos administrativos e o que se percebe é que a norma repete os fundamentos dogmáticos franceses até então construídos, justificando os poderes administrativos na relação contratual pela presença da Administração Pública no contrato, por esta ser parte soberana e dotada de prerrogativas.[213]

---

[212] "Art. 51. §4º – Haja ou não declaração no edital, presume-se sempre que *o governo se reserva o direito de annullar qualquer concurrencia*, por despacho motivado, se houver justa causa.
Art. 54. Para a validade dos contractos, serão necessárias as seguintes formalidades:
h) *que respeitem as disposições do direito commum e da legislação fiscal*".

[213] O Decreto-lei nº 2.300/86, alterado pelo Decreto nº 2.348/87, definia que:
"Art. 39. A Administração poderá revogar a licitação por interesse público, devendo anulá-la por ilegalidade, de ofício ou mediante provocação de terceiros.
Art 48. O regime jurídico dos contratos administrativos, instituído por este decreto-lei, confere à Administração, em relação a eles, a prerrogativa de:
I – modificá-los unilateralmente para melhor adequação às finalidades de interesse público;
II – extingui-los, unilateralmente, nos casos especificados no inciso I do art. 69;
III – fiscalizar-lhes a execução;
IV – aplicar sanções motivadas pela inexecução, total ou parcial, do ajuste.
Art 55. Os contratos regidos por este decreto-lei poderão ser alterados nos seguintes casos:
I – unilateralmente, pela Administração:

A Lei nº 8.666/93 mantém o regime de supremacia da Administração Pública *a priori* na relação contratual e o conceito no direito positivo de cláusula exorbitante. É nesse ambiente que a Lei nº 8.666/93 trabalha contratos administrativos, fixando a unilateralidade como premissa e as prerrogativas públicas como eixo central da relação contratual administrativa.[214]

[a)] quando houver modificação do projeto ou das especificações, para melhor adequação técnica aos seus objetivos;
b) quando necessária a modificação do valor contratual em decorrência de acréscimo ou diminuição quantitativa de seu objeto, nos limites permitidos por este decreto-lei;
§1º O contratado fica obrigado a aceitar, nas mesmas condições contratuais, os acréscimos ou supressões que se fizerem nas obras, serviços ou compras, até 25% do valor inicial do contrato, e, no caso particular de reforma de edifício ou de equipamento, até o limite de 50% para os seus acréscimos.
§7º Em havendo alteração unilateral do contrato, que aumente os encargos do contratado, a Administração deverá restabelecer, por aditamento o equilíbrio econômico-financeiro inicial.
Art 69. A rescisão do contrato poderá ser:
I – determinada por ato unilateral e escrito da Administração, nos casos enumerados nos incisos I a XIII do artigo anterior;
Art. 73. Pela inexecução total ou parcial do contrato a Administração poderá, garantida prévia defesa, aplicar ao contratado as seguintes sanções:
I – advertência;
II – multa, na forma prevista no instrumento convocatório ou no contrato;
III – suspensão temporária de participação em licitação e impedimento de contratar com a Administração, por prazo não superior a 2 anos;
IV – declaração de inidoneidade para licitar ou contratar com a Administração, enquanto perdurarem os motivos da punição.
IV – declaração de inidoneidade para licitar ou contratar com a Administração Federal, enquanto perdurarem os motivos determinantes da punição ou até que seja promovida a reabilitação, perante a própria autoridade que aplicou a penalidade".

[214] São prerrogativas na Lei nº 8.666/93:
"Art. 49. A autoridade competente para a aprovação do procedimento somente poderá revogar a licitação por razões de interesse público decorrente de fato superveniente devidamente comprovado, pertinente e suficiente para justificar tal conduta, devendo anulá-la por ilegalidade, de ofício ou por provocação de terceiros, mediante parecer escrito e devidamente fundamentado.
Art. 54. Os contratos administrativos de que trata esta Lei regulam-se pelas suas cláusulas e pelos preceitos de direito público, aplicando-se-lhes, supletivamente, os princípios da teoria geral dos contratos e as disposições de direito privado.
Art. 58. O regime jurídico dos contratos administrativos instituído por esta Lei confere à Administração, em relação a eles, a prerrogativa de:
I – modificá-los, unilateralmente, para melhor adequação às finalidades de interesse público, respeitados os direitos do contratado;
II – rescindi-los, unilateralmente, nos casos especificados no inciso I do art. 79 desta Lei;
III – fiscalizar-lhes a execução;
IV – aplicar sanções motivadas pela inexecução total ou parcial do ajuste;
V – nos casos de serviços essenciais, ocupar provisoriamente bens móveis, imóveis, pessoal e serviços vinculados ao objeto do contrato, na hipótese da necessidade de acautelar apuração administrativa de faltas contratuais pelo contratado, bem como na hipótese de rescisão do contrato administrativo.

Faz-se importante, todavia, destacar que a Lei nº 8.666/93 disciplina os contratos de fornecimento (compras, alienações, obras e serviços) e não disciplina o regime das concessões de serviço público. E para estes contratos exaustivamente já se assinalou a inadequação do seu modelo. E mesmo no ambiente da Lei nº 8.666/93, após alteração promovida pela Lei nº 8.883/94, há expressa exceção em relação aos contratos de concessão, como se pode observar dos artigos 122 e 124.[215]

Art. 65. Os contratos regidos por esta Lei poderão ser alterados, com as devidas justificativas, nos seguintes casos:
I – unilateralmente pela Administração:
a) quando houver modificação do projeto ou das especificações, para melhor adequação técnica aos seus objetivos;
b) quando necessária a modificação do valor contratual em decorrência de acréscimo ou diminuição quantitativa de seu objeto, nos limites permitidos por esta Lei;
§1º O contratado fica obrigado a aceitar, nas mesmas condições contratuais, os acréscimos ou supressões que se fizerem nas obras, serviços ou compras, até 25% (vinte e cinco por cento) do valor inicial atualizado do contrato, e, no caso particular de reforma de edifício ou de equipamento, até o limite de 50% (cinquenta por cento) para os seus acréscimos.
Art. 78. Constituem motivo para rescisão do contrato:
XII – razões de interesse público, de alta relevância e amplo conhecimento, justificadas e determinadas pela máxima autoridade da esfera administrativa a que está subordinado o contratante e exaradas no processo administrativo a que se refere o contrato;
XIII – a supressão, por parte da Administração, de obras, serviços ou compras, acarretando modificação do valor inicial do contrato além do limite permitido no §1º do art. 65 desta Lei;
XV – o atraso superior a 90 (noventa) dias dos pagamentos devidos pela Administração decorrentes de obras, serviços ou fornecimento, ou parcelas destes, já recebidos ou executados, salvo em caso de calamidade pública, grave perturbação da ordem interna ou guerra, assegurado ao contratado o direito de optar pela suspensão do cumprimento de suas obrigações até que seja normalizada a situação;
Art. 79. A rescisão do contrato poderá ser:
I – determinada por ato unilateral e escrito da Administração, nos casos enumerados nos incisos I a XII e XVII do artigo anterior;
Art. 87. Pela inexecução total ou parcial do contrato a Administração poderá, garantida a prévia defesa, aplicar ao contratado as seguintes sanções:
I – advertência;
II – multa, na forma prevista no instrumento convocatório ou no contrato;
III – suspensão temporária de participação em licitação e impedimento de contratar com a Administração, por prazo não superior a 2 (dois) anos;
IV – declaração de inidoneidade para licitar ou contratar com a Administração Pública enquanto perdurarem os motivos determinantes da punição ou até que seja promovida a reabilitação perante a própria autoridade que aplicou a penalidade, que será concedida sempre que o contratado ressarcir a Administração pelos prejuízos resultantes e após decorrido o prazo da sanção aplicada com base no inciso anterior".

[215] "Art. 122. Nas concessões de linhas aéreas, observar-se-á procedimento licitatório específico, a ser estabelecido no Código Brasileiro de Aeronáutica.
Art. 124. Aplicam-se às licitações e aos contratos para permissão ou concessão de serviços públicos os dispositivos desta Lei que não conflitem com a legislação específica sobre o assunto".

A Lei nº 8.666/93 passa a dizer que o contrato administrativo é contrato porque a Administração Pública é parte e impõe mutabilidade da relação contratual pela vontade da Administração Pública. O objeto de serviço público não é o critério norteador da Lei, assim como não era no Código de Contabilidade Pública ou no Decreto nº 2.300/86.

O início da mudança passa a ser operar pela Lei nº 8.987/95, Lei de Concessões e Permissões da Administração Pública. Esta Lei aponta novos horizontes na relação contratual administrativa, trazendo os fundamentos embrionários para o deslocamento da posição de subordinação no contrato, de superioridade da Administração Pública para superioridade do interesse público e para uma teoria disruptiva com o modelo tradicional de autoridade.

A Lei nº 8.987/95 já no seu artigo 1º disciplina que seu regime é público e privado. Trata de fontes alternativas de receitas para as concessionárias, e, principalmente, determina como cláusula essencial no contrato administrativo o modo amigável de solução de divergências contratuais.[216]

E ainda, após alteração promovida na Lei nº 8.987/95 pela Lei nº 11.196/2005, observam-se novas aproximações com o consensualismo, especialmente relacionadas à inversão de fases do certame e à adoção de mecanismos privados para resolução de disputas decorrentes ou relacionadas ao contrato, inclusive a arbitragem.[217]

---

[216] "Art. 1º As concessões de serviços públicos e de obras públicas e as permissões de serviços públicos reger-se-ão pelos termos do art. 175 da Constituição Federal, por esta Lei, pelas normas legais pertinentes e pelas cláusulas dos indispensáveis contratos.
Art. 11. No atendimento às peculiaridades de cada serviço público, poderá o poder concedente prever, em favor da concessionária, no edital de licitação, a possibilidade de outras fontes provenientes de receitas alternativas, complementares, acessórias ou de projetos associados, com ou sem exclusividade, com vistas a favorecer a modicidade das tarifas, observado o disposto no art. 17 desta Lei.
Art. 13. As tarifas poderão ser diferenciadas em função das características técnicas e dos custos específicos provenientes do atendimento aos distintos segmentos de usuários.
Art. 23. São cláusulas essenciais do contrato de concessão as relativas:
XV – ao foro e ao modo amigável de solução das divergências contratuais".

[217] "Art. 18-A. O edital poderá prever a inversão da ordem das fases de habilitação e julgamento, hipótese em que:
I – encerrada a fase de classificação das propostas ou o oferecimento de lances, será aberto o invólucro com os documentos de habilitação do licitante mais bem classificado, para verificação do atendimento das condições fixadas no edital
II – verificado o atendimento das exigências do edital, o licitante será declarado vencedor;

Mas é no século XXI que a relação contratual contemporânea começa a apresentar consistente e progressiva tendência ao consenso e negociação e organiza-se sobre a paridade numa progressiva substituição da unilateralidade. Há diferentes exemplos na legislação (Lei nº 10.520/2002 – Pregão, Lei nº 11.079/2004 – Parcerias Público-Privadas, Lei nº 12.462/2011 – Regime Diferenciado de Contratação, Lei nº 12.815/2013 – Lei dos Portos, Leis nº 13.129/2015 e nº 13.140/2015 – Leis de Arbitragem, Lei nº 13.303/2016 – Lei das Estatais).

A Lei nº 10.520/2002 trata do pregão e estabelece maior negociação na definição do preço a ser pago na relação contratual, pelo estabelecimento da fase de lances orais.[218]

A Lei nº 11.079/2004 disciplina consenso nas Parcerias Público-Privadas, com previsão da arbitragem como meio de solução de conflitos e fase de saneamento de vícios formais.[219]

A Lei nº 12.462/2011, alterada pela Lei 13.190/2015, estabelece o Regime Diferenciado de Contratação – RDC e também prevê flexibilizações em relação ao rito da Lei nº 8.666/93, além da adoção da arbitragem como meio de solução de conflitos no contrato.[220]

III – inabilitado o licitante melhor classificado, serão analisados os documentos habilitatórios do licitante com a proposta classificada em segundo lugar, e assim sucessivamente, até que um licitante classificado atenda às condições fixadas no edital;
IV – proclamado o resultado final do certame, o objeto será adjudicado ao vencedor nas condições técnicas e econômicas por ele ofertadas.
Art. 23-A. O contrato de concessão poderá prever o emprego de mecanismos privados para resolução de disputas decorrentes ou relacionadas ao contrato, inclusive a arbitragem, a ser realizada no Brasil e em língua portuguesa, nos termos da Lei nº 9.307, de 23 de setembro de 1996".

[218] "Art. 4º A fase externa do pregão será iniciada com a convocação dos interessados e observará as seguintes regras:
IX – não havendo pelo menos 3 (três) ofertas nas condições definidas no inciso anterior, poderão os autores das melhores propostas, até o máximo de 3 (três), oferecer novos lances verbais e sucessivos, quaisquer que sejam os preços oferecidos".

[219] "Art. 11. O instrumento convocatório conterá minuta do contrato, indicará expressamente a submissão da licitação às normas desta Lei e observará, no que couber, os §§3º e 4º do art. 15, os arts. 18, 19 e 21 da Lei nº 8.987, de 13 de fevereiro de 1995, podendo ainda prever:
III – o emprego dos mecanismos privados de resolução de disputas, inclusive a arbitragem, a ser realizada no Brasil e em língua portuguesa, nos termos da Lei nº 9.307, de 23 de setembro de 1996, para dirimir conflitos decorrentes ou relacionados ao contrato.
Art. 12. O certame para a contratação de parcerias público-privadas obedecerá ao procedimento previsto na legislação vigente sobre licitações e contratos administrativos e também ao seguinte:
IV – o edital poderá prever a possibilidade de saneamento de falhas, de complementação de insuficiências ou ainda de correções de caráter formal no curso do procedimento, desde que o licitante possa satisfazer as exigências dentro do prazo fixado no instrumento convocatório".

[220] "Art. 44-A. Nos contratos regidos por esta Lei, poderá ser admitido o emprego dos mecanismos privados de resolução de disputas, inclusive a arbitragem, a ser realizada no

A Lei nº 12.815/2013 ao disciplinar o regime dos portos no Brasil estabelece arbitragem inclusive para resolver aplicação de penalidades disciplinares, definindo consenso dentro da função ordenadora estatal.[221]

As Leis nº 13.129/2015 e nº 13.140/2015 instituem arbitragem na Administração Pública em geral e no contrato administrativo em especial. A Lei nº 13.129/2015 permite que a Administração Pública utilize a arbitragem para resolução de conflitos relativos a direitos patrimoniais disponíveis.[222]

A Lei nº 13.140/2015 trata da autocomposição de conflitos em que for parte pessoa jurídica de direito público, propondo o procedimento para resolução consensual do conflito entre órgãos e entidades da Administração Pública, entre particulares e pessoas jurídicas de direito público, e ainda a transação por adesão.[223]

Brasil e em língua portuguesa, nos termos da Lei nº 9.307, de 23 de setembro de 1996, e a mediação, para dirimir conflitos decorrentes da sua execução ou a ela relacionados".

[221] "Art. 32. Os operadores portuários devem constituir em cada porto organizado um órgão de gestão de mão de obra do trabalho portuário, destinado a:
Art. 33. Compete ao órgão de gestão de mão de obra do trabalho portuário avulso:
I – aplicar, quando couber, normas disciplinares previstas em lei, contrato, convenção ou acordo coletivo de trabalho, no caso de transgressão disciplinar, as seguintes penalidades:
a) repreensão verbal ou por escrito;
b) suspensão do registro pelo período de 10 (dez) a 30 (trinta) dias; ou
c) cancelamento do registro;
Art. 35. O órgão de gestão de mão de obra pode ceder trabalhador portuário avulso, em caráter permanente, ao operador portuário.
Art. 37. Deve ser constituída, no âmbito do órgão de gestão de mão de obra, comissão paritária para solucionar litígios decorrentes da aplicação do disposto nos arts. 32, 33 e 35.
§1º Em caso de impasse, as partes devem recorrer à arbitragem de ofertas finais.
§2º Firmado o compromisso arbitral, não será admitida a desistência de qualquer das partes.
§3º Os árbitros devem ser escolhidos de comum acordo entre as partes, e o laudo arbitral proferido para solução da pendência constitui título executivo extrajudicial".

[222] "Art. 1º Os arts. 1º, 2º, 4º, 13, 19, 23, 30, 32, 33, 35 e 39 da Lei nº 9.307, de 23 de setembro de 1996, passam a vigorar com a seguinte redação:
'Art. 1º ....
§1º A administração pública direta e indireta poderá utilizar-se da arbitragem para dirimir conflitos relativos a direitos patrimoniais disponíveis.
§2º A autoridade ou o órgão competente da administração pública direta para a celebração de convenção de arbitragem é a mesma para a realização de acordos ou transações.' (NR)
'Art. 2º ....
§3º A arbitragem que envolva a administração pública será sempre de direito e respeitará o princípio da publicidade'".

[223] "Art. 1º Esta Lei dispõe sobre a mediação como meio de solução de controvérsias entre particulares e sobre a autocomposição de conflitos no âmbito da administração pública.
Art. 32. A União, os Estados, o Distrito Federal e os Municípios poderão criar câmaras de prevenção e resolução administrativa de conflitos, no âmbito dos respectivos órgãos da Advocacia Pública, onde houver, com competência para:

A Lei nº 13.303/2016 versa sobre a nova disciplina das contratações nas estatais e dispõe sobre adoção de regime público e privado, regulando novos procedimentos para o contrato administrativo nas empresas públicas e sociedades de economia mista. Dentro do seu espaço de regulação, mitiga prerrogativa, relacionada à alterabilidade por acréscimos e supressões nos contratos, que podem ser realizados desde que haja acordo entre as partes.[224]

E é possível citar ainda a aprovação recente do Projeto de Lei de Reforma da Lei de Licitações. O referido Projeto (nº 559/2013) revoga as Leis nº 8.666/93 (Lei de Licitações), nº 10.520/2002 (Pregão) e 12.462/2011 (Regime Diferenciado de Contratações), e busca viabilizar as relações público-privadas de interesse social geral, tendo sido aprovado em 13/12/2016 pelo Senado Federal, estando atualmente na Câmara de Deputados para análise e deliberação.

Nele se pode verificar avanços e retrocessos no ambiente licitacional, mas parece clara a direção no sentido da ampliação das bases consensuais, muito embora não se tenha incorporado um reposicionamento integral do regime de prerrogativas.

Custos foram acrescidos aos licitantes, sem contudo ter sido retirada a insegurança da utilização da unilateralidade prevista na Lei nº 8.666/93. Mas já é perceptível a atenuação do poder da Administração Pública de modificar ou não cumprir os contratos. A incorporação do consensualismo é evidente. O projeto aprovado prevê as seguintes novidades:

I – dirimir conflitos entre órgãos e entidades da administração pública;
II – avaliar a admissibilidade dos pedidos de resolução de conflitos, por meio de composição, no caso de controvérsia entre particular e pessoa jurídica de direito público;
III – promover, quando couber, a celebração de termo de ajustamento de conduta.
§3º Se houver consenso entre as partes, o acordo será reduzido a termo e constituirá título executivo extrajudicial.
Art. 34. A instauração de procedimento administrativo para a resolução consensual de conflito no âmbito da administração pública suspende a prescrição.
Art. 35. As controvérsias jurídicas que envolvam a administração pública federal direta, suas autarquias e fundações poderão ser objeto de transação por adesão, com fundamento em:
I – autorização do Advogado-Geral da União, com base na jurisprudência pacífica do Supremo Tribunal Federal ou de tribunais superiores; ou
II – parecer do Advogado-Geral da União".

[224] "Art. 68. Os contratos de que trata esta Lei regulam-se pelas suas cláusulas, pelo disposto nesta Lei e pelos preceitos de direito privado".

a) Estabelecimento de restrição à fiscalização do Tribunal de Contas da União, que somente poderá paralisar uma obra depois de demonstrar tecnicamente a vantagem na paralisação.[225]

b) Há a criação de nova modalidade no artigo 25 e seguintes, o "Diálogo Competitivo", que pressupõe que a Administração Pública poderá negociar diretamente com as empresas os termos do contrato e poderá pedir às empresas, antes da apresentação das propostas, ajustes para que se possa chegar a uma melhor proposta de preço ou a uma melhor solução técnica para o projeto, alternativas capazes de atender às necessidades de interesse público, devendo os licitantes apresentarem proposta final após o encerramento do diálogo. Esta modalidade é prevista para objetos tecnicamente complexos, seja sob o aspecto técnico ou de estrutura financeira ou jurídica do projeto.

c) Também trata da contratação obrigatória de seguro de até 30% o valor da obra para contratações de grande vulto, e de 5% a 20% para as contratações de menor vulto, para garantia da finalização da execução, em que a seguradora terá que pagar o seguro ou concluir a obra em caso de interrupção. A ampliação dos custos do negócio neste ponto parece evidente.

d) O projeto prevê que a obra não possa ser iniciada sem o estabelecimento de um projeto completo, básico e executivo, e

---

[225] "Também na linha de ampliação da segurança jurídica do contrato, foram incorporadas no PLS as condições de paralisação hoje observadas pelo TCU, no caso de constatação de irregularidade insanável no procedimento licitatório ou na execução contratual. Nessas hipóteses, o art. 101 condiciona a decisão sobre a paralisação da obra ao interesse público objetivamente considerado à luz dos seguintes aspectos: (i) impactos econômicos e financeiros decorrentes do atraso na fruição dos benefícios do empreendimento; (ii) riscos sociais, ambientais e à segurança da população local decorrentes do atraso na fruição dos benefícios do empreendimento; (iii) motivação social e ambiental do empreendimento; (iv) custo da deterioração ou perda das parcelas executadas; (v) despesas necessárias à preservação das instalações e serviços já executados; (vi) despesas inerentes à desmobilização e ao posterior retorno às atividades; (vii) medidas efetivamente adotadas pelo titular do órgão ou entidade para o saneamento dos indícios de irregularidades apontados; (viii) custo total e o estágio de execução física e financeira dos contratos, convênios, obras ou parcelas envolvidas; (ix) empregos diretos e indiretos perdidos em razão da paralisação; (x) custos para realização de nova licitação ou celebração de novo contrato; e (xi) custo de oportunidade do capital durante o período de paralisação. Caso a paralisação não se revele como medida de interesse público, o contrato prosseguirá, resolvendo-se o assunto via cobrança de indenização por perdas e danos, sem prejuízo da aplicação de penalidades e da apuração de responsabilidades". (BICALHO, Alécia Paolucci Nogueira; PEREIRA, Flávio Henrique Unes. As mudanças na nova Lei de Licitações e Contratos. *JOTA*, 19 dez. 2016. Disponível em: <https://jota.info/especiais/mudancas-na-nova-lei-de-licitacoes-e-contratos-19122016>. Acesso em: 02/02/2017.)

permite que estes possam ser elaborados pela mesma empresa, afastando o conceito de projeto básico com baixa especificação que possibilitava a deflagração da licitação, mas comprometia a execução do contrato.

e) Uma outra inovação importante e que se alinha com o proposto na tese é a exigência de matriz de riscos para definir de forma clara e objetiva as responsabilidades do Poder Público e do contratado sobre os diferentes riscos do negócio. Inserida no inciso XXV do artigo 5º e nos artigos 19 e 90, consiste em cláusula contratual que define riscos e responsabilidades do contratante e contratado, privilegiando o equilíbrio econômico-financeiro inicial do contrato.[226]

f) Trata de um bônus de eficiência, no qual o Poder Público poderá pagar um prêmio para as situações de adimplemento antecipado de obrigações.

g) Também importante é a instituição, no ambiente da Lei Geral de Licitações, do PMI – Procedimento de Manifestação de Interesse, em que o Poder Público poderá permitir que empresas elaborem projetos para concorrências e que os vencedores da disputa possam adquirir o projeto após a disputa, mediante pagamento, assegurando ainda que a própria empresa que elaborou o projeto possa participar da disputa. Consiste na possibilidade de a Administração Pública

---

[226] Sobre os ônus financeiros decorrentes de fatos supervenientes, o projeto lista situações que devem ser observadas para viabilizar a alocação do risco: (a) relação de possíveis eventos supervenientes ao contrato que podem refletir no equilíbrio econômico-financeiro; (b) determinação das partes do objeto onde será possível que o contratado inove em soluções metodológicas ou tecnológicas; (c) definição dos espaços de objeto que não estão sujeitos a inovações em soluções metodológicas ou tecnológicas. Ainda, Alécia Paolucci Nogueira Bicalho e Flávio Henrique Unes Pereira afirmam que "o valor estimado da contratação poderá considerar taxa de risco compatível com o objeto da licitação e os riscos atribuídos ao contratado. (...) O §3º do art. 90 assegura – como condição inerente à natureza comutativa e bilateral de qualquer contrato – *a quantificação da distribuição de riscos contratuais, para fins de projeção dos reflexos de seus custos no valor estimado da contratação*. Além disso, a alocação de riscos deve ser eficiente e estabelecer a responsabilidade atribuída a cada parte, além de prever mecanismos que *afastem a ocorrência do sinistro e mitiguem seus efeitos*, caso ocorra, ao longo da execução do contrato. Tais regras, a serem refletidas no contrato, serão consideradas em relação à: recomposição da equação econômico-financeira do contrato, nas hipóteses em que o sinistro seja considerado na matriz como causa de desequilíbrio não suportada pelas partes". (BICALHO, Alécia Paolucci Nogueira; PEREIRA, Flávio Henrique Unes. As mudanças na nova Lei de Licitações e Contratos. *JOTA*, 19 dez. 2016. Disponível em: <https://jota.info/especiais/mudancas-na-nova-lei-de-licitacoes-e-contratos-19122016>. Acesso em: 02/02/2017.)

solicitar à iniciativa privada a realização de estudos, investigações, levantamentos e projetos, na forma de regulamento.

h) O projeto também internaliza a arbitragem, prevendo sua utilização em caso de litígio.

i) O texto mitiga a prerrogativa relacionada à restrição da exceção do contrato não cumprido, pois reduz o prazo de suspensão dos pagamentos de 90 (noventa) para 45 (quarenta e cinco) dias.

j) Também há inclusão, entre os princípios da licitação, eficácia, motivação, segurança jurídica, razoabilidade, competitividade, proporcionalidade, celeridade, economicidade e sustentabilidade.

k) O texto incorporou a regra geral de inversão das fases, que foi inaugurada no ordenamento jurídico pelo pregão e foi mantida nas concessões e no regime diferenciado de contratação.

l) Buscou-se otimizar no artigo 16 o conteúdo da fase preparatória da licitação, através de obrigatório planejamento, de modo a evitar inexecuções contratuais.

m) Numa ampliação consistente do diálogo e consenso, o projeto possibilita no artigo 24 a discussão entre a Administração Pública e os interessados, ainda durante a fase de planejamento da licitação, autorizando o Poder Público a realização de audiência pública e de consulta pública, com disponibilização de todos os elementos e projetos aos interessados, para exame e sugestões, possibilitando que dúvidas e inconsistências possam ser discutidas e sanadas por terceiros de boa-fé.

n) Inovou-se na inserção da contratação semi-integrada, que já era prevista no artigo 42, inciso V, da Lei nº 13.303/2016, e que prevê que o contratado fica responsável pela elaboração e o desenvolvimento do projeto executivo e do projeto básico (denominado projeto completo), levando-se em consideração a essencialidade de sua *expertise*.

o) A mutabilidade do contrato aparece no projeto de reforma da Lei de Licitações na previsão contida no parágrafo 9º do artigo 40, de alteração do projeto completo na contratação semi-integrada, desde que demonstrada a superioridade das inovações, seja pela redução de custos, ou pelo aumento da qualidade, ou pela redução do prazo de execução, ou ainda pela manutenção da execução.

p) Há, também, um esforço para privilegiar a segurança jurídica em diferentes espaços.[227]

q) Por fim, a proposta limita a modificação unilateral, pois proíbe que a Administração Pública proceda a alteração dos valores contratuais na contratação integrada, excetuando-se para recomposição do equilíbrio econômico-financeiro nas hipóteses de caso fortuito ou força maior ou por necessidade de alteração do projeto ou das especificações para melhor adequação técnica ao objeto do contrato.

São diferentes disciplinas normativas, a regular diferentes realidades jurídicas, mas em todas é nítida a alteração do contexto da relação jurídica contratual. A imperatividade cede lugar ao consensualismo e pode ser observado um deslocamento da posição de subordinação no negócio jurídico. Abandona-se a perspectiva de interesses secundários da Administração Pública como eixo central do contrato para tratar de interesses públicos como ponto de superioridade jurídica no contrato administrativo.

Essa perspectiva decorre da compreensão de que o contrato é administrativo porque o objeto é de interesse público, como o serviço público, e não porque a Administração Pública é parte. Contrato administrativo é administrativo pelo seu objeto e não pela parte ser a Administração Pública. Esse é o embate entre prerrogativas pelo viés da soberania e prerrogativas relacionadas a uma função social de servir.[228]

---

[227] "Duas providências previstas nos §§11 e 12, respectivamente, do art. 102, ampliam a *segurança jurídica* nos contratos, em favor do contratado: (a) a extinção do contrato deixa de configurar óbice para o reconhecimento do desequilíbrio econômico financeiro do contrato requerido durante sua vigência, que será concedido mediante indenização por termo indenizatório; (b) o aditivo formalizado é condição da execução das prestações determinadas pela Administração no curso da execução do contrato, podendo seus efeitos ser antecipados, mediante justificativa, sem prejuízo da formalização no prazo máximo de trinta dias". (BICALHO, Alécia Paolucci Nogueira; PEREIRA, Flávio Henrique Unes. As mudanças na nova Lei de Licitações e Contratos. *JOTA*, 19 dez. 2016. Disponível em: <https://jota.info/especiais/mudancas-na-nova-lei-de-licitacoes-e-contratos-19122016>. Acesso em: 02/02/2017.)

[228] Fernando Menezes de Almeida aponta que essa já era a leitura de Jèze e que na própria França do início do século XX havia um embate sobre o fundamento do direito administrativo, entre a escola do serviço público e escola da soberania (*puissance publique*). A ideia era, de um lado, justificar um regime especial para a Administração Pública, porque ela é soberana ou porque ela é prestadora de serviços públicos e precisava para melhor desempenhar sua função de um regime diferente e especial. O autor aponta que o fundamento é diferente. Para o autor o regime especial se justifica não porque a Administração Pública é superior, mas porque é subordinada a servir. Esse é o embate

E esse embate aparece com volume, força e corpo nos contratos de concessão de serviço público. É dentro desse contrato que mais tem havido alteração no regime de forças entre o Poder Público contratante e o contratado no desenvolvimento do negócio jurídico. Não se nega que contrato administrativo é a figura que a Lei nº 8.666/93 estabelece, mas não é a única figura. Ou não se apresenta somente nessa dimensão. Ao se distanciar da figura contratual específica organizada na Lei nº 8.666/93 e analisar todas as legislações editadas no século XXI sobre o assunto, apresenta-se insustentável a teoria que defende as prerrogativas contratuais exclusivamente pelo fato de a Administração Pública ser parte no contrato.

Se o contrato administrativo tem prerrogativas definidas não pela presença da Administração Pública e sim pela necessidade de interesse público e pelo objeto de serviço público, esse é o deslocamento da posição de subordinação no contrato, e o novo eixo para uma teoria disruptiva com o modelo tradicional de autoridade.

O modelo disruptivo coloca o interesse público no centro da relação contratual e não estabelece posição jurídica privilegiada *a priori* para a Administração Pública contratante. O uso racional das prerrogativas contratuais não está ligado à pessoa contratante, e sim ao objeto contratado. Nada impede que o signo a denominar os acordos com a Administração Pública seja contrato, mas já não é mais possível exigir a unicidade de regime da Lei nº 8.666/93 para todos os acordos administrativos.

A alteração da posição de subordinação no contrato para superioridade do interesse público exige regimes variáveis conforme o objeto e adoção de prerrogativas de autoridade quando for necessário ao interesse público. A calibragem desse novo contexto opera-se num equilíbrio delicado entre autoridade e paridade. E há muito por se construir.

---

entre prerrogativas pelo viés da soberania e uma função social de servir. Nesse sentido entende que a explicação de Jèze tem relação com a linha da escola do serviço público. Essa explicação caiu no gosto dos administrativistas e foi distorcida para dizer que o contrato tem características especiais porque a Administração Pública é parte e ela é soberana. Os autores depois de Jèze (1920) na década de 1930, 1940, 1950, sustentam essa tese e as prerrogativas, prevalecendo a explicação de contrato administrativo em que a Administração Pública é parte e por ser parte é soberana e pode agir unilateralmente e que a outra parte tem que se subordinar. (ALMEIDA, Fernando Dias Menezes de. *Contrato administrativo*. São Paulo: Quartier Latin, 2012. p. 54 *et seq.*)

Em verdade se pretende uma nova interação entre o cidadão e a Administração Pública, um aperfeiçoamento do canal de diálogo e transações múltiplas das partes, de tal forma a propiciar maior estabilidade nas relações entre Estado e sociedade e por fim a litígios que, em regra, arrastam-se por anos até o pronunciamento do Poder Judiciário. Ao longo desse tempo, não raro o atendimento do interesse público é postergado e a Administração Pública condenada a indenizar os danos causados ao particular por violação ao compromisso negocial assumido.

Mas é importante destacar que para a preservação do interesse público, pela satisfação do bem comum, a face imperativa do Estado não pode simplesmente desaparecer. Não se pode olvidar que a simples somatória de interesse individuais não resulta necessariamente em um interesse público e que a vinculação à dignidade da pessoa humana é determinante para a satisfação do bem-estar coletivo.

O que muda é que a imperatividade não mais será o modo principal de atuação do Estado e a solução lógica para os conflitos de interesse. A imperatividade cede lugar ao consenso como alternativa viável à solução de conflitos. Nesse ponto o reposicionamento das prerrogativas públicas é inevitável.[229]

O desafio então é estabelecer estas fronteiras. Identificar o limite da imperatividade em face do consenso. Ou o limite do consenso em face da imperatividade, especialmente em se tratando de contratos de concessão, por natureza multipolares, que possuem diferentes agentes interagindo na relação contratual.

O alargamento do campo do contrato administrativo ocasiona uma extraordinária ampliação do *campus* contratual das autoridades públicas. Casalta Nabais explica que a lógica de um contrato de subordinação foi progressivamente se afastando do princípio da tipicidade, com sua definição por critérios materiais, exclusivos ou dominantes, como o critério do serviço público e o critério dos elementos exorbitantes, e o contrato passou a ser uma figura paralela ao ato administrativo.

---

[229] De todo modo, Diogo de Figueiredo Moreira Neto afirma que a face imperativa do poder só deve aparecer quando absolutamente necessário e no que for absolutamente indispensável ao interesse público. (MOREIRA NETO, Diogo de Figueiredo. *Mutações do direito administrativo*. Rio de Janeiro: Editora Renovar, 2000. p. 37-48.)

Essa realidade exige uma racionalidade mais próxima do caso concreto e mais alinhada com a proposta de deslocamento da posição de subordinação dentro do contrato administrativo.[230] Exige a leitura do contrato administrativo a partir do conceito de relação jurídica, e não como uma relação de subordinação.

A explicação para essa virada paradigmática encontra respaldo no texto constitucional (exatamente pela inexistência de um poder preexistente à Constituição, justificador de uma relação de subordinação pré-jurídica, abstrata e geral para a Administração Pública).

O regime de prerrogativas traz consigo vinculações especiais de direito público, as quais não implicam necessariamente num poder preexistente à própria relação contratual ou desequilibrador da relação contratual.

Se não se admite substituição do modelo de prerrogativas públicas contratuais, mas reposicionamento da sua condição e existência para o contrato administrativo, faz-se necessário um repensar do contrato administrativo como um todo, o que significa uma alteração da visão de desigualdade jurídica na relação negocial, além do enquadramento subsidiário das prerrogativas públicas à negociação.

A posição de superioridade da Administração Pública no contrato deve ser revista para ser interpretada como superioridade do interesse público, deslocando-se o eixo da discussão, por exemplo, inclusive para justificar áleas extraordinárias da Administração Pública e reequilíbrio econômico financeiro em favor da Administração Pública.

Em outras palavras, sustenta-se a hipótese de prerrogativas e sujeições na relação contratual como *condições do interesse público*, e não como atributos do contratante ou direitos do contratado. Quando o interesse público determinar, haverá exercício destas condições pelas partes. A ideia de paridade nesse ponto parece mais equilibrada ao conjunto de garantias de direito público historicamente construídas na doutrina francesa e influenciadoras do direito positivo contratual brasileiro.

Significa estabelecer que as prerrogativas não são prerrogativas públicas que pertencem à Administração Pública, mas consequências

---

[230] CASALTA NABAIS, José. *Contratos fiscais*. Coimbra: Coimbra Ed., 1994. p. 9-84.

da relação jurídica negocial, apresentando-se subsidiariamente à negociação, nas hipóteses onde a autoridade é necessária para a salvaguarda dos interesses públicos que levaram ao contrato administrativo. O reposicionamento das prerrogativas as coloca não mais como competências pertencentes à Administração Pública, mas como consequências da relação jurídica contratual.

É esse regime jurídico especial, que dota a Administração Pública de prerrogativas, de poder e autoridade em face do particular contratado, que passa atualmente por uma profunda revisão.

A revisão ocorre baseada nas duas situações antes analisadas: um reposicionamento do papel das prerrogativas no contrato e a formação de um novo modelo de Administração Pública, consensual, paritária ao particular. Essa nova forma de administrar prega a necessidade de reciprocidade de concessões entre a Administração Pública e os particulares.

PARTE III

CONSENSUALISMO E ADMINISTRAÇÃO PÚBLICA PARITÁRIA E RELACIONAL

> *As incertezas decorrentes de mudanças econômicas, tecnológicas e políticas, cada vez mais rápidas, fizeram, todavia, com que o Direito Administrativo não mais pudesse deixar de reconhecer a crescente importância do aleatório, atribuindo-lhe efeitos específicos para, conforme o caso, rever o contrato ou rescindi-lo, diante de dificuldades novas e imprevistas para a sua execução. Como a rescisão sempre tem efeitos negativos, importando prejuízos para ambas as partes, foi introduzida nos contratos de Direito Administrativo uma nova variante, que é a chamada "flexibilidade" (souplesse do Direito francês), significando uma interpretação construtiva e negociada do pactuado, para preencher os eventuais espaços vazios e superar as dificuldades geradas por normas que não previram os fatos da maneira pela qual aconteceram.*[231]

O consensualismo desenvolve-se no século XXI como alternativa a uma relação jurídica administrativa verticalizada e unilateral e como reflexo do ambiente de crise e de crítica ao modelo contratual de autoridade.

---

[231] WALD, Arnold. As novas tendências do direito administrativo: a flexibilidade no mundo da incerteza. *Revista de Direito Administrativo*, Rio de Janeiro, nº 202, p. 44, out./dez. 1995.

Como já mencionado, essa crise e crítica originam-se do aumento de complexidade dos contratos administrativos, da impossibilidade de se uniformizar um regime jurídico a todas as formas contratuais e da própria complexidade do fenômeno contratual.

Nesse contexto, destacou-se que a Administração Pública contemporânea se orienta segundo uma relação de autoridade nas relações contratuais, mas já há exemplos significativos na legislação quanto a uma postura consensual, negocial, especialmente considerando o regime jurídico das Parcerias Público Privadas. Essas duas dimensões se inter-relacionam, complementando-se.

É perceptível, no espaço dos contratos de longa duração, a assunção de um novo modelo paritário Estado-Sociedade, contextualizando os problemas da realidade atual.

Todavia, ao passo que há a constatação de que o modelo atual de relação administrativa contratual precisa ser reformulado, há também receio significativo de perda das bases de sustentação de autoridade nas relações contratuais, com aprisionamento da Administração Pública a uma situação muitas vezes de refém do contratado no negócio jurídico. O equilíbrio entre autoridade e consenso, e o deslocamento da verticalidade para situações episódicas, descaracterizando um regime geral de prerrogativas, parece ser um caminho possível.

Por isso, os novos limites às prerrogativas públicas passam necessariamente pela revisão do modelo de autoridade, de prerrogativas e de supremacia abstrata do interesse público, e sobretudo por um olhar do contrato administrativo como categoria do direito, em que pode ser possível sustentar um princípio de liberdade de eleição entre o direito público e o direito privado nas relações contratuais.

A Administração Pública está em mudança. Reflexos da necessidade dessa reformulação já estão sendo sentidos nos seus diferentes espaços jurídicos e as Leis de Arbitragem bem demonstram essa realidade.[232] E se trata de uma realidade de interpenetração público-privado, no direito administrativo em geral e no ambiente dos contratos administrativos em especial.

---

[232] Lei nº 13.129/2015 e Lei nº 13.140/2015.

CAPÍTULO 1

COOPERAÇÃO E RELAÇÕES CONTRATUAIS MULTILATERAIS E RELACIONAIS: A CONSTRUÇÃO DE UMA TEORIA CONTRATUAL ADMINISTRATIVA MENOS FOCADA NA COLISÃO ENTRE INTERESSES PÚBLICOS E PRIVADOS E MAIS VOLTADA À VISÃO DO CONTRATADO COMO PARCEIRO

Reformar o Estado pressupõe identificar com clareza as formas de atuação do Estado. Trata-se de uma tarefa técnica, mas com ampla repercussão política e prática.[233]

O século XXI desenvolve-se sobre um alargamento do campo da contratualização administrativa. Essa ampliação exige reciprocidade de concessões entre a Administração Pública e os particulares e nesse ponto o consensualismo aparece com força e significado.

A contratação pública assumiu um papel de relevância na administração contemporânea em substituição ou complementação às tradicionais formas unilaterais de ação administrativa, de modo que

---

[233] MODESTO, Paulo. Reforma do Estado, formas de prestação de serviços ao público e parcerias público-privadas: demarcando as fronteiras dos conceitos de "serviço público", "serviços de relevância pública" e "serviços de exploração econômica" para as parcerias público-privadas. In: SUNDFELD, Carlos Ari (Coord.). *Parcerias Público-Privadas*. São Paulo: Malheiros Editores, 2005. p. 433.

tornou-se corriqueira a referência à ideia do exercício da atividade governamental por meio dos contratos em diferentes ordenamentos.[234]

Nesse sentido Jody Freeman e Martha Minow desenvolvem que o Estado na contemporaneidade se apresenta como um *contracting state*, pelo fato de interiorizar um modo de ação a partir do contrato como forma de realização de seus fins institucionais.[235]

Para Pedro Costa Gonçalves a contratação pública assumiu papel decisivo na reconfiguração do papel do Estado e no estabelecimento de pontes de cooperação com as entidades privadas, em que, através da parceria com agentes privados, o Estado passa a ter condições de alcançar os fins públicos definidos na Constituição.[236]

Trata-se não apenas de novo modo de gestão da relação jurídico-administrativa, mas de uma ressubstancialização do próprio Estado, que passa à condição de Estado cooperativo, reencontrado com a sociedade civil para a satisfação dos direitos fundamentais. Essa análise coloca o consenso no âmbito negocial administrativo como elemento reestruturador da democracia.

Ou seja, estabelece um novo fundamento de legitimação democrática, pautado na lógica da ponderação de interesses e da participação popular. Os defensores dessa lógica apontam para uma Administração Pública negocial. A cooperação passa a ser o fundamento para a realização de políticas públicas materializadoras de direitos fundamentais.

Cabe aqui o destaque da doutrina de Marçal Justen Filho, que defende um direito administrativo personalizado, entendendo que a administração não é um valor em si mesmo e que o núcleo do direito administrativo não é o poder, mas a realização dos direitos fundamentais.[237]

---

[234] BREUS, Thiago Lima. *O governo por contrato(s) e a concretização de políticas públicas horizontais como mecanismo de justiça distributiva*. 2015. 277 f. Tese (Doutorado em Direito) – Programa de Pós-Graduação em Direito da Universidade Federal do Paraná, Curitiba, 2015. p. 3-5.

[235] FREEMAN, Jody; MINOW, Martha. Reframing the Outsourcing Debates. In: FREEMAN, Jody; MINOW, Martha. *Outsourcing and American Democracy*. Cambridge; London: Harvard University Press, 2009. p. 16-17.

[236] GONÇALVES, Pedro Costa. *Entidades privadas com poderes públicos*: o exercício de poderes públicos de autoridade por entidades privadas com funções administrativas. Coimbra: Almedina, 2008. p. 330-332.

[237] JUSTEN FILHO, Marçal. *Curso de direito administrativo*. São Paulo: Saraiva, 2005. p. 47.

A presença dos cidadãos no processo de tomada de decisão administrativa através da participação se apresenta como efeito da moderna concepção da relação Estado-sociedade, com reciprocidade na coordenação entre os atores.[238]

Muitos defendem que essa nova relação Estado-sociedade demanda a mudança paradigmática do direito público de forma a permitir uma nova forma de gestão pública, horizontalizada, flexibilizada, na qual o processo de tomada de decisão e a decisão administrativa em si passam a ser resultado das negociações entre o Estado e a sociedade civil.

O pressuposto de atingimento dos fins do Estado passa agora pela cooperação mútua entre Estado e sociedade, assim como essa cooperação passa a ser fundamento de legitimação democrática. Desse novo modelo é que surge a necessidade de diálogo entre Estado e sociedade por meio de mecanismos ordenadores da participação democrática.

Nesse sentido Odete Medauar assinala que há um novo paradigma, em que se pretende a substituição da centralização e do monolitismo de centros de poder para um modelo de atuação por cooperação, com grande ênfase à consensualidade.[239]

A mesma autora ainda destaca que a perspectiva unidimensional marcada pela relação "Estado-Súdito", no qual o indivíduo é possuidor de direitos *para com* o Estado e não *em frente* ao Estado vem progressivamente sendo repensada para uma perspectiva bidimensional, marcada pela relação "Estado-cidadão", em que se estabelece direitos e deveres para o Estado e para o cidadão.

Nesse sentido, Diogo de Figueiredo Moreira Neto também aponta que o Poder Público vai além de estimular condutas privadas de interesse público, passando a estimular a criação de soluções privadas de interesse público, em que o consenso é a opção, em lugar da coerção. Esse novo modelo o autor denomina de Estado de Juridicidade Plena.[240]

---

[238] OLIVEIRA, Gustavo Justino de. *Contrato de gestão*. São Paulo: RT, 2008. p. 30.
[239] MEDAUAR, Odete. *O direito administrativo em evolução*. São Paulo: Revista dos Tribunais, 2003. p. 25.
[240] MOREIRA NETO, Diogo de Figueiredo. *Mutações do direito administrativo*. Rio de Janeiro: Renovar, 2000. p. 37-48.

O autor aponta para uma tendência de adoção de formas consensuais motivada em garantias contra abuso de autoridade, aumento do potencial criativo, redução de custos, aumento da legitimidade e da qualidade decisória e melhor aceitabilidade das decisões. Desenvolve que o aumento da complexidade na relação Estado-sociedade exige a colaboração do particular e que a dimensão de um Estado "suficiente" exige mecanismos consensuais.[241]

Na mesma linha de análise, Odete Medauar relata que o Poder Público passa a usar com frequência instrumentos consensuais como fatores de relativização da imperatividade e que a abertura do Estado para o consensualismo naturalmente acarretou a substituição de mecanismos unilaterais por outros participativos. Para a autora, as matrizes clássicas do direito administrativo foram elaboradas na segunda metade do século XIX e hoje se evidencia um desajuste, o qual ainda não alcançou os tratados de direito administrativo mais profundamente, mas já é uma realidade.[242]

Essa visão viabiliza, na análise de Sabino Cassese, o fortalecimento da negociação no ambiente da Administração Pública, através de mecanismos de consenso. Aponta que na contemporaneidade a negociação assume o lugar do procedimento, havendo também uma alteração da tipicidade pela liberdade das formas e da permuta em lugar da ponderação.[243]

No entendimento de Eduardo García de Enterría e Tomás-Ramón Fernández, para a Administração Pública a negociação passa a representar instrumento imprescindível para a gestão pública.[244]

Gaspar Ariño Ortiz aponta que as transformações na contemporaneidade produzem a noção de um Estado contratual, com progressiva utilização de instrumentos negociais firmados entre o Estado e entidades privadas para a obtenção do interesse público, havendo prevalência destes instrumentos sobre práticas que

---

[241] *Ibid.*
[242] MEDAUAR, Odete. *O direito administrativo em evolução*. São Paulo: Revista dos Tribunais, 2003. p. 210 *et seq.*
[243] CASSESE, Sabino. La arena pública: nuevos paradigmas para el Estado. In: CASSESE, Sabino. *La crisis del Estado*. Buenos Aires: Abeledo Perrot, 2003. p. 157.
[244] FERNÁNDEZ, Tomás-Ramón; GARCÍA DE ENTERRÍA, Eduardo. *Curso de derecho administrativo*. 9. ed. Madrid: Civitas, 1999. v. 1, p. 663.

privilegiavam a autoridade e imposição unilateral nos processos de tomada de decisão pelo Estado.[245]

Busca-se um Estado cooperativo, permeado de relações emancipatórias com a sociedade civil, em que a cooperação aparece como fundamento de realização de políticas públicas materializadoras de direitos.

E a Administração Pública passa a ocupar uma função constitutiva na sociedade, em que contratos multilaterais e relacionais possibilitam um relacionamento entre o Poder Público contratante e o contratado menos focado na colisão entre interesses públicos e privados e mais focado na visão de parceria.

De fato, a Administração Pública na contemporaneidade assume função constitutiva na realização dos direitos fundamentais. Essa função constitutiva parte da premissa de um relacionamento colaborativo Estado-sociedade.

A crescente contratualização administrativa e a necessidade de atendimento das demandas de interesse público num ambiente de complexidade exige um direito administrativo menos focado na colisão entre interesses públicos e privados e mais focado na visão do contratado como parceiro. A parceria Estado-mercado-sociedade civil passa a ser uma marca dos novos tempos.

E os contratos de longa duração assumem um protagonismo significativo nesse ambiente de parceria e colaboração. São os diferentes módulos convencionais os instrumentos para a prestação de serviços públicos, em especial nas áreas de energia, logística de transporte e infraestrutura.

Mas cabe anotar que as relações administrativas decorrentes desses contratos não se encaixam no modelo bilateral ou trilateral tradicional. Tratam-se de relações multipolares, que exatamente por essa natureza constituem-se multilateralmente em diferentes parcerias com o Estado. Nesse sentido, destaca-se Sabino Cassese, para quem as transformações que atingem o Estado colocam em discussão todas as suas bases clássicas, e há uma orientação para o fortalecimento da negociação na esfera da Administração Pública,

---

[245] ARIÑO ORTIZ, Gaspar. El retorno a lo privado: ante una nueva encrucijada histórica. In: ARINO ORTIZ, Gaspar (Org.). *Privatización y liberalización de servicios*. Madrid: Universidad Autónoma de Madrid, 1999. p. 26.

substituindo-se o paradigma bipolar Estado-cidadão pelo paradigma multipolar.[246]

Cabral de Moncada pontua que nem todas as relações jurídicas administrativas são bilaterais e que muitas se apresentam como multipolares ou complexas, exatamente porque a Administração Pública não entra em contato apenas com o destinatário direto de sua atividade, mas produz efeitos indiretos ou diretos com diversos centros de imputação de direitos e de interesses coletivos.[247]

E mais adiante o autor assinala que as relações multilaterais evidenciam a realidade de contato da Administração Pública no desenvolvimento da sua atividade que visa concretizar direitos econômicos, sociais e culturais, "com uma multiplicidade de sujeitos de direito em diversas posições para além dos destinatários diretos de seus comandos jurídicos", em que decorrem efeitos não apenas para os destinatários diretos, mas também para "uma multidão de terceiros, que assim se veem afetados nos seus direitos ou interesses".[248]

Ou seja, na contemporaneidade, a Administração Pública busca constituir direitos na sociedade civil através de relações mais paritárias, colaborativas, de coordenação e conciliação entre interesses públicos e privados. E o faz, em muitas situações, pela via de parcerias multilaterais em contratos de longa duração.[249]

---

[246] CASSESE, Sabino. La arena pública: nuevos paradigmas para el Estado. In: CASSESE, Sabino. *La crisis del Estado*. Buenos Aires: Abeledo Perrot, 2003. p. 159.

[247] CABRAL DE MONCADA, Luís S. *A relação jurídica administrativa*: para um novo paradigma de compreensão da actividade, da organização e do contencioso administrativos. Coimbra: Coimbra Editora, 2009. p. 16.

[248] CABRAL DE MONCADA, Luís S. *A relação jurídica administrativa*: para um novo paradigma de compreensão da actividade, da organização e do contencioso administrativos. Coimbra: Coimbra Editora, 2009. p. 28.

[249] Francisco Paes Marques afirma que "as relações jurídicas multipolares nasceram com o Estado liberal, não obstante em moldes bastante embrionários, e já numa fase tardia deste período histórico, obtendo progressivo conhecimento e aprofundamento, quer no Estado social, quer no Estado social providência, à medida que as estruturas sociais se foram complexificando". E mais à frente o autor destaca que "os deveres de protecção dos direitos fundamentais postulam também uma específica missão, a desenvolver pela função administrativa, através do mandato de conformação multipolar, que pode ser definido como a concessão de competência jurídica à Administração Pública, resultante da Constituição e da lei, destinada à conformação do exercício de interesses privados conflitantes, mediante a adopção de um regime jurídico-administrativo. A natureza das posições jurídicas detidas pelos sujeitos privados, participantes numa relação jurídica multipolar, depende apenas da solução encontrada". (MARQUES, Francisco Paes. As relações jurídicas administrativas multipolares: contributo para a sua compreensão substantiva. Coimbra: Editora Almedina, 2011.)

Tais contratos são por sua própria natureza incompletos, não sendo possível ao Estado a previsibilidade de todas as relações em toda a extensão e prazo contratual. Há de fato uma impossibilidade de presentificar o futuro que peculiariza o contrato de concessão e ao mesmo tempo o habilita para o ambiente de complexidade contemporâneo, exatamente pelo reconhecimento da insuficiência regulatória do Estado *a priori* no contrato e pela possibilidade de se construir e desvelar o contrato durante a sua execução.

As demandas de interesse público sofrem alterações e influxos de fatores econômicos, geopolíticos, sociais, ambientais, tecnológicos, sanitários e até concorrenciais. O contrato de concessão como instrumento de satisfação dessas demandas sociais não resta incólume e por elas é afetado. A adaptabilidade aos cenários mutáveis do porvir capacita o contrato de concessão a interagir nesse espaço complexo, buscando inclusive um enquadramento da realidade.

Todavia, há certa razão utópica na afirmação de que o contrato administrativo fornece enquadramento da realidade econômica e estabilidade.[250] O ambiente de complexidade dos contratos de longa duração e a impossibilidade de presentificar todas as suas relações futuras demonstra uma insuficiência intrínseca e uma necessária discussão sobre as fontes de regulação dos contratos administrativos na contemporaneidade.[251]

Nos contratos administrativos de longa duração, regras jurídicas têm origem em aspectos extrajurídicos que na realidade atual necessariamente precisam ser considerados, como por exemplo a taxa de retorno do investimento.[252]

---

[250] VAZ, Manuel Afonso. *Direito econômico*. 4. ed. Coimbra: Coimbra Editora, 1998. p. 83.
[251] Nesse sentido Cabral de Moncada afirma que o pluralismo jurídico em sua origem e em seus princípios gera consequências relevantes para a compreensão do direito administrativo, pois diante de um sistema judicial plural, fragmentado e com valores distintos, a aplicação dos princípios e normas jurídicas aos casos concretos só pode ser realizada por meio da ponderação, em que só se mantém aquilo que for compatível com os valores e bens jurídicos tutelados pelo princípio geral ou pela norma. (CABRAL DE MONCADA, Luís S. *Autoridade e liberdade na teoria do ato administrativo*. Coimbra: Coimbra Editora, 2014. p. 171.)
[252] Renata Faria Silva Lima sustenta o regime de reposição do equilíbrio econômico-financeiro do contrato administrativo através do funcionamento da taxa interna de retorno (TIR). (LIMA, Renata Faria Silva. *Equilíbrio econômico-financeiro contratual*: no direito administrativo e no direito civil. Belo Horizonte: Del Rey, 2007. p. 201 *et seq.*). Sobre o assunto ver também JUSTEN FILHO, Marçal. Considerações sobre a equação econômico-financeira das concessões de serviço público: a questão da TIR. In: MOREIRA, Egon Bockmann (Coord.). *Contratos administrativos, equilíbrio econômico-financeiro e a taxa*

A visão do contratado como parceiro e não como litigante é muito factível nos contratos de longo prazo para prestação de serviços públicos. E nesse ponto a noção de contratos relacionais aplicada à teoria contratual administrativa fornece respostas a princípio mais compatíveis com a natureza jurídica desses contratos e com a proposta de parceria entre Estado e sociedade civil.

Há uma clara combinação entre a lógica processual dos contratos de concessão e a teoria relacional e essa combinação produz claramente outro ambiente de negócio jurídico e a visão do contratado como um parceiro para a satisfação do bem comum.

Contratos relacionais são aqueles que naturalmente não têm uma estruturação jurídica pré-configurada, que demandam uma mutabilidade. A *pacta sund servanda* não se aplica da mesma forma que na figura tradicional do contrato de fornecimento.

Evoluem e se alteram de acordo com o passar do tempo e com as demandas e pressupõem financiamento de projetos e não da pessoa contratante, com garantias da contratação que não são subjetivas, mas objetivas, nas quais o que lastreia o financiamento é a garantia da viabilidade do projeto. Não se trata de um contrato que pode ser fotografado integralmente, pronto e acabado. É contrato subjetivamente oco, pois vai completando-se de acordo com as demandas que se apresentam na própria execução contratual.[253]

Sobre esses contratos Ronaldo Porto Macedo desenvolve uma teria contratual relacional, afastando-se dos contratos descontínuos da Lei nº 8.666/93 e trabalhando a figura dos contratos relacionais, insistindo numa mudança epistemológica jurídica que sustenta uma teoria do direito contratual relacional e critica os limites da teoria contratual clássica, fundada na descontinuidade. A teoria relacional analisa o contrato como prática ligada à sociedade[254] e isso muito se identifica com a proposta de função constitutiva da Administração Pública.

---

interna de retorno: a lógica das concessões e parcerias público-privadas. Belo Horizonte: Fórum, 2016. p. 425: "A TIR consiste num cálculo para determinar a rentabilidade estimada do empreendimento. Importa aplicar uma taxa para padronizar os valores de receitas e desembolsos, independe do momento previsto para sua ocorrência".

[253] MACEDO JR, Ronaldo Porto. *Contratos relacionais e defesa do consumidor*. 2. ed. São Paulo: RT, 2007. p. 121-205.
[254] *Ibid*.

O autor demonstra uma consciência do passado, presente e futuro na relação contratual e aponta que elementos promissórios e não promissórios dos contratos, como promessa individual, afirmação da vontade, individualização do participante e realização de algo que afeta o futuro precisam ser revistos a partir da noção de relações primárias e não primárias, em que os contratos relacionais são constituídos de relações primárias e envolvem relações com redes de agentes, e não apenas duas partes, e a medida das transações econômicas envolve troca de valores não monetizáveis.

O início e término contratuais não são claramente definidos, pois o planejamento considera a *performance* no futuro e o planejamento futuro e assume um caráter processual.

Para a teoria tradicional do contrato administrativo há uma estruturação organizada sobre o conflito entre interesses públicos e privados, em que os interesses são antagônicos e individualistas. No contrato relacional, benefícios e ônus são compartilhados e há solidariedade, cooperação e fontes de apoio moral e econômico. Essa é a visão que inova no campo contratual administrativo e permite uma visão da Administração Pública como função constitutiva da sociedade.[255]

Os contratos de concessão podem ser enquadrados como contratos relacionais e esse pode ser o fundamento epistemológico para a revisão da autoridade no modelo negocial administrativo. Contratos relacionais possuem o dever de cooperação e o dever de solidariedade e em sua dimensão central está o princípio jurídico da cooperação.

A disciplina da autoridade no direito relacional não se preocupa apenas com a diferença de *status* antes e depois do negócio,

---

[255] Sobre a conveniência do entendimento do contrato como relacional, Licínio Lopes Martins afirma que "o contrato, para além de um instrumento de troca, é também o quadro normativo e regulativo da estruturação e organização de relações a longo prazo entre as entidades públicas e os seus cocontratantes privados, desde logo quando se trate de prosseguir missões de serviço público ou da entrega de bens ou serviços complexos, a que acresce o seu prolongamento no tempo, a implicar a celebração de contratos plurianuais. As teorias do 'solidarismo contratual' ou dos 'contratos relacionais' mostram, como vimos, que uma relação contratual complexa possui um valor que não se esgota em meras análises formais do contrato". (MARTINS, Licínio Lopes. *Empreitada de obras públicas*: o modelo normativo do regime do contrato administrativo e do contrato público – em especial, o equilíbrio econômico-financeiro. Coimbra: Editora Almedina, 2014. p. 591-594.)

mas sobretudo se interessa pela mutualidade e o poder (autoridade) antes, depois e durante as trocas negociais. Nestes contratos não há espaço para a unilateralidade do poder. O poder unilateral é difuso, complexo e mutável e difícil de ser incorporado nos contratos relacionais. As prerrogativas não encontram lugar *a priori*, mas se encontram disponíveis no ambiente contratual.

Os contratos relacionais possuem reconhecimento de troca, o comportamento altruístico, o sentimento de tempo e expectativas de problemas futuros, múltiplos aspectos de relações primárias, emergência do planejamento e da cooperação, divisão e socialização dos ônus e benefícios.

Os contratos relacionais não presentificam o futuro, antecipando o futuro para o presente através do planejamento e vinculando totalmente o futuro ao que é planejado no presente. São contratos naturalmente incompletos, que tendem a fundir passado, presente e futuro num processo contínuo, no qual o presente é parte do passado e do futuro e há reconhecimento dos limites da presentificação do futuro.

Estes contratos possuem intrínseca à sua formação a expectativa sobre problemas, conforme aponta Ronaldo Porto Macedo. O surgimento de problemas e seus efeitos é fato esperado tácita ou expressamente como aspecto normal da execução contratual. A expectativa dos problemas leva à consideração de processos para enfrentá-los e exige adaptação à nova realidade contratual, considerando-a normal, previsível e inevitável, além de dependente de uma matriz social externa. Há uma moral social interna contratual que vincula o todo comunitário, com regras de expectativa de danos e práticas para mitigação do dano e para a cooperação.[256]

Um direito administrativo menos focado na colisão de interesses públicos e privados e mais na visão do contratado como parceiro precisa abrir espaço para um regime contratual diferente do regime dos contratos de fornecimento da Lei nº 8.666/93.

---

[256] Na teoria contratual a boa-fé tem o papel de encorajar a continuidade das relações contratuais. Há um nível geral de boa-fé que exige comportamento adequado em diferentes contextos e isso é importante em face da incompletude dos contratos, dos limites da capacidade de previsão humana, e dos custos e ameaças à solidariedade. Os custos de transação dentro dos contratos de concessão seriam um exemplo para a redução dos custos das relações contratuais. (MACEDO JR, Ronaldo Porto. *Contratos relacionais e defesa do consumidor*. 2. ed. São Paulo: Ed. RT, 2007. p. 121-205.)

Contratos de fornecimento são naturalmente descontínuos e contratos de concessão são naturalmente relacionais. Há diferença de complexidade e de abertura. Contratos de fornecimento são naturalmente fechados, previsíveis do início ao fim. Contratos de concessão são naturalmente abertos, imprevisíveis em toda a sua extensão.[257] Esse regime contratual diferente é o regime dos contratos relacionais. Nestes o contratado não é um litigante e sim um parceiro. E como parceiro busca alocar riscos, quantificá-los economicamente no contrato para viabilizar o empreendimento.

Riscos são fatos futuros incertos que são quantificáveis economicamente. A elevação do custo de uma dada situação retira a condição de risco e a qualifica como incerteza. E incertezas não são quantificáveis e não geram contratos com parceiros privados.

Os riscos que deixam de ser passíveis de quantificação monetária se tornam incertezas e inviabilizam o negócio jurídico.

Considerando que a satisfação de direitos fundamentais sociais se realizará no século XXI muito através de contratos de concessão de serviços públicos, há grande necessidade de alocar os riscos dentro da relação contratual e afastar incertezas, de modo a permitir a existência do contrato e seu funcionamento por todos os anos da relação contratual. O interesse público justifica essa realidade, especialmente considerando a prestação do serviço público módica, adequada e universal.

E discutir risco no novo ambiente é determinante para a composição do equilíbrio econômico-financeiro do contrato.

Uma nova interpretação sobre o equilíbrio econômico-financeiro dos contratos administrativos é realizada por Egon Bockmann Moreira e encaixa-se no raciocínio defendido na tese. Trata-se do enquadramento do equilíbrio econômico-financeiro

---

[257] Esse regime aberto parte da visão, nos contratos de concessão, de que o concessionário é despersonalizado. O dinheiro do contrato é viabilizado por um conjunto de bancos e a garantia decorre da viabilidade do projeto, se gera ou não gera receita, e não da pessoa do concessionário. A Sociedade de Propósito Específico numa Parceria Público-Privado arrecada o dinheiro do usuário e paga o financiamento no decorrer do prazo contratual. Existe expectativa quanto à alocação de riscos. Riscos são eventos futuros quantificáveis e podem ser alocados no contrato. Na situação de se detectar o risco e levá-lo para dentro do contrato certamente haverá mutabilidade de seus termos, mas trazer o risco para dentro do contrato implica em precificação do risco e a consequência é a subsistência do contrato ao longo do tempo.

do contrato a partir dos custos de oportunidade e administrativos, riscos, investimento, amortizações e também lucros. O regime de concessão, devido a sua complexidade, comporta muitas variáveis, e a equação econômico-financeira deve ter como base a mutabilidade e a aptidão de aprendizagem do contrato de concessão, pois são contratos inacabados e dinâmicos e por isso considerados abertos, e a sua realização depende deste equilíbrio econômico-financeiro.[258]

Licínio Lopes Martins afirma que pelo fato de o contrato ser uma maneira de ajuste de condições futuras, a possibilidade de as partes acordarem os riscos constitui um dispositivo de segurança jurídica para proteção contra futuras modificações, estabelecendo assim um modelo aberto ao recebimento de variáveis possíveis de verificação posterior, mesmo que estas não tenham sido totalmente previstas pelas partes, seja pelo fato de que a previsão foi insuficiente, ou porque no momento da celebração do contrato não era possível para as partes preverem todas as possíveis condições variáveis que porventura poderiam acontecer, pois toda e qualquer decisão envolve riscos que não podem ser totalmente previstos.

Para o referido autor, a aferição de riscos e a análise dos quesitos de segurança jurídica no âmbito contratual são elementos que se tornaram indissociáveis na técnica contratual contemporânea, despontando a introdução ao risco do contrato, ligados ao risco de inexecução ou de inadimplência, como fundamentos que mais

---

[258] O autor assinala que no que diz respeito à metodologia do cálculo das condições econômico-financeiras do contrato, é importante utilizar ferramentas que possibilitem a ponderação entre os vários fatores que o compõem, devendo-se utilizar de instrumentos tais como: Valor Presente Líquido – VPL, Taxa Interna de Retorno – TIR e o Custo Médio Ponderado de Capital – CMPC (MOREIRA, Egon Bockmann. *Direito das concessões de serviço público*: inteligência da Lei 8.987/95 – parte geral. São Paulo: Malheiros Editores, 2010. p. 388 *et seq*.). No mesmo sentido, Licínio Lopes Martins afirma que "no Brasil, a teoria clássica da modificação do contrato administrativo tem vindo a ser enriquecida com concepções doutrinais que, designadamente em relação aos contratos de longa duração, admitem a abertura do princípio do equilíbrio econômico-financeiro a uma pluralidade de fatores: para além dos fatos caracterizados como 'imprevistos', 'imprevisíveis', 'extraordinários' ou 'causadores de lesão irreversível' ou de 'lesão enorme', aponta-se a necessidade de a equação econômico-financeira do contrato ter como ideias-força a mutabilidade e a capacidade de aprendizagem dos contratos de longa duração, partindo-se do pressuposto de que se trata de contratos incompletos e dinâmicos, sendo, por isso, necessariamente contratos abertos e a sua boa execução está sempre dependente do equilíbrio econômico-financeiro. Nestes termos, qualquer alteração – seja exógena ou endógena, unilateral ou circunstancial – deve respeitar a equação econômico-financeira". (MARTINS, Licínio Lopes. *Empreitada de obras públicas*: o modelo normativo do regime do contrato administrativo e do contrato público – em especial, o equilíbrio econômico-financeiro. Coimbra: Almedina, 2014. p. 461-462.)

se desenvolveram no século XX, pois o direito não poderia ficar indiferente ao risco, tendo em vista que ele faz parte da sociedade dentro de uma relação entre homem e mundo. Essa análise de risco iniciou como apenas um critério de um direito mais seguro e básico, e foi transformando-se em uma questão social, além de econômica e jurídica, com importância universal, tudo isso dentro de um contexto que elevou a administração a uma categoria de administração de resultados.[259]

Na análise do reposicionamento das prerrogativas, a questão da modificação contratual assume especial e intrínseca relevância. Licínio Lopes Martins sustenta que na relação entre a alteração contratual e o equilíbrio econômico-financeiro, a questão do risco financeiro, a mutabilidade, a complexidade e a incompletude dos contratos de longa duração desafiam os limites impostos à sua modificação.

Entende o autor que o reequilíbrio do contrato pode ser necessário sem que circunstâncias supervenientes e anormais ocorram, bastando que estas não tenham sido incorporadas pelos riscos concernentes ao contrato. E pontua, de forma interessante para o raciocínio que ora se defende, que ainda que o legislador demonstre um interesse pela segurança e estabilidade contratual, sempre deve ser analisado se essa previsão não está indo longe demais na imperatividade da regra, pois à Administração Pública e aos contratantes deve ser concedida a chance de, em função de algumas circunstâncias, estabelecerem compensações por algum desequilíbrio na celebração do contrato.[260]

---

[259] Sobre o risco contratual, Licínio Lopes Martins aponta que "os riscos, embora incertos ou de verificação incerta, não deixam de ter a nota de previsibilidade, na medida em que as partes pelo menos não desacautelaram a sua possível ocorrência ou a previsão dela. Pelo que, por esta via, os riscos 'convertem-se' em *riscos contratuais ou em riscos próprios do contrato*. Nada, afinal, que perturbe a doutrina geral do contrato, dado que este – seja no direito privado, seja no direito público – sempre constitui uma segurança contra o risco – o risco de inadimplência. O que está em causa é apenas o fato de o conceito de risco – e, consequentemente, as suas implicações contratuais – ter ganho, com o tempo, uma multidimensionalidade sem precedentes, aceitando-se realisticamente que certos riscos assumem particular acuidade nos contratos de execução sucessiva, por que sujeitos aos efeitos perturbadores do tempo e da inerente mutabilidade estrutural que o seu dinamismo comporta". (MARTINS, Licínio Lopes. *Empreitada de obras públicas*: o modelo normativo do regime do contrato administrativo e do contrato público – em especial, o equilíbrio econômico-financeiro. Coimbra: Almedina, 2014. p. 591-592.)

[260] MARTINS, Licínio Lopes. *Empreitada de obras públicas*: o modelo normativo do regime do contrato administrativo e do contrato público – em especial, o equilíbrio econômico-financeiro. Coimbra: Almedina, 2014. p. 749.

O ambiente relacional possibilita essa discussão da alocação dos riscos e de um direito administrativo de parcerias entre os diferentes atores do contrato de concessão.

Parte de uma visão processual do contrato, num conceito dinâmico e não estático, em que a alteração de circunstâncias exige uma revisão do equilíbrio contratual. E nesse ambiente os conceitos de álea ordinária e extraordinária simplesmente são inaplicáveis, exatamente pela natureza processual e pela necessidade de alocação de riscos.

Para essa teorização a noção de matriz de riscos é muito mais operante e funcional, e o reequilíbrio contratual se faz através dela e não pela ocorrência de áleas extraordinárias. A matriz de riscos possibilita quantificação e alocação contratual, o que não ocorre com a álea extraordinária.[261]

De acordo com Edgar Guimarães e José Anacleto Abduch Santos,[262] a matriz de riscos contratuais destina-se à gestão dos riscos e direcionamento de responsabilidades, pois o risco pode resultar em uma consequência danosa e acabar por comprometer a execução do contrato.

A definição de risco trazida pelos autores deriva da norma ISO 31.000 e consiste no "efeito da incerteza nos objetivos fixados" e, por

---

[261] A definição da matriz de riscos de um contrato de concessão faz-se hoje, em especial, a partir da análise dos riscos que o contratado é capaz de suportar por meio da contratação de seguros. Assim, de um modo simplista, pode-se dizer que riscos seguráveis são alocados no contratado e riscos não seguráveis são revertidos à Administração Pública. Sobre o assunto, o artigo 42, inciso X, da Lei 13.303/2016 – Lei das Estatais, dispõe:
"X – matriz de riscos: cláusula contratual definidora de riscos e responsabilidades entre as partes e caracterizadora do equilíbrio econômico-financeiro inicial do contrato, em termos de ônus financeiro decorrente de eventos supervenientes à contratação, contendo, no mínimo, as seguintes informações:
a) listagem de possíveis eventos supervenientes à assinatura do contrato, impactantes no equilíbrio econômico-financeiro da avença, e previsão de eventual necessidade de prolação de termo aditivo quando de sua ocorrência;
b) estabelecimento preciso das frações do objeto em que haverá liberdade das contratadas para inovar em soluções metodológicas ou tecnológicas, em obrigações de resultado, em termos de modificação das soluções previamente delineadas no anteprojeto ou no projeto básico da licitação;
c) estabelecimento preciso das frações do objeto em que não haverá liberdade das contratadas para inovar em soluções metodológicas ou tecnológicas, em obrigações de meio, devendo haver obrigação de identidade entre a execução e a solução predefinida no anteprojeto ou no projeto básico da licitação".

[262] GUIMARÃES, Edgar; SANTOS, José Anacleto Abduch. *Comentários ao regime jurídico licitatório e contratual da Lei nº 13.303/2016*: Lei das Estatais. Belo Horizonte: Fórum, 2017. p. 139.

sua vez, a gestão de riscos corresponde às "atividades coordenadas para dirigir e controlar uma organização no que se refere a riscos".[263] Toda atividade contratual está à mercê de fatores positivos ou negativos e que podem resultar em grandes consequências ao contrato, dessa forma a imprevisão é um agente importante para o planejamento. A matriz distribui os riscos previsíveis e imprevisíveis que tanto podem ou não ocorrer durante a vigência da relação contratual, ela também define responsabilidades caso, devido a eventos supervenientes, a execução se torne demasiadamente onerosa.

De acordo com os autores, a lei prevê de forma expressa que a matriz de riscos integra a equação econômico-financeira do contrato, essa equação corresponde à relação entre encargos assumidos pelo contratado e a contraprestação que receberá pela execução das atividades. Tal matriz representa uma importante ferramenta de planejamento, que pode evitar conflitos posteriores em relação à atribuição de responsabilidades.

No que tange à atribuição da responsabilidade pelo risco, a matriz deve apontar aquele que detém melhores condições de preveni-los ou repará-los e segundo os autores ela deve contemplar: (i) a análise do histórico das contratações similares realizadas pelo Estado; (ii) a maturação do planejamento, objetivando abarcar todos os eventos e eventuais responsabilidades. É essa matriz que vai apontar também quais e quantos termos aditivos serão necessários durante a execução do contrato.

A lei determina também que, desde que haja previsão contratual, o contratado pode contar com margem de liberdade para inovar em soluções metodológicas ou tecnológicas no que diz respeito às obrigações de resultado, aquelas que efetivamente geraram a necessidade da contratação. E que a matriz de risco também deve indicar os aspectos contratuais nos quais não serão permitidas inovações, como ocorre nas obrigações de meio, que são acessórios das obrigações principais.

Para os autores, a matriz de risco é importante ferramenta de eficiência administrativa e deve ser utilizada não somente nos contratos de engenharia, nos quais é obrigatória, mas também em

---

[263] *Ibid.*

outros tipos de contratos intentados pelas estatais, pois entre outras coisas, previne a litigiosidade pela via judicial.[264]

Essa visão processual do contrato de concessão também é encontrada no negócio jurídico civil, em que a empresa é um conceito dinâmico e não estático. Nos contratos de longo prazo existe uma atividade empresarial, realizada como processo e com base objetiva (as condições sem as quais o contrato não seria firmado).[265] Essa base objetiva pode vir a ser alterada pela mudança de circunstâncias contratuais e não se trata de álea extraordinária mas de riscos quantificáveis no contrato. Essa é a visão possível dentro de um contrato com prazo de 35 anos.

O raciocínio, em suma, é de que os contratos administrativos de longa duração são considerados contratos relacionais, especialmente diante da sua complexidade e longevidade. Porém, as prerrogativas detidas pela Administração Pública nas relações contratuais de direito administrativo, com "a capacidade de alguém subjugar a outra sem o consentimento desta"[266] dentro dos contratos relacionais, "envolvem necessariamente mudanças no equilíbrio do poder",[267] exatamente para possibilitar a construção de um direito administrativo de parcerias e constitutivo de bem-estar na sociedade civil.

A capacidade da Administração Pública subjugar a outra parte é indeclinável nos contratos administrativos, existe e não pode ser substituída. Mas há mudanças no equilíbrio de poder que precisam ser discutidas e pensadas. A boa-fé na relação contratual administrativa precisa ser pensada como conjunto de garantias e como sustentáculo da parceria Estado-sociedade civil-mercado.

---

[264] *Ibid.*

[265] *Código Civil:*
"Art. 966. Considera-se empresário quem exerce profissionalmente atividade econômica organizada para a produção ou a circulação de bens ou de serviços.
Art. 981. Celebram contrato de sociedade as pessoas que reciprocamente se obrigam a contribuir, com bens ou serviços, para o exercício de atividade econômica e a partilha, entre si, dos resultados".

[266] MACEDO JR, Ronaldo Porto. *Contratos relacionais e defesa do consumidor.* 2. ed. São Paulo: Ed. RT, 2007. p. 158.

[267] *Ibid.*, p. 159.

CAPÍTULO 2

REGIME JURÍDICO DEFINIDO POR UM PRINCÍPIO DE ELEIÇÃO ENTRE O DIREITO PÚBLICO E O DIREITO PRIVADO E ENQUADRAMENTO DAS PRERROGATIVAS COMO CLÁUSULAS DE APLICAÇÃO EPISÓDICA E NÃO COMO ELEMENTO INTRÍNSECO NA RELAÇÃO CONTRATUAL RELACIONAL

A autonomia negocial se conforma às escolhas de fundo que caracterizam o ordenamento, segundo os dados normativos (princípios e regras) extraídos do ordenamento na sua unidade e completude. A autonomia negocial se coloca entre liberdade e justiça contratual.[268]

O processo de transformação, vivenciado pelo direito administrativo em geral e pelo contrato administrativo em especial, impõe a análise do fenômeno da consensualidade fora do tradicional parâmetro da supremacia e da indisponibilidade do interesse público.

Pode-se identificar a lógica do consenso como uma segunda via de legitimação para a atuação estatal, numa espécie de interpenetração do Estado com a sociedade.[269] Esse é o sentido que permite

---

[268] PERLINGIERI, Pietro. *O direito civil na legalidade constitucional*. Rio de Janeiro: Renovar, 2008. p. 400.
[269] MACHADO, João Batista. *Participação e descentralização*: democratização e neutralidade na Constituição de 76. Coimbra: Almedina, 1982. p. 46-108.

a afirmação de um princípio de eleição entre o direito público e o direito privado nas relações negociais administrativas.

A verdade é que se identifica que o consenso e a negociação entre Poder Público e particulares passam a assumir importante papel no processo de identificação de interesses públicos e privados pela Administração Pública, num ambiente onde esta não mais detém a exclusividade no estabelecimento do interesse público.[270]Odete Medauar explica a situação identificando um novo modo de agir, não mais centrado sobre o ato como instrumento exclusivo de definição e atendimento do interesse público, mas como atividade aberta à colaboração dos indivíduos, em que passa a ter relevo o consenso e a participação.[271]

A adoção da consensualidade no plano contratual da Administração Pública não implica substituição do modelo da imposição pelo da negociação. Nem implica que o espaço das prerrogativas nos contratos administrativos desapareça. Mas é fato que a verticalização original e *a priori* entre a Administração Pública e o particular nas relações contratualizadas é fortemente atenuada ou mesmo afastada.

A consensualidade fora do eixo supremacia-indisponibilidade do interesse público permite a possibilidade de eleição entre o direito público e o direito privado no exercício das relações contratuais. Mas essa possibilidade somente é possível de ser pensada fora dos limites do direito administrativo tradicional.[272]

---

[270] MEDAUAR, Odete. *O direito administrativo em evolução*. São Paulo: Revista dos Tribunais, 2003. p. 211.
[271] Ibid.
[272] Dialogando com o direito público e o direito privado na formação do contrato administrativo, Pedro Miguel Matias Pereira assinala que "além de marcado por uma lógica de função (a função administrativa), o contrato administrativo é também marcado por uma lógica de contrato, e contrato num sentido tipicamente civil. Isto é assim, pois apesar de substantivamente autônomo dos contratos privados, essa autonomia, ainda que contraste em vários aspectos da sua regulamentação, não se faz por oposição simples às normas contratuais civis, antes pelo contrário: o contrato administrativo é necessariamente tributário do seu congênere civil, apenas que depois moldado de modo a responder às necessidades da atividade administrativa, se torna em instituição jurídica autônoma. Porém autonomia não significa apartamento das regras jurídicas civis que encontram aplicabilidade no âmbito do contrato administrativo. Ou seja, não apenas dogmaticamente a teoria do contrato administrativo se socorre da dogmática jus-privatística como, em concreto as normas de direito civil são de aplicação subsidiária no âmbito do contrato administrativo, funcionando como pano normativo de fundo". (PEREIRA, Pedro Miguel Matias. *Os poderes do contraente público no código dos contratos públicos*. Coimbra: Coimbra, 2011. p. 51.)

A partir desse contexto Gaspar Arino Ortiz alude à existência de um Estado contratual, em que a crescente utilização de instrumentos negociais firmados entre o Estado e as organizações privadas passa a prevalecer sobre antigas práticas que privilegiam a noção de autoridade e de imposição unilateral das decisões tomadas pelo Estado. Esse novo direito administrativo é mais participativo, utiliza-se menos da lógica da imposição e da unilateralidade e mais da lógica da negociação e da multilateralidade.[273]

Isso acarreta uma nova visão das prerrogativas nos contratos administrativos, afetando inclusive a sua característica de adesão, posto que seus parâmetros são negociados previamente e não mais impostos. Certamente que esses fenômenos devem ser interpretados sob a égide do regime jurídico administrativo e para a garantia do interesse público. Reflexo desse modelo são os contratos de Parceria Público-Privada disciplinados no plano federal pela Lei nº 11.079/2004.[274]

A proposta de trabalho nos contratos de Parceria Público-Privada pressupõe um modelo contemporâneo de Administração Pública, uma perspectiva evolucionista em que a condição da autoridade não mais apareça nos mesmos moldes tradicionais. Dito de outra forma, as novas formas contratuais administrativas pressupõem muito mais negociação do que imposição, muito menos prerrogativa e mais consenso.[275]

---

[273] ARIÑO ORTIZ, Gaspar. Estudio introductorio. In: ARIÑO ORTIZ, Gaspar et al. (Org.). *Comentários a la Ley de Contratos de las Administraciones Públicas*: título I. Granada: Comadres Editorial, 2002.

[274] É fato que as Parcerias Público-Privadas inauguram uma nova figura empregada pelo setor público no campo negocial, a qual visa instituir e formalizar uma relação jurídica entre a Administração Pública e os particulares em bases normativas diversas da Lei de Licitações Públicas, a Lei nº 8.666/93, e da Lei de Concessões, Lei nº 8.987/95. As Parcerias Público-Privadas são parcerias entre autoridades públicas e empresas e investidores do setor privado com o objetivo de conceber, planificar, financiar, construir e operar projetos de infraestrutura, inserindo-se num cenário de escassez de recursos orçamentários e de uma necessidade de projetos em áreas como transporte, saneamento, energia. Assim, diversamente dos contratos disciplinados pela Lei de Licitações e pela Lei de Concessões, as prerrogativas não estariam, a princípio, presentes de modo tão abundante nas Parcerias Público-Privadas. A grande característica é a ampliação das bases de negociação das cláusulas contratuais que irão estabelecer a regulamentação dos interesses dos parceiros, sem o enfraquecimento do negócio jurídico.

[275] As Parcerias Público-Privadas trabalham com diretrizes baseadas nesse modelo de substituição das prerrogativas pelo consenso: (a) Utilização de técnicas privadas na gestão do empreendimento; b) maior proveito na aplicação dos recursos econômicos. Nesse novo modelo, as prerrogativas são substituídas por cláusulas que equilibram a assunção dos riscos e a divisão dos lucros. Nas Parcerias Público-Privadas há uma relação muito mais

Estas estratégias de gestão exigem imensa cautela, principalmente em se tratando da prestação de serviços públicos, uma vez que estes representam, para um grande número de pessoas, o acesso aos direitos fundamentais sociais. Maria João Estorninho assinala que o contrato assume novo papel qualitativo, colocando-se como símbolo de um novo modelo de relação autoridade-liberdade, especialmente ao substituir os meios de atuação unilateral da Administração Pública.[276]

Maria Eduarda Azevedo destaca a alteração no intervencionismo estatal e a progressiva utilização de parcerias com agentes privados, num processo de inovação em diferentes aspectos: financiamento, gestão, partilha de riscos e eficiência.[277]

---

horizontal entre o parceiro público e o privado, com direitos e obrigações recíprocos, diferentemente das relações verticais dos contratos tradicionais. Marçal Justen Filho caracteriza as Parcerias Público-Privadas como um "contrato organizacional, de longo prazo de duração, por meio do qual se atribui a um sujeito privado o dever de executar obra pública e (ou) prestar serviço público, com ou sem direito a remuneração, por meio da exploração da infraestrutura, mas mediante uma garantia especial e reforçada, prestada pelo Poder Público, utilizável para obtenção de recursos no mercado financeiro" (JUSTEN FILHO, Marçal. *Curso de direito administrativo*. São Paulo: Saraiva, 2005, p. 549). Cabe destacar também que "uma parceria público-privada (PPP) consiste numa relação por um prazo determinado entra duas ou mais organizações – uma mais de natureza pública e uma mais de natureza privada ou social – baseada em expectativas e valores mútuos, com o objetivo de alcançar objetivos negociais específicos, através da maximização da eficácia dos recursos de ambas as partes. As PPPs são, portanto, caracterizadas por partilharem investimentos, risco, responsabilidade e resultados". (GONÇALVES, Maria Eduarda; MARQUES, Maria Manuel Leitão; SANTOS, Antonio Carlos dos. *Direito económico*. 7. ed. Coimbra: Almedina, 2014. p. 195.)

[276] A autora defende que a Administração Pública, em vez de impor um ato, acorda com os destinatários a solução para o problema administrativo. O ato administrativo perde a posição de protagonista nas relações Estado-cidadão. (ESTORNINHO, Maria João. *Requiem pelo contrato administrativo*. Coimbra: Almedina, 2003. p. 64.)

[277] "O longo ciclo de intervencionalismo estadual conheceu um recuo a partir dos anos oitenta em razão das transformações de natureza ideológicas ocorridas na paisagem política, do reconhecimento da existência de falhas da intervenção pública, enquanto expressão da ineficiência e ineficácia do Estado Providência, e das pressões financeiras associadas a défices orçamentais persistentes, aparentemente incontroláveis, que requeriam o recurso sistemático ao endividamento para realizar o equilíbrio das contas públicas. (...) Mas as parcerias comportam elementos importantes de inovação com implicações, sobretudo, nas finanças públicas e nas práticas de financiamento de projectos públicos, na participação do sector privado no seu financiamento e gestão e bem assim, ao nível da partilha de riscos entre dois parceiros. (...) As PPPs representam uma alternativa abrangente, alicerçada nas capacidades de financiamento e de gestão do sector privado, que se materializam em arranjos contratuais e institucionais com vista a concretizarem projectos de iniciativa pública, associando ao financiamento e à prestação de serviços objectivos de eficiência e qualidade". (AZEVEDO, Maria Eduarda. *As parcerias público-privadas*: instrumento de uma nova governação pública. Coimbra: Almedina, 2009. p. 509-515.)

No modelo das parcerias público-privadas, a discussão sobre o risco do negócio é muito mais detalhada, exposta e definida.[278] E sugere-se, através desse modelo, uma nova "governança pública".[279] Maria Eduarda Azevedo aponta que o novo regime de parcerias público-privadas permite maior envolvimento do governo, mais comprometimento com o orçamento público e uma análise criteriosa dos objetivos e resultados pretendidos no contrato em uma relação de custo-benefício, considerando em especial os riscos do negócio.[280]

---

[278] Maria Eduarda Azevedo aponta que "na modelagem das transacções PPP, a transferência de riscos para o parceiro privado, que há de ser mais substancial do que na contratação pública tradicional, e constituiu um factor essencial para gerar VFM, estando em causa optimizar a afectação de riscos segundo a regra de acometer cada risco à parte que está em melhores condições de o gerir ou mitigar da forma mais eficiente ou econômica, valorizando a realização de ganhos para o erário público. No sentido de optimizar a afectação dos riscos, alguns riscos hão de ser atribuídos integralmente a uma das partes e outros são eventualmente a partilhar. Dada a versatilidade do processo, as parcerias podem assumir diversos figurinos de repartição de responsabilidades e riscos entre os sectores público e privado, não existindo *a priori* uma matriz de risco única e definida". (*Ibid.*, p. 517-518.)

[279] "Neste contexto oferece-se concluir que, ao evoluir a Governação pública no sentido da entrega de tarefas públicas ao sector privado e da expansão e diversificação das formas de cooperação de particularidades na execução de tarefas de interesse público, afirmando estes dois pilares como resposta aos novos desafios da Economia e da Sociedade, as PPPs inserem-se no âmbito de uma transformação profunda dos instrumentos tradicionais de previsão e prestação de serviços públicos, cuja corporização há de ser norteada por uma abordagem de direito econômico. (...) Em suma, na sua plenitude, as PPPs assumem-se como instrumento ao serviço de uma Nova Governação Pública, cuja razão de ser essencial repousa na necessidade de intervenção pública no sentido de suprir falhas de mercado nos domínios infraestruturais e de prestação de serviços públicos, propondo-se concomitantemente, melhorar a eficácia da acção pública através de uma gestão optimizada dos riscos dos projectos entre os parceiros público e privado, contribuindo de modo virtuoso para mitigar falhas de Estado". (*Ibid.*, p. 534-535.)

[280] "Em relação ao controle reforçado das decisões dos parceiros públicos e também no que diz respeito à adoção de melhores práticas, estes atravessam as articulações do novo regime. Assim, desde o início os responsáveis no Governo pela área Financeira e de Projetos de Parceria, participam das fases de aprovação das decisões consideradas chaves dentro do desenvolvimento e execução dos projetos, e tem como suporte nas questões técnicas a UTAP: lançamento e contratação da parceria; indicação do júri responsável pelo processo de elaboração do contrato; adjudicação contratual; determinação da equipe que vai acompanhar a fase inicial de execução do contrato; medidas que durante a consecução do contrato podem representar aumento ou diminuição de encargos, início da fase negocial e resultados desta negociação contratual. Em contrapartida, visando maiores controles financeiros e orçamentais resultantes das contratações públicas, o novo regime determina um elevado grau de importância ao orçamento durante a tomada de decisões, principalmente durante o lançamento, adjudicação e modificação unilateral do contrato público. Assim, passa a ser necessária uma avaliação de comportabilidade de orçamento que deverá ser realizada pela equipe de elaboração do projeto, pelo júri do procedimento e pela equipe de negociação. Esta análise abrangerá uma estimativa dos impactos orçamentais, a sua comportabilidade além de verificar a sensibilidade em face a alterações de demanda e evolução macroeconômica. Também é imperioso analisar, ainda na fase de preparo do lançamento da parceria, quais são os objetivos e resultados

A autora ainda destaca que merecem ser considerados na estrutura desses contratos os objetivos do contrato para o setor público, bem como quais os resultados que se buscam atingir, os propósitos a serem alcançados pelo parceiro privado, o prazo ideal da parceria em relação às características do contrato, levando em consideração o prazo de reembolso do financiamento, a organização dos pagamentos a serem realizados pelo parceiro público, além do cálculo da vida útil das infraestruturas, a divisão de responsabilidades em relação aos riscos, a projeção dos gastos financeiros do parceiro público, a possibilidade de ser autonomizada, com vantagem, a componente de financiamento, a possibilidade de se evitar ou de reduzir as alterações unilaterais dos contratos, as readequações do equilíbrio financeiro da parceria, ou possíveis indenizações que não se justifiquem face ao perfil de risco assumido no contrato, a previsão de eventuais situações que, durante a vigência contratual, possam causar divisão de benefícios entre os envolvidos, ou ainda a definição de que tais benefícios serão atribuídos na sua totalidade ao parceiro público.

O incremento da atividade consensual da Administração Pública é frequente e identificado por Luciano Parejo Afonso. A novidade não reside na habilitação para pactuar, mas na vontade dos interessados, contribuindo para realizar o interesse público, estabelecendo as condições e os termos para a execução das funções administrativas.[281]

---

pretendidos no contrato em uma relação de custo-benefício. Em relação a esta análise, ela atingirá o mérito do projeto e antecede a verificação de ganhos de '*value for Money*', que para fundamentar o lançamento e a adjudicação confronta a opção PPP em relação ao comparador público. Ainda no plano de lançamento e adjudicação de um contrato, é imprescindível a discriminação detalhada dos riscos que envolvem o projeto, estes devem ser devidamente analisados e colocados em uma matriz, que determinará quais os riscos que cada parceiro que compõe o contrato estará sujeito". (AZEVEDO, Maria Eduarda. As parcerias público-privadas: a evolução do enquadramento jurídico. In: FERREIRA, Eduardo Paz; RODRIGUES, Nuno Cunha (Org.). *Novas fronteiras da contratação pública*. Coimbra: Coimbra Editora, 2013. p. 133-137.)

[281] O autor cita exemplos de atos administrativos consensuais:
   a) Que geram efeitos sobre o procedimento – finalizadores do procedimento ou substitutivos da decisão e atos não finalizadores (sempre vinculados a um ato que encerre o procedimento). São atos consensuais marco (iniciais, que encerram o processo administrativo). Mas instituem condições para a realização do encerramento e em sentido estrito (os atos que vão implementar o encerramento do processo administrativo);
   b) Que tratam de conteúdo das obrigações – execução (fixam os termos da execução e se desenvolvem na incerteza da aplicação da norma), intercâmbio (estabelecem contraprestações em favor da AP onde ela não poderia ser exigida por ato unilateral);

A problemática do direito administrativo admitir ou não um princípio de eleição entre o direito público e o direito privado, ou permitir aos Poderes Públicos dispor que o direito privado seja regulador dos sujeitos que cumprem funções administrativas, foi identificada por Santiago Gonzáles-Varas Ibáñez.[282]

O autor afirma que o direito alemão partiu do direito privado para a regulação das instituições do direito administrativo e se observa um processo de juspublicização do tema, e que no direito espanhol parece haver uma maior flexibilização das relações entre o direito público e o direito privado, ou, ao menos, um recente processo de privatização formal.[283]

Para o autor, o direito privado da administração não pode ser o direito privado dos cidadãos. Há um processo de publicização que implica a teoria dos níveis do chamado direito administrativo privado, desenvolvida pela doutrina alemã e que se aplica a relações jurídicas mistas e se projeta para as subvenções.[284]

---

c) *Que são disciplinados no momento da celebração* – pré-acordos (vinculantes e estipulando atuação prévia, deveres prévios), acordos parciais (conteúdo e procedimento) e acordos de arbitragem. (PAREJO AFONSO, Luciano. Los actos administrativos consensuales en el derecho español. *A&C Revista de Direito Administrativo e Constitucional*, Belo Horizonte, v. 3, nº 13, p. 11-43, 2003.)

[282] O autor destaca que na Alemanha houve na contemporaneidade uma substantivação do direito comum. Ao lado disso, há a dupla personalidade jurídica do Estado, de modo que determinadas relações jurídicas se imputaram ao Estado como sujeito privado e noutras (representando a liberdade e a ordem coletiva) o Estado atuava na condição de autoridade. Também aponta que na Espanha, por influência francesa, houve uma substancialização do regime jurídico administrativo e a conformação como públicas das instituições de direito comum. E prossegue afirmando que o processo de juspublicização do século XIX na França e na Espanha foi impulsionado pela teoria do serviço público e isso repercutiu em um regime jurídico administrativo. Aponta que na Alemanha isso não aconteceu e que o conceito de serviço público serve para aprofundar a formação de um sistema jurídico completo de regulação da Administração Pública e para a substancialização do contrato administrativo vinculado ao serviço público. Nesse sentido o direito administrativo privado é teoria que solucionaria a fuga do direito administrativo (muito embora já se tenha apontado que na medida em que se afirma o contrato administrativo como categoria de direito, nem público, nem privado, essa proposta deixa de ser aplicável). (IBÁÑEZ, Santiago González-Varas. *El derecho administrativo privado*. Madrid: Ed. Montecorvo, 1996. p. 87-128.)

[283] IBÁÑEZ, Santiago González-Varas. *El derecho administrativo privado*. Madrid: Ed. Montecorvo, 1996. p. 87-128.

[284] "A 'Teoria dos dois níveis' desenvolveu-se na Alemanha, nos finais da Segunda Guerra Mundial, sobretudo a propósito do enquadramento jurídico dos empréstimos para efeito de reconstrução. Verificou-se, nessa altura, que o arsenal disponível de formas de actuação de direito administrativo não era suficiente para cobrir o volume cada vez maior de relações de prestação entre o Estado e os cidadãos, o que tornava absolutamente indispensável o recurso às formas jurídico-privadas. Pretendeu-se, no entanto, ultrapassar a concepção

O sentido dessa teoria foi superar a compreensão exclusivamente privada das subvenções, ora vinculando a administração ao direito público, ora vinculando as subvenções a ato, ora a contrato.[285] O direito administrativo privado consistiria na sujeição aos direitos fundamentais e aos princípios gerais do direito administrativo das atividades em regime privado dos entes da Administração Pública em execução de funções administrativas.

---

segundo a qual tais actuações estariam exclusivamente submetidas ao Direito Privado. A 'Zweistufentheorie' surgiu, assim, como a concepção ideal para, permitindo a utilização das formas jurídico-privadas, sujeitar a Administração às vinculações típicas do Direito Público. Através da obrigatoriedade da prática de determinados actos administrativos anteriores ao início da actividade privada da Administração conseguia-se, assim, sujeitá-la essencialmente ao respeito pelos direitos fundamentais e pelos princípios básicos do direito processual administrativo, bem como ao controle dos tribunais administrativos. (...) Parece ser esta exactamente a ideia expressa por Bachof, quando afirma, que, embora o seu subsequente desenvolvimento esteja sujeito a normas de direito privado, a questão de saber se o Estado deve conceder uma de tais prestações, mesmo que através da celebração ou da extinção de um contrato, é uma questão de Direito Público. (...) O método utilizado para estabelecer a ligação entre os elementos de direito público e de direito privado é assim, o de considerar que em cada relação jurídica existem dois níveis diferentes. Num primeiro nível, regido pelo Direito Público, definir-se-iam questões como as de 'se', 'com quem', e 'não mais'. A fase do desenvolvimento e da execução da actividade seria, segundo esta teoria, exclusivamente regida por normas de direito privado. A esta segunda fase não se chegaria, contudo, quando a decisão da Administração na fase anterior fosse de sentido negativo. Tal recusa da Administração marcaria, assim, o início da proteção jurídica concedida ao particular. De facto, pode mesmo considerar-se que o 'não' da Administração é a 'senha' que abre ao particular as próprias portas dos tribunais. Contudo, a fim de optimizar a protecção jurídica do particular, entendeu-se que a apreciação desse acto conclusivo da primeira fase não deveria esgotar todo o controlo admissível, mas sim que, pelo contrário, se deveria passar a encarar toda essa primeira fase do processo decisório como um verdadeiro processo administrativo sujeito às regras do procedimento administrativo". Mais adiante e analisando as críticas à teoria dos dois níveis, a autora assinala que "uma das principais críticas que foi sujeita a 'Zweistufentheorie' consistia no facto de muitos dos seus partidários esquecerem que não era tanto a propósito do 'sim' (que a decisão de contratar representa), mas do 'não' (da sua recusa), que o problema da protecção jurídica do particular se colocava. (...) Por outro lado, e embora se reconheça que esta teoria melhorou a protecção do cocontraente da Administração, não há dúvida de que ela suscita diversos problemas de compreensão e conjugação. Assim, o próprio facto desde preconizar uma decisão positiva, dupla em que primeiro se decide celebrar o contrato em que, num momento posterior, se procede efectivamente a essa celebração, parece ser supérfluo ou, pelo menos, fonte de incertezas e complexidades. Aliás, as posições da doutrina acerca desta questão têm sido largamente divergentes. Wolf/Bachof, por exemplo, atribuem ao contrato um mero papel de desenvolvimento do acto administrativo anterior que, esse sim, determinaria todo o conteúdo da própria relação a constituir. O acto administrativo é, nesta perspectiva, qualificado como 'constitutivo de direito privado' (*privatrechtsgestaltender Verwaltungsakt*). Maures, por seu lado, afirma que é óbvio que a decisão sobre o 'se' não pode ser totalmente abstracta, mas que, se o acto administrativo fosse considerado com constitutivo dos efeitos de direito privado, o contrato seria uma mera aparência ou ficção". (IBÁÑEZ, Santiago González-Varas. *Op. cit.*, p. 87-128.)

[285] No uso das instalações e bens públicos a vinculação seria ao direito público, por exemplo.

A sua base estaria no princípio da liberdade de eleição de regime, ou público ou privado.

Na verdade o autor defende o modelo em que os Poderes Públicos fazem uso de formas de organização privadas para o cumprimento de suas funções, afetando seu regime jurídico. Na sua proposta, o regime jurídico privado respeita o direito administrativo e não existe fuga, mas uma privatização formal admissível. A liberdade de eleição seria a liberdade de adotar um regime jurídico privado juspublicizado.

Todavia, o autor alerta que o direito administrativo privado possui um âmbito de aplicação limitado, pois somente existirá na situação da Administração Pública criar um ente que cumpra uma função administrativa, num modelo prestacional, ligado principalmente à gestão dos serviços públicos, e realizar uma defesa do direito administrativo como direito regulador das competências administrativas, sem prejuízo de uma utilização instrumental do direito privado.[286]

Pedro Miguel Matias Pereira, ao analisar os poderes do Poder Público contratante, aponta para uma discrepância entre o regime substantivo do contrato (marcado pelas prerrogativas) e o alargamento do regime do contrato administrativo. O autor não identifica fundamento para, no regime jurídico de execução destes contratos, estar presente um regime exorbitante geral.[287]

---

[286] E pontua que no direito alemão há uma regulação privada de partida e uma juspublicização *a posteriori*, e que cada vez mais no direito espanhol há privatização formal e fuga do direito administrativo, e que nesse contexto o direito administrativo privado se apresenta como remédio e autodefesa do próprio ordenamento jurídico para sanar as anomalias do direito privado. A fuga do direito administrativo para ele seria inadmissível e a privatização formal admissível. (IBÁÑEZ, Santiago González-Varas. *El derecho administrativo privado*. Madrid: Ed. Montecorvo, 1996. p. 87-128.)

[287] "não podemos deixar de notar uma discrepância entre o regime substantivo do contrato administrativo marcado pelos poderes analisados e o alargamento do regime do contrato administrativo. É que, considerados os poderes do contraente público, no regime jurídico da sua execução, não encontramos, ao contrário do que sustenta parte da doutrina, nenhum regime 'napoleônico' excessivo no pendor administrativista do contrato administrativo, até certo ponto... e o ponto é precisamente que este regime traçado pelo CCP só faz sentido para determinados contratos, ou seja, para as relações duradouras em que são necessários poderes públicos de autoridade para a prossecução do interesse público, mas já não para outros. Na verdade, considerado o largo espectro da categoria de 'contraentes públicos' e a remissão para a mera vontade das partes para efeitos de qualificação do contrato como administrativo, constatamos que aqueles poderes (e o respectivo regime de execução, nos casos em que configura a prática de um acto administrativo) pode pecar por excesso".

Analisando-se a teoria dos dois níveis alemã, percebe-se que esta é interessante para o objeto do estudo, especialmente porque não existe uma escolha na Constituição Alemã *a priori* de regime jurídico. Existe uma possibilidade de utilização de instrumentos de direito público e de direito privado.[288] No direito brasileiro, quem faz a escolha do regime é a lei. Santiago González-Varas Ibáñez explica que a teoria dos níveis pressupõe o "ser", da subvenção, de direito público, correspondente ao primeiro nível, e o "dever-ser", de como deve ser feito, de direito privado.[289]

A divisão entre público e privado deixou de ser o limite do direito administrativo, e os horizontes do novo direito administrativo mudaram, o que reduz essa divisão a, no máximo, um elemento intrínseco e interno.

E isso se evidencia através de diferentes realidades, como nas situações nas quais a Administração Pública se vale do direito privado para atingir finalidades públicas e nas situações em que pessoas jurídicas privadas se valem do direito público para resolver os conflitos de interesse.

A Constituição Federal não estabelece para os setores da organização Estado-sociedade um regime jurídico específico. O regime jurídico aplicável é híbrido e variável, não é causal, absoluto. A lei vai estabelecer definição para cada setor, o que remete a uma realidade em que não há dois contratos de concessão iguais entre si.[290]

(PEREIRA, Pedro Miguel Matias. *Os poderes do contraente público no código dos contratos públicos*. Coimbra: Coimbra, 2011. p. 118.)

[288] Mas cabe anotar o alerta de Maria João Estorninho: "A conclusão que se pode retirar é a de que facto de haver relativamente poucas aplicações do esquema da *Zweistufentheorie* não significa que se trate de uma solução muito elaborada, em relação à qual se verifica ainda alguma relutância. Pelo contrário, o que se passa é que, em princípio, a actuação de direito privado da Administração alemã está hoje sujeita a esquemas de vinculação jurídico-pública mais elaborados que a *Zweistufentheorie* (seja ele o recurso a contratos jurídico-público ou contratos de direito privado administrativo). Maurer lembra também, a este propósito, que o direito privado administrativo surgiu para enquadrar, de um ponto de vista jurídico-público, o recurso indispensável a normas de direito privado para cumprimento das tarefas administrativas". (ESTORNINHO, Maria João. *Requiem pelo contrato administrativo*. Coimbra: Almedina, 2003. p. 177.)

[289] IBÁÑEZ, Santiago González-Varas. *El derecho administrativo privado*. Madrid: Ed. Montecorvo, 1996. p. 110-112.

[290] No caso dos contratos de concessão e permissão, a Lei nº 8.987/95 estabelece regime público. A autorização pode assumir o regime que a Lei determinar. Telecomunicações e energia elétrica são exemplos em que o serviço público é prestado ora em regime público, ora em regime privado.

Na presente tese não se sustenta um direito administrativo privado. Todavia, quando se fala em direito administrativo privado se abdica um pouco da imperatividade e é esse aspecto interessante que se alinha com a proposta do consensualismo ora defendida, especialmente porque há situações em que a Administração Pública rotineiramente utiliza o direito privado.

A "liberdade" de eleição entre regimes deve aparecer em níveis legislativos e não exclusivamente como discricionariedade administrativa exclusiva.[291] Há uma densificação do regime de acordo com a escolha. A escolha do legislador é uma, do administrador é outra, da comissão de licitação é outra. A questão é de definição de regime jurídico que conviva no tempo e possa balizar a relação contratual e sua execução.

E não se desconsidere o paradoxo de que a Administração Pública pode realizar por ato o que antes realizava por contrato. O exemplo do setor portuário, que hoje utiliza largamente a autorização, representa essa realidade. Também se pode citar a Lei de Telecomunicações, que prevê dois regimes, público (do operador histórico e submetido a um contrato de concessão) e privado (dos demais operadores que não se submetem à licitação).

Porém, há uma dificuldade em estabelecer um marco divisório claro para a adoção de um ou de outro regime. Em termos de regime jurídico a lei não deve definir o regime de ação estatal. Esse regime deve ser definido contrato a contrato. Mas o ponto de partida é um regime de direito, que não é público nem privado. Como já anteriormente afirmado, essa parece ser uma tendência na contemporaneidade.[292]

Cabe destacar a necessidade, dentro desse modelo proposto, de um esforço doutrinário e jurisprudencial na delimitação entre as funções administrativas e não administrativas, para aplicar o direito administrativo.

---

[291] Não se trata propriamente de "liberdade", uma vez que a Administração Pública está sujeita a um espaço de atuação, vinculado aos parâmetros da Constituição e do ordenamento jurídico, e não poderá decidir desvinculada desses parâmetros.

[292] "O regime jurídico do contrato administrativo é, em si mesmo, compatível com o Direito contratual comum: aliás, isto tem sido progressivamente admitido pelos próprios defensores do contrato administrativo, à medida que os administrativistas foram perdendo o 'complexo da exorbitância' em relação ao Direito Privado". (ESTORNINHO, Maria João. *Requiem pelo contrato administrativo*. Coimbra: Almedina, 2003. p. 184.)

O tema tem relação com o conflito ato X contrato. Na medida em que a Administração Pública adota ato administrativo para regular suas relações jurídicas, está fazendo a adoção de um dado regime jurídico. Se adota o contrato administrativo, opta por outro regime jurídico.

Ainda que se tenha apontado que a lógica de uma fuga para o privado ou de um direito administrativo privado sejam temas que não se encaixam com a proposta de enquadramento do contrato administrativo como categoria de direito, nem público, nem privado, não se pode deixar de observar como no mínimo atraente a conformação do direito administrativo privado como uma solução adequada para a sujeição das empresas que, realizando funções administrativas, regem-se pelo direito privado.

Uma solução intermediária entre a aplicação do direito público e do direito privado, que mantém em parte o direito administrativo (evitando a fuga de que tratou na década de 1990 Maria João Estorninho) e por outra parte que atende às necessidades de eficiência da Administração Pública na gestão de seus serviços públicos.

Todavia, por honestidade intelectual, é necessário discutir qual seria o limite sobre essa possibilidade de eleição de regime de direito público e de direito privado pela Administração Pública e se há um espaço de discricionariedade elevado para essa eleição.

A Constituição Federal de 1988 não trata do assunto. Analisando a Constituição Portuguesa, percebe-se o estabelecimento de três regimes: público, privado e cooperativo.[293]

Na contemporaneidade, há tendência de juspublicizar âmbitos tradicionalmente de direito privado, e o discurso pela constitucionalização do direito privado permeou boa parte da discussão jurídica no final do século XX e no início do século XXI.

Mas cabe destacar que são inúmeros os questionamentos sobre a proposta do direito administrativo privado. A discussão sobre fragilização do serviço público, sobre ausência de bases

---

[293] Constituição da República Portuguesa de 1976, art. 80, alínea b: "A organização económico-social assenta nos seguintes princípios: (...) b) Coexistência do sector público, do sector privado e do sector cooperativo e social de propriedade dos meios de produção".

teóricas e sobre uma flexibilização do direito administrativo não pode ser desconsiderada.

Mas é igualmente preciso discutir que a sua proposta de flexibilização de regime, com interpenetração do privado no público, integrando elementos típicos do direito privado a elementos típicos do direito público tradicional, no mínimo busca analisar as realidades de conflito atualmente vivenciadas pela Administração Pública no âmbito negocial. Por isso essa teoria é extremamente oportuna e relevante, pois lançou à discussão precocemente a inaptidão do direito administrativo tradicional em resolver os conflitos contemporâneos na relação contratual administrativa.

Questionamentos nesse espaço são de diferentes ordens, voltados à existência ou não de liberdade de eleição entre regime de direito público e regime de direito privado. Considerando a noção de solução ótima proposta por Celso Antônio Bandeira de Mello,[294] ao analisar a função pública e a discricionariedade administrativa, parece mais adequado tratar-se de um espaço de vinculação a parâmetros jurídicos e não de uma própria liberdade de agir.

A Administração Pública, ao adotar elementos de direito privado ou elementos de direito público na relação contratual, deve motivar adequadamente, de forma bastante e suficiente, as razões concretas de interesse público que justificam a tomada de decisão administrativa, vinculando-se a situações específicas estabelecidas na lei e reportando-se às necessidades do caso concreto.

Essa lógica que desloca a consensualidade para fora do eixo supremacia-indisponibilidade do interesse público e permite um princípio de eleição entre o direito público e o direito privado, no exercício das relações contratuais, também pode ser sustentada através da análise de Carlos Ari Sundfeld, que defende acordos substitutivos inclusive no ambiente de sanções regulatórias, e cita a Lei nº 7.347/85 como permissivo legal, uma vez que esta autoriza que a Administração Pública possa firmar compromisso de ajustamento de sua conduta (TAC) para adequação das condutas dos interessados às exigências legais, mediante cominações,

---

[294] BANDEIRA DE MELLO, Celso Antônio. *Discricionariedade administrativa e controle jurisdicional*. 2. ed. São Paulo: Malheiros, 2017.

atribuindo a este acordo, inclusive, eficácia de título executivo extrajudicial.[295] No mesmo sentido, adotando a possibilidade de acordos substitutivos e integrativos de decisões sancionatórias, está Gustavo Binenbojm.[296]

Prossegue Carlos Ari Sundfeld afirmando que no direito brasileiro existem diferentes exemplos de atos consensuais substitutivos de unilateralidade, além dos Termos de Ajustamento de Conduta nas Ações Civis Públicas, como Termo de Compromisso na CVM (Comissão de Valores Mobiliários), Termo de Compromisso no Setor de Saúde, Acordo de Leniência da Lei Anticorrupção, sustentando que não é uma novidade a ampliação da administração consensual e que a doutrina visualiza neste modelo uma forma alternativa de atendimento do interese público, o que se encaixa perfeitamente na tese que se procura defender.[297]

Sobre os Termos de Ajustamento de Conduta (TAC), é interessante verificar como essa lógica se expande no direito administrativo atual em diferentes espaços, para muito além do campo dos contratos administrativos.

Um exemplo é a Portaria nº 198/2014 – Departamento Penitenciário Nacional, em que se prevê Termo de Ajustamento de Conduta do servidor como instrumento por meio do qual o servidor interessado declara estar ciente da irregularidade a que deu causa, culposa ou dolosamente, comprometendo-se a ajustar sua conduta em observância aos deveres e proibições previstos em lei, possibilitando em algumas situações a interrupção do

---

[295] Para o autor a aceitação dos acordos substitutivos depende da autorização legal. Aponta que a Lei Geral de Telecomunicações delega para a agência reguladora competências e esta poderia estabelecer por regulamento acordos substitutivos. Prossegue afirmando que o artigo 5º, parágrafo 6º, da Lei da Ação Civil Pública, Lei nº 7.347/85, autoriza a celebração de acordos substitutivos pelas autoridades administrativas ("§6º Os órgãos públicos legitimados poderão tomar dos interessados compromisso de ajustamento de sua conduta às exigências legais, mediante cominações, que terá eficácia de título executivo extrajudicial"). (SUNDFELD, Carlos Ari; CÂMARA, Jacintho Arruda. Acordos substitutivos nas sanções regulatórias. *Revista de Direito Público da Economia RDPE*, Belo Horizonte, v. 9, nº 34, p. 133-151, abr./jun. 2011.)

[296] BINENBOJM, Gustavo. *Poder de polícia ordenação regulação*: transformações político-jurídicas, econômicas e institucionais do direito administrativo ordenador. Prefácio de Luis Roberto Barroso. Belo Horizonte: Fórum, 2016. p. 111.

[297] SUNDFELD, Carlos Ari; CÂMARA, Jacintho Arruda. *Op. cit.*, p. 133-151.

processo disciplinar e a substituição de eventual penalidade pelo ajustamento da conduta (conforme art. 5º).[298] Esse é o ponto onde a unilateralidade volta-se ao consenso, e o consenso volta-se à unilateralidade. São exemplos como esse, de acordos substitutivos de atos unilaterais, que permitem a construção de uma doutrina de consensualidade para fora do eixo supremacia-indisponibilidade do interesse público e um princípio de eleição entre o direito público e o direito privado no exercício das relações contratuais.

E a partir desse raciocínio pode-se sustentar as prerrogativas como cláusulas de aplicação episódica e não como elemento inicial na relação contratual relacional.

Nos contratos administrativos relacionais as prerrogativas aparecem fora da relação contratual, não a integram como ponto inicial. São elementos que *a priori* não impactam no negócio, uma vez que este é celebrado mediante paridade e horizontalidade.

A justificativa da retirada das prerrogativas do eixo central do contrato administrativo passa pela revisão do conceito de

---

[298] "Portaria nº 198/2014 – Departamento Penitenciário Nacional.
O DIRETOR-GERAL DO DEPARTAMENTO PENITENCIÁRIO NACIONAL, SUBSTITUTO, no uso de suas atribuições com fundamento no art. 51, inciso I, do Regimento Interno do Departamento Penitenciário Nacional, aprovado pela Portaria Ministerial nº 674, de 20 de março de 2008 e considerando que a lei deve ser interpretada em harmonia com os princípios constitucionais da eficiência, interesse público, economicidade, proporcionalidade e razoabilidade, por meio da racionalização dos procedimentos administrativos disciplinares;
considerando a necessidade de adoção de mecanismos preventivos e corretivos em situações de menor potencial ofensivo, em conformidade com o processo nº 08016.001500/2014-13, resolve:
Art. 1º – Instituir o Termo de Ajustamento de Conduta – TAC do servidor, no âmbito da Diretoria do Sistema Penitenciário Federal.
Art. 2º – O Termo de Ajustamento de Conduta do Servidor (TAC) é o instrumento por meio do qual o servidor interessado declara estar ciente da irregularidade a que deu causa, culposa ou dolosamente, comprometendo-se a ajustar sua conduta em observância aos deveres e proibições previstas na legislação vigente.
§1º – Para os fins deste normativo considera-se infração disciplinar de menor potencial ofensivo a inobservância aos deveres funcionais previstos no art. 116 da Lei nº 8.112/90, ou outros de natureza similar previstos em lei, regulamento ou norma interna, bem como a transgressão das proibições constantes dos incisos I a VIII e XIX, do art. 117 da Lei nº 8.112/90, observada a natureza e a gravidade da infração cometida, os danos que dela provierem para o serviço público, as circunstâncias agravantes ou atenuantes e os antecedentes funcionais.
Art. 5º – Em sindicâncias e processos disciplinares em curso, presentes os requisitos prescritos nesta norma, e antes do indiciamento, a respectiva comissão poderá propor à autoridade competente o ajustamento de conduta como medida alternativa à continuidade da apuração e eventual aplicação da penalidade".

poder de polícia e da postura ordenadora da Administração Pública em sociedade.

Para explicar essa revisão e o impacto nos contratos administrativos, Casalta Nabais afirma que o contrato tende a se expandir sobre domínios tradicionalmente reservados à ação unilateral das autoridades administrativas: a polícia administrativa e o direito fiscal, especialmente ao se considerar uma noção lata de polícia administrativa. Na medida em que a ação de polícia e a ação impositiva passaram a ser instrumento da ação administrativa em geral, o contrato passou a ser utilizado também para esses fins.[299]

Nesse aspecto Carlos Ari Sundfeld aponta que o poder de polícia foi e é utilizado pelo Poder Público como instrumento de injunção na vida privada, interferindo autoritariamente no agir dos indivíduos. No Estado de Direito, liberdade e propriedade são regulamentados pela lei, que compreende dois momentos, o primeiro de relacionamento entre o titular do direito e os outros particulares, e o segundo, de ordenação da convivência entre o particular e o Estado.[300]

Mas aponta que o incremento das atividades da Administração Pública, resultante do Estado Social de Direito, exige uma reformulação do conceito, da forma de atuação e das finalidades do poder de polícia, cuja expressão foi cunhada para um Estado mínimo, desinteressado em interferir na economia, voltado à imposição de limites negativos à liberdade e propriedade. Modernamente, a interferência estatal se intensificou e ressubstancializou-se em qualidade, tendo o Estado avançado para o campo macrojurídico, com incremento qualitativo e quantitativo de responsabilidades.[301]

---

[299] CASALTA NABAIS. José. *Contratos fiscais*. Coimbra: Coimbra Ed., 1994. p. 60.

[300] Para o autor, poder de polícia é atuação administrativa para limitar o direito a propriedade e liberdade. Reconhecer à Administração Pública poder de polícia é ir além da mera descrição da função de aplicar as leis reguladoras dos direitos, pressupõe, segundo Otto Mayer, a ação da autoridade para fazer cumprir o dever que se supõe geral de não perturbar de modo algum a boa ordem pública. A doutrina tem preferido falar em limitações administrativas à liberdade e à propriedade, discretamente omitindo o poder de polícia. Se com a manutenção do poder de polícia se aponta categoria oposta a serviço público, a expressão é claramente insuficiente. (SUNDFELD, Carlos Ari. *Direito administrativo ordenador*: a interferência estatal na vida privada. São Paulo: Malheiros, 1997. p. 20 *et seq.*)

[301] E o autor defende que ou se elabora uma teoria do ato administrativo enquanto categoria puramente formal ou se admite a necessidade de elaborar sistematização ampla e nova de toda atividade de regulação administrativa da vida privada. (SUNDFELD, Carlos

Esse avanço impacta profundamente a contratualização administrativa, especialmente pela expansão do contrato administrativo para situações jurídicas que, anteriormente, eram exclusivamente disciplinadas pela ação unilateral das autoridades administrativas.

O autor assinala que com o surgimento de novos ramos no direito, como o direito econômico, é perceptível que a ciência do direito administrativo não oferece uma teoria geral apta a ser aplicada a cada uma das situações negociais.[302]

Defendendo a necessidade de revisão na atividade de regulação administrativa da vida privada, Carlos Ari Sundfeld aponta que há necessidade de descartar noções e categorias, entre elas a expressão poder de polícia e a noção que a recobre, fundada na unilateralidade, na verticalização da relação administrativa e na hierarquia.[303]

Para o autor a reconstrução da teoria da ação administrativa passa pela identificação de três setores: a Administração de Gestão, a Administração Fomentadora e a Administração Ordenadora. A Administração Ordenadora aparece como contraposta à Administração Pública prestacional, congregando operações estatais de regulação do setor privado com o emprego da autoridade.[304]

A novidade é que não se trata de mera troca de rótulos. É substituição de uma postura metodológica que afeta não só a teoria do ato administrativo, mas o direito administrativo em geral e os contratos em especial. Como ponto de partida, nega-se a existência de uma faculdade administrativa ligada à limitação dos direitos individuais. O poder de regular os direitos é original da lei e a disciplina da vida privada decorre da aplicação da lei.

A teoria da Administração Pública ordenadora, conforme sustenta Carlos Ari Sundfeld, é projeção de uma problemática da Teoria Geral do Direito Público, questionando em que medida e sob

---

Ari. *Direito administrativo ordenador*: a interferência estatal na vida privada. São Paulo: Malheiros, 1997. p. 20 *et seq.*)

[302] *Ibid.*
[303] *Ibid.*
[304] A Administração Pública de Gestão aparece com a função de gerir serviços públicos, serviços sociais e a Administração Pública, enquanto que a Administração Pública fomentadora aparece com a função de induzir por estímulos os particulares a adotarem certos comportamentos de interesse público (*Ibid.*).

que regime pode o Estado interferir na aquisição, exercício e extinção dos direitos da vida privada. A Administração Pública ordenadora resulta da necessidade de o jurista conhecer as atividades governamentais e mostrar como devem incidir os princípios gerais do direito administrativo.

Não é uma parte do direito administrativo, é todo ele aplicado a um conjunto de atividades estatais, parcela de função administrativa desenvolvida com o uso do poder de autoridade, para disciplinar os comportamentos particulares nos termos da lei. Trata-se de exercício de função administrativa voltado à organização da vida privada dentro de uma relação genérica e com a utilização de poder de autoridade.[305]

A noção de Administração Pública ordenadora nasce para negar um poder geral e abstrato da Administração Pública de interferir na liberdade e propriedade, e isso muito se identifica com a proposta de horizontalidade nas relações contratuais administrativas. O ponto forte dessa doutrina é a proposta de reformulação da teoria do poder de polícia, o que contribui para, no ambiente dos contratos administrativos, substituir o entendimento de que as prerrogativas estão *a priori* alocadas no contrato.

A proposta de uma Administração Pública ordenadora é parte de um mosaico novo e diferente, que não se encaixa no mosaico antigo do direito administrativo do século XIX. Esse é mais um argumento a justificar a necessidade de revisão da premissa da verticalidade nos contratos administrativos, especialmente considerando a unilateralidade peculiar das relações negociais administrativas atuais prevista principalmente na Lei nº 8.666/93.

E mais interessante nessa temática é a análise da constituição de direitos a partir de atos administrativos de outorga, concessivos, o que demonstra uma mudança paradigmática que influencia a teoria

---

[305] Os sacrifícios de direitos são instituídos no conflito entre interesse privado e interesse público e a Administração Pública ordenadora é voltada à organização do campo privado de atividades, com interferência estatal autoritária sobre a vida privada, através de técnicas como a criação via ato administrativo de situação jurídica ativa típica da vida privada, a regulação administrativa do exercício dos direitos titularizados pelos particulares, o sacrifício de direitos, a imposição de condicionamentos e a imposição aos particulares de deveres autônomos. (SUNDFELD, Carlos Ari. *Direito administrativo ordenador*: a interferência estatal na vida privada. São Paulo: Malheiros, 1997. p. 20 *et seq.*)

dos contratos administrativos na medida em que desloca a condição de autoridade da relação jurídica administrativa, que deixa de ter o foco na presença da Administração Pública e passa a se justificar numa relação de externalidade com o particular.

Significa dizer, em outras palavras, que o ambiente da Administração Pública ordenadora permite que direitos possam ser constituídos via ato administrativo e não contrato administrativo, mesmo no espaço dos serviços públicos, como por exemplo na autorização de serviço público no mercado.[306]

Essa situação é paradigmática para a construção da doutrina que sustenta que prerrogativas são elementos episódicos (e não ponto inicial) na relação contratual relacional, e fornece estrutura para a proposta de adoção de técnicas consensuais.

Isso não significa defender a retirada de vinculações e controles públicos do contrato. Significa que a relação negocial administrativa, em especial a relacional, de concessão e permissão, não estará pautada *a priori* pela unilateralidade, mas poderá se valer dela para evitar a fragilização de garantias como universalidade do acesso, modicidade de tarifa, regularidade e continuidade de prestação de serviços públicos.

Cabe destacar que, *por medida de garantia de interesse público, as prerrogativas aparecem no contrato administrativo como parâmetros de direito estabilizadores ou conformadores de um regime jurídico público mínimo, mas não aparecem como elemento formador do contrato e nem como característica* a priori *estabelecida*. São prerrogativas que aparecerão *a posteriori*, na medida da satisfação do interesse público, aplicado em concreto na relação contratual administrativa.

Num ambiente híbrido, público e privado, quando o regime é de direito privado, essas garantias são expressadas através da

---

[306] A constituição de direitos privados por ato administrativo é feita a partir da posição de autoridade porque tais direitos atribuem ao particular o poder de realizar ações de outro modo vedadas. Não há vínculo obrigacional entre o Poder Público e o particular. A Administração Pública confere ao particular poderes que no direito privado ninguém pode conceder. A natureza é constitutiva. São decisões em que a Administração Pública, admitindo o exercício pelo particular de atividade inicialmente proibida, constitui em favor dele situação jurídica. Como exemplo, licença para construir, em que o autor a enquadra como ato constitutivo de direitos e afirma a necessidade de reconhecer a natureza constitutiva dos atos ordenadores. (SUNDFELD, Carlos Ari. *Direito administrativo ordenador*: a interferência estatal na vida privada. São Paulo: Malheiros, 1997, p. 35.)

regulação econômica praticada pelo Estado. E poder-se-ia ainda falar em relações administrativas de sujeições especiais, em que o regime de direito privado é submetido a uma relação de sujeição especial. Quando o regime é de direito público, uma vez que o que o caracteriza ou qualifica é a autoexecutoriedade, as garantias aparecem na medida do necessário e quando o consenso não produz habilmente o resultado de interesse público almejado.

Em uma lógica ou em outra o resultado do raciocínio é o mesmo: as prerrogativas não estão constituídas como ponto inicial na relação jurídico administrativa.

Observa-se que o Tribunal de Contas da União em diferentes decisões busca aplicar, subsidiariamente, a Lei nº 8.666/93 a contratos regidos pelas Lei nº 8.987/95 e nº 11.079/2004.

Mas cabe mencionar que a racionalidade da Lei nº 8.666/93 pressupõe um enquadramento das prerrogativas contratuais como ponto de partida da relação negocial, enquanto que a Lei nº 8.987/95 e a Lei nº 11.079/2004 enquadram as prerrogativas fora desse eixo, sendo sustentável que nestes dois últimos ambientes legislativos as prerrogativas somente encontram lugar *a posteriori*, no momento em que eventual conflito entre interesse público e interesse privado se estabelece.

Situações paradoxais como essa somente demonstram que é preciso construir uma teoria geral dos contratos administrativos para além da unilateralidade, de modo a permitir que a jurisprudência dos Tribunais Pátrios e dos Tribunais de Contas possa encontrar novos subsídios para o enquadramento das relações contratuais administrativas.

A coordenação proposta pela Administração Pública consensual pode ser obtida num ambiente de subordinação redefinido ou ressubstancializado, à luz da revisão do próprio conceito de supremacia do interesse público. Para isso basta deslocar a subordinação do conceito do contrato, estabelecendo aplicação episódica a cada situação de conflito ou prejuízo que encontre resistência pelo particular para adoção de postura que atenda ao interesse público.

Pelas suas características é perceptível que as prerrogativas não devem ser consideradas cláusulas gerais obrigatórias em todos os contratos, como se conaturais dos contratos administrativos o fossem. Tais contratos são exemplos que permitem demonstrar na prática a viabilidade do raciocínio exposto.

Por fim, mas não menos importante, cabe a menção de que a consensualidade é decisiva para aprimorar o controle, inclusive no sentido de que ela amplia significativamente a transparência, pela abertura pública da negociação. Mas há urgência de estabelecimento de um ambiente melhor de controle para frear eventuais abusos. A questão do controle no ambiente consensual é hoje preocupação relevante e que carece de grande e profunda construção dogmática e legislativa.

CAPÍTULO 3

A ADOÇÃO DA ARBITRAGEM NAS RELAÇÕES CONTRATUAIS ADMINISTRATIVAS E OS DIREITOS PATRIMONIAIS DISPONÍVEIS

> *Os meios alternativos ao contencioso administrativo entre entidades públicas e privadas devem igualmente ser alternativos aos meios de impugnação alternativa e oferecer, para além do controlo da juridicidade do agir administrativo, o controlo positivo da sua razoabilidade, proporcionalidade e justiça.*[307]

A arbitragem no direito brasileiro aparece como técnica de solução de conflitos por meio da qual os conflitantes aceitam que a solução de seu litígio seja decidida por uma terceira pessoa, numa espécie de heterocomposição, regulada pela Lei nº 9.307/96.

Segundo a Lei nº 9.307/96, a arbitragem pode ser de direito (decisão da controvérsia com base em regras de direito escolhidas livremente pelas partes) ou de equidade (decisão da controvérsia com base em parâmetros de justiça, razoabilidade e equanimidade).[308]

---

[307] NEVES, Ana Fernanda. A resolução dos conflitos laborais públicos por arbitragem administrativa. In: FONSECA, Isabel Celeste M. (Coord.). *A arbitragem administrativa e tributária*: problemas e desafios. 2. ed. Coimbra: Editora Almedina, 2013. p. 39.

[308] A arbitragem poderá ser de direito ou de equidade, a critério das partes (art. 2º da Lei nº 9.307/96). Na arbitragem de direito os árbitros decidem a controvérsia com base em regras de direito e escolhem livremente as regras que serão aplicadas, desde que não haja violação aos bons costumes e à ordem pública (§1º do art. 2º). As partes também poderão convencionar que a arbitragem se realize com base nos princípios gerais de direito, nos usos e costumes e nas regras internacionais de comércio (§2º). Na arbitragem de equidade os árbitros decidirão a

Apenas para localizar o tema, a arbitragem é composta pela *Convenção de Arbitragem*, que por sua vez se apresenta como o gênero que engloba a *Cláusula Compromissória ou Arbitral* e o *Compromisso Arbitral*.

A Cláusula Arbitral é uma cláusula contratual prévia e abstrata em que as partes estipulam que qualquer conflito futuro será resolvido por arbitragem, excluindo *a priori* a possibilidade de tutela jurisdicional. Está prevista no artigo 4º da Lei nº 9.307/96.[309]

O Compromisso Arbitral é um acordo feito entre as partes após o conflito instalado, no qual são ajustados os meios de solução via arbitragem sem a participação do Poder Judiciário, havendo renúncia das partes à jurisdição estatal. A diferença está no fato de se tratar de uma convenção de arbitragem posterior ao conflito e diante de um problema concreto já instalado. O Compromisso Arbitral pode ser firmado mesmo que não exista cláusula compromissória no contrato.

A sentença arbitral é o resultado da arbitragem e constitui-se em título executivo judicial.[310] Todavia, após o árbitro decidir causa, no caso de inadimplemento da decisão pela parte perdedora, a parte vencedora terá que buscar a tutela judicial para execução do título, o qual não carece de homologação judicial.

Para contratos de adesão, a Cláusula Compromissória somente é viável e eficaz se a parte aderente tomar a iniciativa de instituir a arbitragem ou concordar, expressamente, com a sua instituição (§2º do art. 4º da Lei nº 9.307/96).[311] Essa problemática importa ao tema na medida em que ainda hoje a doutrina tradicional qualifica o contrato administrativo como contrato de adesão.

---

controvérsia não com base necessariamente no ordenamento jurídico, mas sim de acordo com aquilo que lhes parecer mais justo, razoável e equânime. Aqui, os árbitros terão uma liberdade de julgamento mais elástica, já que não estarão obrigados a seguir o que diz a lei, podendo conferir solução contrária às regras do direito se isso, no caso concreto, parecer mais justo e adequado. Para a Administração Pública, admite-se apenas a arbitragem de direito.

[309] "Art. 4º A cláusula compromissória é a convenção através da qual as partes em um contrato comprometem-se a submeter à arbitragem os litígios que possam vir a surgir, relativamente a tal contrato".

[310] Art. 475-N, IV, do CPC 1973, art. 515, VII, do CPC 2015.

[311] "§2º Nos contratos de adesão, a cláusula compromissória só terá eficácia se o aderente tomar a iniciativa de instituir a arbitragem ou concordar, expressamente, com a sua instituição, desde que por escrito em documento anexo ou em negrito, com a assinatura ou visto especialmente para essa cláusula".

Desde a edição, a Lei nº 9.307/96 suscitou inúmeras discussões sobre a aplicação de suas disposições à Administração Pública, pois omitiu-se neste ponto, e o dissídio jurisprudencial e doutrinário se estabeleceu.

Na contemporaneidade, há uma mudança paradigmática em relação à arbitragem no âmbito administrativo. Com a substituição de uma administração de agressão e autoridade e a adoção do modelo paritário, consensual e cooperativo, surge um novo espaço para a utilização da arbitragem nas relações jurídico-administrativas.

Atualmente cabe destacar que há pacificação no tema, admitindo-se a arbitragem na esfera da Administração Pública, desde que se trate da arbitragem de direito e se respeite o princípio da publicidade.

A Lei nº 11.079/2004 foi a primeira legislação no Brasil que tratou especificamente da arbitragem como meio de solução de conflitos na Administração Pública, embora no espaço restrito dos contratos de Parceria Público-Privada. No artigo 11, inciso III, há pela primeira vez a menção à utilização de meios privados para solução de conflitos e a Lei direciona genericamente a arbitragem para dirimir conflitos decorrentes ou relacionados ao contrato.[312]

Na sequência legislativa-temporal há um conjunto específico de leis setoriais em que a arbitragem ou a solução extrajudicial de conflitos envolvendo a Administração Pública é autorizada reiteradamente.

A Lei nº 9.472/97 (Lei Geral de Telecomunicações) estabelece em seu artigo 93, inciso XV, que o contrato de concessão deve conter o foro e o modo para solução extrajudicial das divergências contratuais.[313]

A Lei nº 9.478/97 (Lei de Petróleo e Gás) no artigo 20 expressamente dispõe que o regime a ser adotado para solução de conflitos entre os agentes econômicos, usuários e consumidores deverá ter ênfase na arbitragem.[314]

---

[312] Art. 11, inciso III, da Lei nº 11.079/2004.

[313] "Art. 93, Lei nº 9.472/97 – O contrato de concessão indicará:
XV – o foro e o modo para solução extrajudicial das divergências contratuais".

[314] "Art. 20, Lei nº 9.478/97 – O regimento interno da ANP disporá sobre os procedimentos a serem adotados para a solução de conflitos entre agentes econômicos, e entre estes e usuários e consumidores, com ênfase na conciliação e no arbitramento".

A Lei nº 10.233/2001 (Lei de Transportes Aquaviários e Terrestres) define que o contrato de concessão terá como cláusula essencial regras de arbitragem para solução de controvérsias em relação ao contrato ou à sua execução.[315]

A Lei nº 10.438/2002 (Lei do Setor Elétrico) também disciplina a arbitragem, mas vai além do que as legislações anteriores estabeleceram, porque prevê aditamento dos contratos de energia elétrica para inclusão de cláusula compulsória de solução de controvérsias por arbitragem. A compulsoriedade é inovação sensível, pois até este momento a arbitragem era possibilidade discricionária do administrador, e não vinculação legislativa.[316]

A Lei nº 11.196/2005 (Lei de Incentivos Fiscais à Pesquisa e Desenvolvimento da Inovação Tecnológica) trata do tema igualmente, alterando a Lei nº 8.987/95 para incluir o artigo 23-A, que permite a inclusão da arbitragem como mecanismo privado para resolução de conflitos nos contratos de concessão comum.[317]

A Lei nº 11.909/2009 (Lei de Transporte de Gás Natural) também dispõe que o contrato de concessão deverá possuir como cláusula essencial a arbitragem na solução das controvérsias do contrato e sua execução.[318]

A Lei nº 12.462/2011, alterada pela Lei 13.190/2015, estabelece *que poderá ser admitido o emprego dos mecanismos privados de resolução*

---

[315] "Art. 35, Lei nº 10.233/2001 – O contrato de concessão deverá refletir fielmente as condições do edital e da proposta vencedora e terá como cláusulas essenciais, ressalvado o disposto em legislação específica, as relativas a:
XVI – regras sobre solução de controvérsias relacionadas com o contrato e sua execução, inclusive a conciliação e a arbitragem".

[316] "Art. 4º, §8º, Lei nº 10.438/2001 – Os contratos iniciais e equivalentes, assim reconhecidos em resolução da Aneel, serão aditados para contemplar uma fórmula compulsória de solução de controvérsias, para que a Aneel instaure *ex officio*, caso as partes não o façam em prazo determinado, os mecanismos de solução de controvérsias existentes, sem prejuízo da atuação subsidiária da Aneel na arbitragem de controvérsias".

[317] "Art. 120, Lei nº 11.196/2005 – A Lei nº 8.987, de 13 de fevereiro de 1995, passa a vigorar acrescida dos arts. 18-A, 23-A e 28-A:
Art. 23-A – O contrato de concessão poderá prever o emprego de mecanismos privados para resolução de disputas decorrentes ou relacionadas ao contrato, inclusive a arbitragem, a ser realizada no Brasil e em língua portuguesa, nos termos da Lei nº 9.307, de 23 de setembro de 1996".

[318] "Art. 21, Lei nº 11.909/2009 – O contrato de concessão deverá refletir fielmente as condições do edital e da proposta vencedora e terá como cláusulas essenciais:
XI – as regras sobre solução de controvérsias relacionadas com o contrato e sua execução, inclusive a conciliação e a arbitragem".

de disputas, inclusive a arbitragem, e a mediação, para dirimir conflitos decorrentes da sua execução ou a ela relacionados.[319]

A nova Lei dos Portos, Lei nº 12.815/2013 ao disciplinar o regime dos portos no Brasil também previu arbitragem, e numa inovação significativa, estendeu seus efeitos para além do âmbito contratual, permitindo a utilização da arbitragem para resolver aplicação de penalidades disciplinares.[320]

Mais recentemente, a mudança paradigmática de adoção do consensualismo como meio de solução de conflitos foi consolidada com a edição das Leis nº 13.129/2015 e nº 13.140/2015.

A Lei nº 13.129/2015 instituiu a arbitragem na Administração Pública em geral e permite que a Administração Pública utilize a arbitragem para resolução de conflitos relativos a direitos patrimoniais disponíveis, sem contudo definir objetivamente um conteúdo para essa expressão e sem estabelecer os limites normativos que balizarão a discricionariedade administrativa na sua aplicação.[321]

A Lei nº 13.129/2015 estabelece uma autorização genérica para a utilização da arbitragem pela Administração Pública para todo e qualquer conflito que envolva direitos patrimoniais disponíveis, nas três esferas da Federação, definindo a competência para celebrar a convenção da autoridade competente para assinar acordos ou transações.

Mas a lei é de absoluta relevância, pois resolveu um enorme dissídio jurisprudencial e doutrinário acerca da possibilidade jurídica de adoção da arbitragem.[322] A lei expressamente autoriza a arbitragem e dispõe que esta será sempre de direito e deverá respeitar o princípio da publicidade.[323]

---

[319] Art. 44-A, Lei nº 12.462/2011, alterada pela Lei 13.190/2015.
[320] Art. 32, art. 33, inciso I, alíneas "a", "b", "c", Art. 35, Art. 37, §1º, §2º §3º da Lei nº 12.815/2013.
[321] Art. 1º, da Lei nº 13.129/2015.
[322] Art. 1º, da Lei nº 13.129/2015.
[323] Art. 1º, §3º, Lei nº 13.129/2015. Neste ponto, Mariana Muniz, em entrevista publicada no *site* jurídico JOTA, em 31 de agosto de 2016, a propósito da arbitragem na Administração Pública, afirma que a publicidade é necessária para garantir a transparência, mas que a responsabilidade pela publicação não é das Câmaras de Arbitragem, e sim dos entes públicos, muito embora deva se respeitar segredos protegidos por lei. (MUNIZ, Mariana. Lei da Arbitragem abriu caminho para mediação e conciliação. *JOTA*, 31 ago. 2016. Disponível em: <https://jota.info/consenso/lei-da-arbitragem-abriu-caminho-para-mediacao-e-conciliacao-diz-especialista-31082016>. Acesso em: 01/02/2017.)

E o processo de mudança paradigmática e de consolidação do modelo paritário na solução de conflitos veio com a Lei nº 13.140/2015, que criou para as pessoas jurídicas de direito público a figura da autocomposição de conflitos, propondo resolução consensual de conflitos entre órgãos e entidades da Administração Pública, entre particulares e pessoas jurídicas de direito público, e ainda a transação por adesão. A mesma Lei disciplinou a autocomposição para promoção de Termos de Ajustamento de Conduta e para dirimir conflitos da equação econômico-financeira do contrato.[324]

Ainda, a Lei nº 13.140/2015 disciplinou diferentes realidades relevantes para a arbitragem na Administração Pública, como a mediação coletiva em relação à prestação de serviços públicos (Art. 33), a suspensão da prescrição na instauração da resolução consensual (Art. 34), conflitos que envolvam a Administração Pública direta e indireta resolvidos por transação por adesão, necessitando de autorização da Advocacia Geral da União (Art. 35). A adesão implica renúncia do interessado ao direito, especialmente nas ações coletivas. E, finalmente, a Lei tratou da transação em caso de improbidade (Art. 36, §4º).

Por fim, o projeto em tramitação no Poder Legislativo Federal de reforma da Lei nº 8.666/93, Projeto nº 559/2013, incluiu expressamente a arbitragem como forma de solução de conflitos no ambiente das regras gerais de licitação e contratos.

Todas essas questões necessitarão de enfrentamento doutrinário específico, mas já são realidade normativa para a Administração Pública brasileira. Embora não haja um rito específico para a Administração Pública, é necessário o estabelecimento acautelatório de formalidades próprias da Administração Pública, para evidenciar o respeito à publicidade, impessoalidade e ao regime jurídico-administrativo.

É inegável um incremento qualitativo e quantitativo na utilização da arbitragem no ambiente negocial administrativo.[325]

---

[324] Art. 1º, Art. 32, incisos I, II, III, §5º, Art. 34, Art. 35, incisos I e II, da Lei nº 13.140/2015.

[325] Mariana Muniz aponta que há um incremento quantitativo da arbitragem na Administração Pública e revela que em pesquisa efetuada em 2015 "em cinco câmaras de arbitragem houve 20 casos de arbitragens com a administração pública, e quando eu falo em

Essa tendência de incremento na utilização da arbitragem na Administração Pública por certo será ainda mais consolidada após a edição da Lei nº 13.334/2016, que instituiu o Programa de Parcerias de Investimentos – PPI, o qual tem como objetivo a ampliação e fortalecimento da interação público-privado por meio da celebração de contratos de parceria para a execução de empreendimentos públicos de infraestrutura e de outras medidas de desestatização.[326]

Porém, a grande dificuldade na aplicação da arbitragem no âmbito contratual é a indeterminação do que pode ser submetido a sua decisão e como deve ser submetido. Isso porque não basta o

---

administração pública falo na administração pública direta e indireta, em todas as esferas do governo. São 4% do número das arbitragens. Mas então há um desenvolvimento grande nessas áreas. Esse percentual provavelmente tenderá a subir nos próximos anos, haja vista a previsão expressa na Lei de Arbitragem da arbitragem com a administração pública nos contratos de Parceria Público-Privada (PPP), concessões em geral e a recém-instituída Parceria Pública de Investimento – PPI (MP 727 de 12.05.2016)". (MUNIZ, Mariana. Lei da Arbitragem abriu caminho para mediação e conciliação. *JOTA*, 31 ago. 2016. Disponível em: <https://jota.info/consenso/lei-da-arbitragem-abriu-caminho-para-mediacao-e-conciliacao-diz-especialista-31082016>. Acesso em: 01/02/2017.)

[326] "Lei nº 13.334/2016. Art. 1º Fica criado, no âmbito da Presidência da República, o Programa de Parcerias de Investimentos – PPI, destinado à ampliação e fortalecimento da interação entre o Estado e a iniciativa privada por meio da celebração de contratos de parceria para a execução de empreendimentos públicos de infraestrutura e de outras medidas de desestatização.
§1º Podem integrar o PPI:
I – os empreendimentos públicos de infraestrutura em execução ou a serem executados por meio de contratos de parceria celebrados pela administração pública direta e indireta da União;
II – os empreendimentos públicos de infraestrutura que, por delegação ou com o fomento da União, sejam executados por meio de contratos de parceria celebrados pela administração pública direta ou indireta dos Estados, do Distrito Federal ou dos Municípios; e
III – as demais medidas do Programa Nacional de Desestatização a que se refere a Lei nº 9.491, de 9 de setembro de 1997.
§2º Para os fins desta Lei, consideram-se contratos de parceria a concessão comum, a concessão patrocinada, a concessão administrativa, a concessão regida por legislação setorial, a permissão de serviço público, o arrendamento de bem público, a concessão de direito real e os outros negócios público-privados que, em função de seu caráter estratégico e de sua complexidade, especificidade, volume de investimentos, longo prazo, riscos ou incertezas envolvidos, adotem estrutura jurídica semelhante.
Art. 2º São objetivos do PPI:
I – ampliar as oportunidades de investimento e emprego e estimular o desenvolvimento tecnológico e industrial, em harmonia com as metas de desenvolvimento social e econômico do País;
II – garantir a expansão com qualidade da infraestrutura pública, com tarifas adequadas;
III – promover ampla e justa competição na celebração das parcerias e na prestação dos serviços;
IV – assegurar a estabilidade e a segurança jurídica, com a garantia da mínima intervenção nos negócios e investimentos; e
V – fortalecer o papel regulador do Estado e a autonomia das entidades estatais de regulação".

contrato administrativo estipular a arbitragem como meio amigável para solução de conflitos e não prever as condições em que a arbitragem se dará.

Cláusula arbitral vazia e ausência de delimitação dos limites conceituais dos interesses patrimoniais disponíveis são desafios a serem enfrentados para garantir a eficácia da arbitragem e para evitar desvios de finalidade, pessoalidade no trato dos conflitos durante a execução do contrato e até interferências econômicas e políticas na solução dos casos concretos, com claro prejuízo ao interesse público.

Cabe destacar o entendimento de que quando a Administração Pública submete-se à arbitragem não está transigindo com interesse público indisponível, mas transacionando direitos patrimoniais disponíveis.

André Luiz Nascimento Parada sustenta que nos contratos administrativos o que se transfere são bens e direitos patrimoniais disponíveis, pois, "se não contemplassem essa natureza, não poderiam ser objeto de contratos", especialmente considerando que direito disponível é o direito que as partes podem constituir ou extinguir por meio de acordo de vontade. E nessa medida conclui que dispor de direitos patrimoniais não significa dispor de interesse público.[327]

Para Dinorá Adelaide Musetti Grotti, a adoção de mecanismos privados de solução de controvérsias representa para os investidores uma garantia, pois tende a reduzir as disputas judiciais. E sustenta que a arbitrabilidade objetiva, nos parâmetros legais atuais, determina arbitragem sobre direitos patrimoniais disponíveis, em que a patrimonialidade não traz maiores polêmicas, tendo em vista que patrimonial é o direito passível de conteúdo econômico. Na sua visão, a discussão se desloca para a disponibilidade.

Nesse ponto, a autora afirma que não existe um critério legal que permita determinar os direitos disponíveis da Administração Pública, e a verificação será feita caso a caso, sendo duvidosa a possibilidade de arrolamento legal das hipóteses. Exemplificativamente cita

---

[327] PARADA, André Luiz Nascimento. *Arbitragem nos contratos administrativos*: análise crítica dos obstáculos jurídicos suscitados para afastar sua utilização. Curitiba: Juruá, 2015. p. 108.

disputas sobre equilíbrio da equação econômico-financeira, sobre a identificação e o cumprimento das obrigações contratuais de ambas as partes, inclusive as consequências do descumprimento e disputas sobre a extinção do contrato.[328]

Em sentido contrário, Marta Garcia Pérez afirma que é recomendável uma concreção mínima sobre quais as matérias sujeitas à arbitragem.[329]

Eduardo Talamini destaca que o Poder Público não estará abdicando de direito material com a arbitragem, pois na medida em que reconhece o direito do particular, não haverá direito a favor da administração e pontua que indisponível será apenas aquilo que não pode prescindir da jurisdição para o reconhecimento.[330]

Para Paulo Osternack Amaral, a utilização da arbitragem reduz as impugnações da decisão estatal,[331] o que por certo contribui para diminuição da litigiosidade na relação contratual.

---

[328] A autora ainda destaca que a doutrina tem apresentado alguns critérios para sistematizar o conceito de direito público disponível: (1) interesses públicos primários e secundários; (2) atos de império e de gestão; (3) ordem pública; (4) dos passíveis de transação; (5) dos que podem ser alienados ou renunciados; (6) dos direitos em relação aos quais não há proibição a que se reconheça. Todavia, essas sistematizações não são suficientes para identificar a disponibilidade, além de estarem claramente em dissonância com a lógica que permeia a tese (GROTTI, Dinorá Adelaide Musetti. A arbitragem nos contratos da administração pública. In: PONTES FILHO, Valmir; MOTTA, Fabricio; GABARDO, Emerson (Coord.). *Administração Pública*: desafios para a transparência, probidade e desenvolvimento – XXIX Congresso Brasileiro de Direito Administrativo. Belo Horizonte: Fórum, 2017. p. 91-93). André Luiz Nascimento Parada aponta um rol exemplificativo de conflitos contratuais que podem ser solucionadas mediante arbitragem: "a) Quebra do equilíbrio da equação econômico-financeira; b) Identificação e cumprimento das obrigações contratuais de ambas as partes contratantes, inclusive as consequência do descumprimento; c) Interpretação do contrato durante a sua execução como a abrangência do seu objeto, o reajuste, a declaração de que um serviço foi cumprido segundo o que fora estipulado para fins da aplicação de multa contratual: e após, para apuração de haveres decorrentes de rescisão; d) Os pressupostos e decorrências da extinção do contrato revestido de cunho patrimonial; e) Cláusulas técnicas, por exemplo, em que a avença estabelece determinado ângulo para lançamento de concreto". (PARADA, André Luiz Nascimento. *Arbitragem nos contratos administrativos*: análise crítica dos obstáculos jurídicos suscitados para afastar sua utilização. Curitiba: Juruá, 2015. p. 110.)

[329] PÉREZ, Marta García. El arbitraje de derecho administrativo en España: reflexiones y propuestas en tiempos de crisis. In: FONSECA, Isabel Celeste M. (Coord.). *A arbitragem administrativa e tributária*: problemas e desafios. 2. ed. Coimbra: Almedina, 2013. p. 311-346.

[330] TALAMINI, Eduardo. Arbitragem e parceria público-privada. In: TALAMINI, Eduardo; JUSTEN, Monica Spezia (Coord.). *Parcerias Público-Privadas*: um enfoque multidisciplinar. São Paulo: Revista dos Tribunais, 2005. p. 340.

[331] AMARAL, Paulo Osternack. *Arbitragem e administração pública*: aspectos processuais, medidas de urgência e instrumentos de controle. Prefácio de Flávio Luiz Yarshell. Belo Horizonte: Fórum, 2012. p. 20.

É relevante também a doutrina de Cassio Telles Ferreira Netto, o qual afirma que a inclusão de cláusulas arbitrais nos contratos administrativos flexibiliza a relação contratual entre as partes, prioriza o equilíbrio de interesses e possibilita maior relevo à igualdade contratual, sem deixar de respeitar as prerrogativas. E ainda, atende aos princípios da eficiência, economicidade, legalidade e moralidade.[332]

Cabe ainda destacar, nas palavras de Adilson de Abreu Dallari, que quando o Poder Público opta pela arbitragem, não está transigindo com o interesse público, e sim escolhendo uma forma mais expedita para a defesa do interesse público.[333]

A disponibilidade e a patrimonialidade dos interesses públicos são a chave da discussão para a adoção da arbitragem nos contratos administrativos. A identificação de quais são os elementos patrimoniais disponíveis no contrato é determinante para que o ambiente paritário possa ser adequadamente controlado e para se evitar desvios de finalidade.

Muitos doutrinadores apontam no sentido de que direitos patrimoniais disponíveis estão diretamente relacionados com os interesses públicos secundários da Administração Pública.

Essa posição acaba por conflitar com o entendimento da noção de supremacia do interesse público sustentado na tese, e entende-se que é possível afirmar que interesses patrimoniais disponíveis são todos aqueles que podem ser transacionados sem prejuízo para o interesse público ou para adoção da solução ótima na tomada de decisão administrativa.

No âmbito dos contratos administrativos, a solução ótima deve estar vinculada à lógica da vantajosidade, o que pressupõe uma análise para muito além da verificação do valor da contratação e que engloba elementos relacionados à qualidade do serviço prestado, à sustentabilidade ambiental, ao atendimento aos fins de interesse público. Enfim, a solução ótima passa pela verificação da legitimidade e eficiência da decisão, além da economicidade.

---

[332] FERREIRA NETTO, Cassio Telles. *Contratos administrativos e arbitragem*. Rio de Janeiro: Elsevier, 2008. p. 30.
[333] DALLARI, Adilson de Abreu. Arbitragem na concessão de serviços públicos. *Revista Trimestral de Direito Público*, São Paulo, nº 13, p. 8, 1996.

Nesse sentido o conceito de solução ótima está sensivelmente ligado ao conceito de boa administração, o qual pressupõe que a Administração Pública deve proceder sempre da melhor forma para atender à satisfação das necessidades coletivas, adotando as melhores soluções possíveis do ponto de vista administrativo (técnico e financeiro), e é associado à ideia de eficiência.[334]

A Administração Pública pode e deve transacionar dentro do espaço dos interesses patrimoniais disponíveis para obter celeridade, economicidade e vantajosidade durante a execução contratual.

E nessa análise é relevante a identificação das relações da arbitragem com o interesse público, de modo a possibilitar uma forma de identificar no caso concreto os direitos patrimoniais disponíveis sujeitos à negociação. Ao analisar a dupla noção jurídica de interesse público no direito administrativo, Daniel Wunder Hachem parece oferecer uma proposta interessante de análise. Sustenta o autor duas noções de interesse público.

A primeira noção, interesse público em sentido amplo, com previsão no direito positivo e significando aquele genericamente considerado e que compreende todos os interesses juridicamente protegidos (interesse da coletividade em si mesma considerada, geral, e os interesses individuais e coletivos, específicos). A segunda noção, interesse público em sentido estrito, correspondendo ao interesse da coletividade em si mesma considerada (interesse geral), identificado no caso concreto pela Administração Pública e que consiste num pressuposto positivo de validade da atuação administrativa.[335]

Ao explicar o interesse público em sentido amplo, o autor pondera que este possui uma conotação mais ampla, pois será público todo o interesse protegido pelo ordenamento jurídico e de responsabilidade de realização pelo Estado, direta ou indiretamente.

---

[334] ALMEIDA, Mário Aroso de. *Teoria geral do direito administrativo*: o novo regime do Código de Procedimento Administrativo. 2. ed. Coimbra: Almedina, 2015. p. 56.

[335] "eis que o ordenamento jurídico só autorizará a prática do ato quando presente esse interesse público em sentido estrito, hipótese em que estará autorizada a sua prevalência sobre interesses individuais e coletivos (interesses específicos) também protegidos pelo sistema normativo". (HACHEM, Daniel Wunder. A dupla noção jurídica de interesse público em direito administrativo. *A&C – Revista de Direito Administrativo & Constitucional*, Belo Horizonte, v. 11, nº 44, p. 68-69, abr./jun. 2011.)

Relaciona-se, na sua visão, com a ideia de juridicidade administrativa, de submissão do Estado ao Direito como um todo e não apenas à lei em sentido formal. E ensina que o processo de definição de quais são os interesses públicos em sentido amplo é realizado primeiro através do estabelecimento dos valores fundamentais da sociedade, pela Constituição e pelo legislador ordinário, que delimitarão quais os fins a serem buscados pelo Estado. Em segundo lugar, entra o Poder Executivo, com a expedição de atos normativos, delimitando os interesses definidos na Constituição e nas leis, de modo *secundário* e subordinado às normas legais e constitucionais.[336]

E a Administração Pública irá, a partir do caso concreto, por meio de atos administrativos concretos, realizar o interesse público dentro do alcance e requisitos estabelecidos na Constituição, leis e atos administrativos normativos.[337]

Já quando trata de interesse público em sentido estrito, o autor afirma que consiste em parcela de interesses juridicamente protegidos, que se refere à coletividade considerada em si mesma, cuja identificação deve ser efetuada no caso concreto pelo Estado, onde a norma jurídica atribui competência e prerrogativas "para assegurar a prevalência desses interesses sobre interesses específicos (individuais e coletivos) também tutelados pelo sistema normativo".[338]

A Administração Pública deve avaliar no caso concreto se existe um interesse público que justifique a sua atuação, titularizado

---

[336] *Ibid.*, p. 69-73. Sobre a subordinação do poder regulamentar do Poder Executivo à Constituição e à legislação, cabem as lições de: CLÈVE, Clèmerson Merlin. *Atividade legislativa do Poder Executivo no Estado contemporâneo e na Constituição de 1988*. São Paulo: Revista dos Tribunais, 1993. p. 135-140.

[337] "Frise-se, assim, que a subordinação da atividade administrativa ao *interesse público em sentido amplo* é exigida não apenas nos atos vinculados, mas também naqueles praticados no exercício de competência discricionária. Esses últimos só estarão em conformidade com essa modalidade de interesse público se sua prática se destinar à finalidade prevista pela norma, de sorte que a ação da Administração tenha como objetivo produzir o resultado específico que a lei destina àquele ato em particular. Nessa medida é que se afirma que o *interesse público em sentido amplo* funciona como uma *condição negativa de validade* dos atos administrativos, tanto vinculados quanto discricionários, pois lhes estabelece um limite: ele impede, de um lado, que a Administração atue ao arrepio do ordenamento jurídico, e, de outro, que sejam expedidos atos desobedientes a determinada finalidade a que eles se destinam, tal qual instituída pela norma jurídica que autorizou a sua prática. A violação ao interesse público nessas situações rende ensejo à anulação do ato administrativo pela jurisdição, através da conhecida técnica do *desvio de poder* ou *desvio de finalidade*". (*Ibid.*, p. 79.)

[338] *Ibid.*, p. 87.

pela coletividade, qualificado como *interesse geral*, que justifique sua intervenção e prevalência sobre interesses *individuais* ou *coletivos*, que venham a colidir com ele. As normas constitucionais, legais e regulamentares poderão atribuir ao Poder Público a tarefa de apreciar concretamente o que "convém ao *interesse público em sentido estrito explicitamente*", utilizando o "interesse público como conceito legal" ou *implicitamente*, "atribuindo uma competência discricionária ao agente público". Em ambas as situações, o sistema jurídico impõe ao Poder Público a obrigação de analisar no caso concreto quais situações atendem ao interesse da coletividade, justificando a tomada de decisão administrativa em critérios jurídicos.[339]

Essa discussão é relevante para a delimitação e controle do conceito de direitos patrimoniais disponíveis, pela sua natureza indeterminada. García de Enterría, ao discutir a indeterminação do conceito de interesse público, bem orienta a análise, ao dispor que ainda que a lei aponte indeterminação e vagueza, há em seu conteúdo definição de situações fáticas ou espaços de atuação que permitem a identificação de realidades concretas, perfeitamente determináveis, no mínimo pela análise do sentido contrário, em que o posicionamento de determinado fato como de interesse público

---

[339] HACHEM, Daniel Wunder. A dupla noção jurídica de interesse público em direito administrativo. *A&C – Revista de Direito Administrativo & Constitucional*, Belo Horizonte, v. 11, nº 44, p. 87, abr./jun. 2011. O autor ainda desenvolve sobre interesse público como conceito legal: "Tratando-se do 'interesse público como conceito legal', o Poder Público, diante de um dado caso, deverá demonstrar que aquela situação fática enquadra-se no motivo legal definido como 'interesse público', desencadeando então as consequências jurídicas definidas pela norma. A expressão 'interesse público' ou alguma de suas similares ('interesse social', 'interesse geral', 'utilidade pública', 'interesse nacional', etc.) é incorporada pela disposição normativa, a qual, ao aplicar-se a uma ocasião específica, alcança um grau de concreção muito mais elevado em razão do contexto reduzido de circunstâncias que poderão explicar a sua utilização. Logo, quando se depara com o 'interesse público como conceito legal', o órgão reveste-se do dever-poder de, no episódio concreto, verificar se está presente um fato subsumível à categoria do interesse público, momento em que serão deflagrados os efeitos jurídicos pretendidos pela norma" (*Ibid.*, p. 88-90). Como exemplo, o autor cita, entre outros, as hipóteses "de encampação do serviço público concedido, 'por motivo de interesse público' (art. 37 da Lei Federal nº 8.987/95), de rescisão unilateral do contrato administrativo por 'razões de interesse público' (art. 78, XII, da Lei Federal nº 8.666/93), de revogação da licitação 'por razões de interesse público decorrente de fato superveniente devidamente comprovado' (art. 49 da Lei Federal nº 8.666/93, etc". E sobre interesse público e discricionariedade administrativa o autor assinala que "São as ocasiões em que, muito embora a lei não lance mão do termo 'interesse público', esse constitui, tacitamente, um pressuposto necessário para permitir o exercício de determinada prerrogativa pela Administração". (*Ibid.*, p. 91-93).

exige a verificação sobre se a conduta é de interesse público ou não, havendo um espaço de certeza positiva, do que não se discute como de interesse público, e um espaço de certeza negativa, do que corresponde ao que não se alinha ao conceito.[340]

O STF, já em 2002, analisou a disposição de interesses pela Administração Pública à luz da indisponibilidade do interesse público e emitiu naquela ocasião juízo sobre a possibilidade de certa mitigação do princípio, adotando o critério da solução ótima.[341]

---

[340] (GARCÍA DE ENTERRÍA, Eduardo. Una nota sobre el interés general como concepto jurídico indeterminado. *Revista Española de Derecho Administrativo*, Madrid, nº 89, p. 81-83, jan./mar. 1996.) Sobre a definição dessa zona de certeza positiva, Daniel Wunder Hachem assim se posiciona: "O processo de identificação, no mundo dos fatos, das situações que se encaixam na noção de interesse público nada mais é, portanto, do que um problema de interpretação jurídica. E essa interpretação deve ser iluminada pelo brilho do núcleo desse conceito. No caso do interesse público, essa zona de certeza positiva é composta pelos valores plasmados no Preâmbulo da Constituição, bem como pelos seus princípios e objetivos fundamentais, que na Lei Maior brasileira de 1988 estão arrolados no Título I (arts. 1º a 4º da CF) (...) Logo, apesar da indeterminação do conceito de interesse público, ele pode ser determinado no caso concreto pelo Poder Público, e para identificá-lo o agente deverá interpretar as circunstâncias fáticas à luz dos elementos acima referidos, que se acomodam no núcleo de certeza positiva dessa categoria jurídica. (...) A categoria do interesse público em sentido estrito abrange, portanto, somente aquilo que se propõe a rotular de interesse geral (da coletividade em si mesma considerada), distinguindo-se dos interesses específicos (individuais e coletivos) protegidos pelo ordenamento. A identificação desse interesse, viu-se, compete aos órgãos e agentes públicos, nas hipóteses em que uma norma jurídica (constitucional, legal ou regulamentar) lhes conferir essa incumbência, seja na forma de 'interesse público como conceito legal', seja por meio da atribuição de uma competência discricionária. Em tais situações, será preciso que, no caso concreto, o Poder Público se depare com a existência de um interesse público especial, qualificado, que justificará o manejo de uma prerrogativa de autoridade para fazer predominar o interesse geral sobre os interesses específicos (individuais ou coletivos) que, embora resguardados pelo sistema normativo, deverão ceder passo ao primeiro. A existência desse interesse público reforçado na realidade fática constituirá uma condição positiva de validade da ação estatal, de molde que a sua ausência acarretará nulidade do ato, sujeitando-o ao controle jurisdicional. O manejo das prerrogativas públicas não permite, contudo, que o Estado faça o interesse geral prevalecer sobre os interesses individuais e coletivos juridicamente protegidos em todas as vezes que houver choque entre eles. Tal prevalência dependerá das circunstâncias do caso concreto, uma vez que ambos os interesses em jogo encontram respaldo normativo. E mais: ela não implicará o aniquilamento dos interesses individuais ou coletivos que tiverem cedido passo ao interesse geral, mas tão somente a sua restrição ou afastamento naquela determinada ocasião". (HACHEM, Daniel Wunder. A dupla noção jurídica de interesse público em direito administrativo. *A&C – Revista de Direito Administrativo & Constitucional*, Belo Horizonte, v. 11, n. 44, p. 99-102, abr./jun. 2011.)

[341] "Poder Público. Transação. Validade. Em regra, os bens e o interesse público são indisponíveis, porque pertencem à coletividade. É, por isso, o Administrador, mero gestor da coisa pública, não tendo disponibilidade sobre os interesses confiados à sua guarda e realização. *Todavia, há casos em que o princípio da indisponibilidade do interesse público deve ser atenuado, mormente quando se tem em vista que a solução adotada pela Administração é a que melhor atenderá à ultimação deste interesse.* Assim, tendo o acórdão recorrido concluído pela não onerosidade do acordo celebrado, decidir de forma diversa implicaria o reexame

A identificação da solução ótima no caso concreto viabiliza identificar se há direito patrimonial disponível que possibilite a negociação. Se o Poder Público contratante demonstrar ausência de prejuízo ao interesse público em sentido estrito, e se demonstrar que com a disposição de determinado interesse contratual, ligado por exemplo à equação econômica, haverá melhor atendimento das finalidades primordiais que levaram à contratação, é possível a transação e esta deve ser realizada.

Em síntese, a adoção da arbitragem no ambiente contratual administrativo viabiliza solucionar conflitos de interesse atendendo ao regime jurídico administrativo, proporcionando especialmente eficiência, a razoável duração do processo e boa-fé, exatamente pela exigência de identificação da solução ótima a atender o interesse público em sentido estrito.

É técnica consensual que agrega valor e segurança ao contrato, prevenindo litígios judiciais e oportunizando a satisfação do interesse público no contrato de forma adequada e muito mais célere e econômica no comparativo com a tutela jurisdicional.

Como a definição dos direitos patrimoniais disponíveis não é realizada no plano da norma jurídica, tendo a Lei nº 13.129/2015 delegado ao administrador a competência discricionária para sua delimitação, há ampliação da responsabilidade do Poder Público na justificação da solução ótima, exatamente para evitar desvio de finalidade e prejuízos ao interesse público.

Em que pese ainda a pouca vivência da Administração Pública em negociação, e a fragilidade dos mecanismos de controle sobre a ação administrativa consensual, é inegável o avanço no direito positivo da arbitragem nos contratos administrativos, o que exige um olhar atento da doutrina e da jurisprudência. Se bem empregada, a arbitragem pode se traduzir num instrumento valioso de estabilidade das relações negociais administrativas.

---

da matéria fático-probatória, o que é vedado nesta instância recursal (Súmula 279/STF). Recurso extraordinário não conhecido". RE 253.885/MG, 1.ª T., j. 04.06.2002, rel. Min. Ellen Gracie Northfleet, DJ 21.06.2002.

PARTE IV

REPOSICIONAMENTO DO REGIME JURÍDICO DE PRERROGATIVAS CONTRATUAIS E A VISÃO DE CONTRATO ADMINISTRATIVO COMO INSTRUMENTO DE DESENVOLVIMENTO

> *O contrato administrativo continua bem actual e, surpreendentemente, a dualidade em que ele sempre se baseou – consenso e autoridade – é até um dos sinais distintivos do direito administrativo do nosso tempo.*[342]

O direito administrativo contemporâneo é um direito em certa medida em conflito com seu tempo, e esse fato foi reconhecido como premissa da presente análise, assim como a necessidade de construção de um instrumental teórico suficiente e adequado para disciplinar os seus atuais desafios.[343]

---

[342] GONÇALVES, Pedro Costa. *O contrato administrativo*: uma instituição do direito administrativo do nosso tempo. Coimbra: Almedina, 2002. p. 9 *et seq.*
[343] (MOREIRA, Egon Bockmann. O contrato administrativo como instrumento de governo. In: GONÇALVES, Pedro Costa (Org.). *Estudos de Contratação Pública IV*. Coimbra: Coimbra Editora, 2012). O autor ainda afirma que nos contratos administrativos de lapso curto havia uma correlação quase que imediata entre o tempo dos contratos e o tempo dos mandatos. O tempo político e o jurídico contratual era de quatro anos, de políticas públicas reativas, de curto prazo. Não se pensava a longo prazo. Um mundo mais simples, com um tempo simples. Ainda, afirma que o direito administrativo precisa se libertar das fórmulas construídas no século XIX e no século XX, e que na sua visão a pedra de toque dos contratos administrativos de longo prazo é a certeza da mudança. E nesse sentido

E a tendência de contratualização administrativa, especialmente na prestação de serviços públicos, exige profundas mudanças estruturais e a discussão sobre novos paradigmas nas contratações administrativas, com alteração substancial de regime jurídico administrativo, reposicionamento das prerrogativas administrativas contratuais e modificação do tempo da relação contratual.

Nesse sentido Pedro Miguel Matias Pereira afirma a tendência ao pacto como alternativa à estatuição, sem prescindir dos poderes públicos, apontando para uma emancipação do contrato administrativo.[344]

Para a sustentação desta tese, a análise da doutrina europeia de contratação pública apresenta-se oportuna e interessante, especialmente considerando as experiências no âmbito de contratação já vivenciadas no continente europeu e a significativa discussão teórica sobre o modelo consensual.

Cabe destacar que não se pode admitir uma simples substituição do paradigma da unilateralidade pelo paradigma do consenso, especialmente pela necessidade de compatibilização com o Estado Democrático de Direito, com o regime jurídico administrativo e com o interesse público.[345]

E essa discussão envolve não apenas a opção por um modelo de prerrogativas ou por um modelo de consenso e negociação. Envolve também a discussão de qual será o regime jurídico aplicável

---

aponta nos contratos administrativos para uma Administração Pública negocial, com uma igualdade assimétrica.

[344] O autor assinala que "o ponto de partida para a nossa análise é a nova percepção da Administração Pública, em entendimento moderno (...) de uma Administração que ultrapassou a necessidade de se afirmar autoritariamente, diversificando as formas de agir administrativo, nomeadamente, com o crescente recurso à contratualização, ao pacto como alternativa à estatuição. Ultrapassou a necessidade constante de afirmação autoritária, mas não prescindiu dos seus poderes públicos, pois a prossecução do interesse público exige que, ainda que contratualize em vez de ditar um comando, não perca a administratividade da sua actuação: a quadratura deste círculo é o que permite a emancipação (e o recurso crescente) à figura do contrato administrativo". (PEREIRA, Pedro Miguel Matias. *Os poderes do contraente público no código dos contratos públicos*. Coimbra: Coimbra Editora, 2011. p. 7.)

[345] Mas deve ser considerado, tal como fez Luis Felipe Colaço Antunes, que em tempos atuais há um certo esquecimento do interesse público no direito administrativo: "falamos essencialmente do esquecimento público, do esquecimento da coisa pública, porque é este esquecimento que caracteriza o tempo que vivemos e ameaça a sobrevivência do direito administrativo". (ANTUNES, Luís Felipe Colaço. *O direito administrativo e a sua justiça no início do século XXI*: o esquecimento do interesse público no direito administrativo. Coimbra: Editora Almedina, 2001. p. 11, 15 e 65.)

aos contratos administrativos, especialmente em se tratando aqui dos contratos de longa duração.

A definição da negociação na esfera contratual é necessária para permitir o delineamento desse novo regime jurídico. Sobre o assunto Luís Verde de Sousa aponta que admitir a possibilidade de construção dialógica do projeto contratual é reconhecer que a administração dispõe de uma considerável margem de decisão e discricionariedade.[346]

E é evidente a necessidade de estabelecimento de um novo marco regulatório capaz de atender às necessidades dessa Administração Pública contemporânea, especialmente para garantir a satisfação dos interesses públicos primários.

A vinculação direta e imediata ao interesse público é o elemento qualificador do contrato administrativo. O declínio de soluções imperativas deve ser norteado pelo atendimento do interesse público e por uma interpretação conforme a Constituição. O Estado garantidor de prestações de interesse público deverá dar conta dessa nova realidade jurídica.

O Estado do futuro será um Estado contratualizado (assim como é o Estado do presente e como era o Estado do passado). Faz-se necessário estabelecer alicerces que sustentem o interesse público e permitam a ampliação democrática do processo de tomada de decisão administrativa, sem se olvidar da necessária estruturação de um sistema regulatório eficiente sobre as relações negociais administrativas, capaz de identificar as fronteiras entre o consensualismo e a imperatividade e garantir o bem-estar coletivo.

Nestes termos, em face dos aspectos explicitados, exsurge a necessidade de se criar novos aportes na dogmática do direito constitucional e do direito administrativo que ofereçam soluções ao

---

[346] Embora o autor afirme que "o reconhecimento deste poder discricionário está longe de significar que a sua atuação se deve pautar por critérios exclusivamente economicistas (fazendo o que for necessário para obter o designado '*good value for Money*'), esquecendo a sua vinculação ao Direito. Mesmo investida dos poderes discricionários, a Administração está subordinada ao princípio da legalidade. É esse bloco de legalidade, composto não apenas pela lei, entendida em sentido genérico (lei da AR, decretos – lei ou decretos legislativos regionais), mas também regras e princípios consagrados na Constituição, pelo Direito Internacional em vigor *in foro domestico* e pelos princípios gerais do direito, que a negociação deve respeitar". (SOUSA, Luis Verde de. *A negociação nos procedimentos de adjudicação*: uma análise do código dos contratos públicos. Coimbra: Editora Almedina, 2010. p. 46.)

problema de não ser possível abdicar das prerrogativas contratuais estabelecidas nos contratos administrativos, substituindo-as e estabelecendo um modelo negocial consensual exclusivo, por força dos princípios da supremacia do interesse público e da indisponibilidade do interesse público e do princípio da legalidade.

O desafio e a inovação residem na pretensão de um reposicionamento das prerrogativas, de modo a adequá-las a um ambiente de gestão administrativa democrático e participativo.

O que se busca é desenvolvimento como uma das premissas dessa nova contratualização administrativa, mais equilibrada entre a autonomia da vontade e a lei. E essa nova contratualização necessariamente influenciará a prestação de serviços públicos no Brasil.[347]

Em última análise, essa concepção é elemento de extremo significado, pois garante a promoção do bem-estar social através da consecução do serviço público e permite, ao menos, o direcionamento na condução das atividades necessárias à coletividade, especialmente quando se situam tais atividades no contexto de um espaço público não estatal.

---

[347] Deve-se apontar que a premissa tradicional afirmada por Celso Antônio Bandeira de Mello de que serviço público é uma comodidade material considerada de interesse público, que outorga bem-estar e dignidade em sociedade, que está inteiramente condicionada a um regime jurídico de direito público, indeclinável na satisfação dos direitos dos cidadãos, acaba por não ser mais sustentável num ambiente de complexidade contratual. O autor defende que a noção de serviço público só existe enquanto conceito jurídico na medida em que oferece um ponto de referência de normas aplicáveis a determinadas situações, refutando a proposta do serviço de interesse econômico geral. Acredita ser o serviço público a prestação que o Estado colecionou por sua relevância e que considerou que não podia ser exercida somente pelo mercado. Em sua exposição defende que não existe crise do serviço público e que este continua imprescindível na realidade brasileira (BANDEIRA DE MELLO, Celso Antônio. Serviço público no direito brasileiro: a falsa crise. In: CONGRESSO IBERO AMERICANO DE DIREITO ADMINISTRATIVO. 2003, Curitiba. Anais... Curitiba: IPDA, 23 jun. de 2003). Essa premissa, de um regime exclusivamente de direito público, que inadmite práticas consensuais, é que se pretende demonstrar que não encontra mais espaço no ambiente de complexidade dos contratos de longa duração no ordenamento jurídico brasileiro.

CAPÍTULO 1

CONTRATO ADMINISTRATIVO, MUTABILIDADE E AS NOVAS FUNÇÕES NO SETOR PÚBLICO

> *O Estado vive um momento de trânsito que se vem prolongando o tempo suficiente para considerar a mudança como algo permanente e, em consequência, a capacidade de adaptar-se a ela como um autêntico traço definidor do Estado moderno. A partir dos novos espaços políticos se pode afirmar que o próprio futuro do exercício democrático do poder passa necessariamente por fazer de sua capacidade de adaptação às mudanças uma condição essencial de sua própria existência. Mudanças que, é óbvio, devem partir da posição central dos cidadãos e da necessidade de facilitar o exercício da liberdade solidária de cada pessoa.*[348]

O reposicionamento do regime jurídico de prerrogativas contratuais é exigência decorrente da natural mutabilidade dos contratos administrativos, sobretudo nos contratos de longa duração. Na contemporaneidade, o contrato administrativo assume novas funções no setor público, decorrentes dos novos relacionamentos Estado-sociedade.[349]

---

[348] MUÑOZ, Jaime Rodriguez-Aranha. *Direito fundamental à boa administração pública*. Trad. Daniel Wunder Hachem. Belo Horizonte: Fórum, 2012. p. 25.
[349] O aumento de complexidade contratual deve-se à sua mutabilidade, conforme ensina Licínio Lopes Martins: "a principal fonte de complexidade liga-se ao fenômeno de mutabilidade, que se apresenta e atua em termos transversais e globais, reconhecendo-se que o universo

A tendência de contratualização administrativa para atendimento de serviços públicos no espaço do segundo e terceiro setor[350] exige análise dos direitos públicos subjetivos em sua dupla dimensão (direitos X deveres).

De instrumento destinado essencialmente ao atendimento das necessidades instrumentais da Administração Pública, o contrato administrativo assume o papel de mecanismo de regulação da relação Estado-sociedade, deixando de funcionar apenas como instrumento técnico-jurídico para o exercício de atividades-meio e passa a ser utilizado para a realização de atividades-fim.[351]

Os contratos públicos se tornaram a forma primordial de implementação de políticas públicas desenvolvimentistas.[352] E nesse sentido, é extremamente relevante a discussão da dimensão dos direitos e obrigações no ambiente dos serviços públicos, especialmente pela sua implementação através de contratos.

É possível afirmar que os serviços públicos podem ser enquadrados no conceito de direito público subjetivo. Porém é preciso destacar que houve uma enorme vulgarização do conceito de direito subjetivo público, o que dele reduziu densidade e conteúdo.[353]

---

econômico e tecnológico modifica-se a uma velocidade cada vez mais exigente e que a origem e o impacto das mutações assumem uma abrangência cada vez mais globalizada. Por sua vez, aceita-se ainda que a velocidade das mutações pode ter implicações contratuais mais bruscas e intensas". (MARTINS, Licínio Lopes. *Empreitada de obras públicas*: o modelo normativo do regime do contrato administrativo e do contrato público – em especial, o equilíbrio econômico-financeiro. Coimbra: Almedina, 2014. p. 712.)

[350] "O Setor Público sempre esteve comprometido com o crescimento nacional, alocando os seus gastos para este fim. Sucede que no curso dos anos foi se verificando uma perda progressiva da capacidade de investimento do Estado em infraestrutura, com reflexos imediatos na prestação dos serviços públicos. Para que fosse mantido o ritmo de crescimento, com o aumento de empregos e a demonstração de uma qualidade de prestação de serviço público, o Estado incrementou a concessão do serviço para o particular, a quem está obrigado a investir e colocar nos trilhos a qualidade da prestação da sua obrigação, ficando o Governo com a missão irrevogável e fundamental da regulamentação e fiscalização, representando e defendendo os usuários e os interesses da sociedade. Assim, a Administração, através da concessão de serviço ou de uso público, permite ao particular, através da delegação de competência, que este preste os serviços que são próprios do Estado". (MATTOS, Mauro Roberto Gomes de. *O contrato administrativo*. Rio de Janeiro: América Jurídica, 2001. p. 268.)

[351] MARQUES NETO, Floriano de Azevedo. Do contrato administrativo à administração contratual. *Revista do Advogado*, São Paulo, v. 29, nº 107, p. 74-75, dez. 2009.

[352] GONÇALVES, Pedro Costa. A relação jurídica fundada em contrato administrativo. *Cadernos de Justiça Administrativa*, nº 64, p. 36, jul./ago. 2007.

[353] Cabe destacar que Hans Wolff, Otto Bachof e Rolf Stober defendem que a posição jurídica das pessoas civis constitui uma qualificação essencial da pessoa nas suas relações jurídicas com o Estado, e que esta posição jurídica compreende dimensões ou *status*. Ao tratar do

Todo direito público subjetivo é composto de um duplo aspecto: a dimensão dos direitos que proporciona e a dimensão dos deveres que exige. O prestígio irrestrito à dimensão dos direitos é algo que se identifica na relação Estado-sociedade no ambiente do século XX. Todavia, a dimensão das obrigações precisa ser pensada seriamente na contemporaneidade, especialmente considerando o incremento quantitativo e qualitativo na demanda por serviços públicos, sobretudo os serviços públicos de realização de prestações estatais positivas.[354]

Houve sem dúvida no século XX uma ampliação da dimensão dos direitos, diretamente relacionada com o ideário liberal. A perspectiva dos deveres decorrentes destes direitos, de natureza mais socializante, precisa ser discutida e analisada, de modo a permitir atendimento a estas demandas por serviço público com universalidade[355] e pelo atendimento dos direitos fundamentais estabelecidos pela Constituição Federal.

No século XIX e até a última década do século XX muitos serviços públicos foram prestados diretamente ou mediante concessão e permissão no segundo setor, tendo havido um incremento a partir do final do século XX, com ampliação significativa. Na contemporaneidade, serviços públicos são prestados em escala muito maior no segundo setor, com consideráveis espaços de prestação no terceiro setor.[356]

---

status global, referem que para tornar possíveis os direitos do *status* ativo, existem deveres de ordenação e deveres de defesa e direitos a prestações. Há a formação de um *status* social, como ligação do *status* negativo ao *status* passivo e ao *status* positivo e isso gera um chamado *status* jurídico – administrativo cuja doutrina constitui um caso típico de aplicação do direito administrativo como direito constitucional concretizado. (WOLFF Hans; BACHOF, Otto; STOBER, Rolf. *Direito administrativo*. Trad. A. F. Sousa. Lisboa: Fundação Calouste Gulbenkian, 2006. p. 487-489.)

[354] *Ibid.*

[355] "A universalidade do acesso consiste em um dos princípios cardeais que compõe o regime jurídico dos serviços públicos. Ele determina que a Administração, ao prestar o serviço público, está incumbida do dever de assegurar que os bens econômicos por ele fornecidos serão faticamente acessíveis a todo o universo de indivíduos que deles necessitarem. Não basta uma declaração jurídica de que todos os que precisarem poderão acedê-los: impõe-se criar as condições reais e efetivas para que o acesso seja garantido no mundo dos fatos". (HACHEM, Daniel Wunder. Direito fundamental ao serviço público adequado e capacidade econômica do cidadão: repensando a universalidade do acesso à luz da igualdade material. *A&C – Revista de Direito Administrativo & Constitucional*, Belo Horizonte, v. 14, nº 55, p. 124, jan./mar. 2014.)

[356] Há uma alteração de legitimação. O Estado passa de prestador direto de serviços públicos, através de estruturas do primeiro setor, muitas vezes em regime de monopólio,

A prestação de serviços públicos no Brasil atualmente está significativamente vinculada à ampliação da figura contratual administrativa.[357] E discutir deveres dentro dessa relação é mais que necessário, é fundamental para a sustentação da prestação dos serviços, para seu equilíbrio econômico e financeiro, para sua eficácia e até para suas propostas de universalização.

Se o serviço público possui dimensão de direito e de obrigação, os programas de sua implementação podem ser realizados via contrato, e de fato essa é a realidade brasileira. O contrato passa a ser instrumento de desenvolvimento. Passa a ser meio através do qual se busca a materialização de direitos fundamentais na sociedade.[358]

---

para prestador indireto por delegação. A delegação ocorre no ambiente do segundo setor, por concessão ou permissão e no mercado, no ambiente do terceiro setor, nos contratos de gestão e termos de parceria e no mercado, via autorização. Serviço público, nesse contexto, passa a ser caracterizado não mais pelo vínculo com o Estado, mas pela natureza contratual da sua prestação.

[357] "Esse destaque deriva também do fato de que os contratos públicos representam econômicos privados subdesenvolvidos, a proporção dos contratos públicos em relação ao PIB pode ser de 40 Unidos, os contratos públicos equivalem a cerca de 20% do PIB anual. Em 2009, na União Europeia, a contratação pública correspondeu a 19,4% do PIB de 27 países membros. No Brasil, excetuados os contratos públicos de parceria, concessão e permissão de serviços públicos, as compras públicas (aquisições de bens e serviços) da União, Estados e Municípios representaram aproximadamente 6,7% do Produto Interno Bruto (PIB) em 2007. Em 2012, as compras da Administração representaram mais de 10% do Produto Interno Bruto (PIB) todos os arranjos contratuais dos quais o Estado brasileiro participa, alcança-se o índice de 21,5% do PIB de que, nos últimos anos, verifica-se um crescimento vertiginoso da participação da contratação pública em relação ao montante total da riqueza produzida anualmente no país. A contratação pública tem funcionado, ademais, como base e forma de financiamento de todos os grandes investimentos atuais em infraestrutura, como portos, aeroportos, rodovias, energia elétrica, gasodutos etc, assim como nos planos de mobilidade e de urbanização. Por meio de contratos públicos de concessão, por exemplo, o Estado transfere a responsabilidade direta da prestação do serviço, mas, por igual, retém o controle das variáveis atinentes ao cumprimento do contrato. Nestes contratos incidem elementos políticos, econômicos, jurídicos e sociais nos quais o Estado, inequivocamente, deve se fazer presente, regulando, controlando, assegurando e garantindo os direitos e obrigações dos protagonistas do serviço: tanto os prestadores (e/ou fornecedores), quanto os usuários e cidadãos. Esses contratos não se limitam a estabelecer o conteúdo das obrigações ou a prestação objeto do contrato. Eles vão muito além, pois determinam, ao mesmo tempo, as condições em que devem se desenvolver as prestações, as metas de qualidade e extensão do serviço a ser prestado, os pagamentos a serem feitos, a modernização e permanente atualização dos meios materiais e técnicos relativos à prestação, as tecnologias a serem empregadas etc". (BREUS, Thiago Lima. *O governo por contrato(s) e a concretização de políticas públicas horizontais como mecanismo de justiça distributiva.* 2015. 277 f. Tese (Doutorado em Direito) – Programa de Pós-Graduação em Direito da Universidade Federal do Paraná, Curitiba, 2015. p. 3-5.)

[358] Adriana da Costa Ricardo Schier aponta que não somente o serviço público deve ser concebido como um direito fundamental, mas também o regime jurídico de sua prestação. Assim, o regime jurídico do serviço público possui característica de cláusula pétrea, por

João Pacheco de Amorim anota que o Estado de Direito na segunda metade do século XX possui uma administração descentralizada, de serviço público, fomento, planejamento e de infraestrutura e assume uma postura intervencionista. O autor pontua que a administração passa a prestar bens e serviços, apresentando-se como prestadora ou constitutiva, incrementando atividades econômicas, programando e planificando suas intervenções a médio e longo prazo, contratando no lugar de utilizar as prerrogativas, e utilizando formas organizativas e de atuação de direito privado.[359]

A nova contratualização paritária nos contratos de longa duração exige discussão a respeito do tempo decisório das questões difíceis do contrato, da modicidade tarifária frente aos imprevistos da execução do objeto, da ampliação da demanda e até da alteração da necessidade de interesse público geradora do contrato, para citar alguns exemplos. Estas discussões implicam em obrigações para contratante e contratado e na análise dos deveres decorrentes do negócio.

É de se observar que os contratos administrativos de longa duração proporcionam uma densificação específica ao aspecto dos deveres públicos, pois evidenciam as fragilidades do negócio, exigindo alocação de risco, elaboração adequada de projetos, avaliação técnica, ambiental, econômica e até social do projeto.[360]

---

tratar-se de direito fundamental, estendendo a ele, entre outras prerrogativas, a vedação do retrocesso social. Ao seu turno, a proibição do retrocesso social significa que o conteúdo da legislação que consubstancia direitos fundamentais não pode sofrer alteração sem ter um conteúdo que o substitua e compense tal modificação. (SCHIER, Adriana da Costa Ricardo; SCHIER, Paulo Ricardo. Serviço público adequado e a cláusula da vedação do retrocesso social. *Revista do Direito de Administração Pública*, Rio de Janeiro, v. 1, nº 1, p. 205-206, jan./jun. 2016,)

[359] AMORIM, João Pacheco de. *Direito administrativo da economia*: introdução e constituição econômica. Coimbra: Almedina. 2014. v.1, p. 79-80.

[360] Thiago Lima Breus afirma que "É nesse modelo de Administração Pública que exsurge a figura de um contrato público, no qual, paralelamente ao seu escopo nuclear, são adicionadas finalidades contratuais acessórias ou suplementares, transversais ou horizontais, ao objeto primeiro das prestações contratuais, mas igualmente presente no bojo e no contexto da sua celebração. A contratação pública se converte, nessa conjuntura, como uma (nova) oportunidade para o Estado desenvolver finalidades públicas que, até então, seriam realizadas por outros meios tradicionais de ação estatal, tais como políticas públicas realizadas pelos próprios agentes estatais. Vale dizer, sob o governo por contrato(s), a Administração pode pretender a adjudicação de um objeto primário, como uma obra pública, a obtenção de um bem, a prestação de um serviço público ou a exploração

O contrato pode assumir o papel de definidor do regime de prestação dos serviços públicos, numa densificação infraconstitucional impensável no ambiente do direito administrativo tradicional.

O regime de prestação do serviço público variará diante de um contrato de concessão comum, de permissão, de concessão administrativa ou patrocinada, ou ainda diante da autorização. Variará diante de termos de parceria e de contratos de gestão. A densificação da atividade não parte da Constituição ou da lei, e apresenta-se como escolha e consequência natural do contrato.

O contrato revela o regime de prestação do serviço público e ao mesmo tempo é revelado por ele. A densificação infraconstitucional faz parte do processo de desvelamento do contrato com a sua própria execução e sinaliza os novos tempos, especialmente os tempos de inadequação da autoridade, que em nada pode contribuir nesse modelo aberto e incompleto de contrato, que vai se revelando ao tempo da execução e que assume uma natureza relacional essencial.

Esse desvelamento do contrato revela a sua natural mutabilidade, a qual também se apresenta intrínseca à própria noção de serviço público. O princípio da mutabilidade fornece, especialmente para a realidade dos contratos de longa duração, sentido e unidade, pois confere fundamento ao aspecto de incompletude que caracteriza esses contratos.

Marçal Justen Filho neste ponto afirma que "é inquestionável que uma das características da contratação administrativa reside na mutabilidade. Todos estão de acordo em reconhecer que a natureza peculiar do instituto se traduz na possibilidade de alteração das cláusulas contratuais originalmente pactuadas".[361]

Analisando a mutabilidade nos serviços públicos, Marçal Justen Filho indica que esta retrata a vinculação desses serviços às

---

de um empreendimento e, simultaneamente, a promoção também de fins paralelos ao do contrato, tais como, a inovação, a preservação ambiental, o desenvolvimento da produção industrial, a melhoria do emprego, da saúde pública, das condições sociais e, em especial, a inclusão de grupos hipossuficientes". (BREUS, Thiago Lima. *O governo por contrato(s) e a concretização de políticas públicas horizontais como mecanismo de justiça distributiva*. 2015. 277 f. Tese (Doutorado em Direito) – Programa de Pós-Graduação em Direito da Universidade Federal do Paraná, Curitiba, 2015. p. 5-7.)

[361] JUSTEN FILHO, Marçal. Considerações acerca da modificação subjetiva dos contratos administrativos. In: BACELLAR FILHO, Romeu Felipe (Coord.). *Direito administrativo contemporâneo*. Belo Horizonte: Fórum, 2004. p. 194.

necessidades de interesse público a serem satisfeitas. Esse aspecto é relevantíssimo para a compreensão do fenômeno da complexidade contratual e de suas consequências.[362]

Na medida em que a Administração Pública possui o dever de atualização do serviço público sustentada em modificações técnicas, jurídicas e econômicas, a mutabilidade fornece subsídio teórico suficiente para sustentar um regime jurídico contratual que não está congelado no tempo, proporcionando maior harmonia entre os tempos político, econômico, jurídico e contratual.

Essa visão exige o dimensionamento da noção de tempo para a implementação de políticas públicas, de tempo para a duração adequada do contrato e de tempo para a estruturação suficiente para a prestação do serviço.

O tempo dos contratos administrativos não é o mesmo tempo da economia, da política ou até do direito. A repercussão das mudanças econômicas na dimensão temporal dos acontecimentos deve ser considerada nos contratos de longa duração, de tal forma que a compressão do tempo passa a ser um dado relevante a ser considerado, inclusive para fins de avaliação da equação econômica contratual. E nesse ponto a mutabilidade se estabelece como característica importante dos contratos de longa duração.[363]

Tratando do fenômeno da complexidade na relação Estado-sociedade, Renato Casagrande e Roberto Freitas Filho expõem que no século XX o Estado liberal converte-se em Estado-Providência, buscando a promoção do crescimento econômico e a distribuição dos recursos coletivos e proteção dos cidadãos menos favorecidos. Todavia, pontuam que o aumento da complexidade social e econômica exige do Estado organização do tempo e fixação de regras programáticas para atendimento dos cidadãos.[364]

Os autores analisam o problema do tempo decisório nas políticas públicas e apontam que o conceito de tempo tem importância

---

[362] "A mutabilidade retrata a vinculação do serviço público à necessidade a ser satisfeita e às concepções técnicas de satisfação. É da essência do serviço público sua adaptação conforme a variação das necessidades e a alteração dos modos possíveis de sua solução". (JUSTEN FILHO, Marçal. *Teoria geral das concessões de serviço público*. São Paulo: Dialética, 2003. p. 31.)
[363] FREITAS FILHO, Roberto; CASAGRANDE, Renato. O problema do tempo decisório nas políticas públicas. *Revista de Informação Legislativa*, Brasília, v. 47, nº 187, p. 21-34, jul./set. 2010.
[364] *Ibid.*

fundamental nos debates atuais da teoria social, sendo um conceito sociocultural construído coletivamente e essencialmente historicizado.[365] No ambiente do contrato como instrumento de desenvolvimento, que exige formulação e implantação de políticas públicas (com tomada de decisões políticas), além de realização de processos licitatórios de seleção e estruturação de todo o ambiente negocial, o tempo econômico assume relevância. A promoção do desenvolvimento, através de contratos administrativos, necessita conciliar o imediatismo do tempo econômico com outras variáveis de tempo, como o tempo legislativo e o tempo do Judiciário.[366]

Surgem conflitos consistentes e de difícil solução imediata, pois as demandas por soluções de governo para problemas de impacto social exigem respostas no tempo econômico (dada a velocidade da política e da economia e a expectativa de solução imediata), mas o tempo legislativo observa outra lógica (e outros interesses muitas vezes) e esse tempo acaba por condicionar o contrato administrativo, pois dependerá da lei a delimitação das fronteiras contratuais (nelas incluídas o modo da prestação do serviço público, o regime de execução e a relação jurídica travada entre o Poder Público e contratado).

---

[365] Para os autores, a noção de tempo é social, e não propriamente cronológica. Estes afirmam ainda que "Ao perder sua essencialidade como conceito explicativo e operativo, o tempo, no sentido cronológico, perde também sua capacidade organizativa das relações sociais. Um novo conceito de tempo substitui aquele tempo linear, o *tempo intemporal*. A ideia de tempo está presente de forma constituinte, no conceito de globalização. O tempo econômico é, portanto, gerenciado como um recurso, como um fator diferencial em relação aos atores econômicos. O tempo é, portanto, comprimido e processado". E prosseguem os autores afirmando que "o tempo não é mais uma noção cronológica, mas uma noção operativa, com a qual é possível realizar diferentes performances, dependendo de como se lhe opere em um determinado processo". (FREITAS FILHO, Roberto; CASAGRANDE, Renato. O problema do tempo decisório nas políticas públicas. *Revista de Informação Legislativa*, Brasília, v. 47, nº 187, p. 28-29, jul./set. 2010.)

[366] "A governabilidade pressupõe a tomada de decisões em tempo imediato, enquanto o tempo da tomada de decisões nos âmbitos do Legislativo e do Judiciário é outro. Podemos falar, assim, em dois tempos diferentes, o *tempo econômico* e o *tempo jurídico*, que funcionam em duas dimensões distintas. Embora o tempo econômico esteja presente em vários campos da experiência social, não é assim com todos. Assim ocorre com as relações entre direito e economia. O ritmo das discussões e debates parlamentares é lento ao contrário do tempo econômico. É próprio do processo legislativo que haja pouca velocidade na confecção de leis. Isto decorre do fato de que as normas devem programar o futuro, o que torna a confecção de leis um processo de especulação sobre os resultados e impactos futuros da norma na realidade fática. Os tempos do direito são o ontem e o amanhã e o tempo da economia é o hoje". (FREITAS FILHO, Roberto; CASAGRANDE, Renato. O problema do tempo decisório nas políticas públicas. *Revista de Informação Legislativa*, Brasília, v. 47, nº 187, p. 30, jul./set. 2010.)

As dificuldades aparecem em diferentes aspectos, tanto para o Legislativo quanto para o Judiciário. Para o Legislativo há mitigação do processo democrático de formulação da política pública (com claros prejuízos futuros ao contrato e à execução contratual, que pode ser mal pensada, mal elaborada e mal definida).[367]

Para o Judiciário as dificuldades se impõem na medida em que se vê obrigado a, casuística e episodicamente, dar respostas às demandas para a satisfação dos direitos fundamentais e dos serviços públicos, o que claramente prejudica a visão do contrato como instrumento de planejamento e desenvolvimento social, pensado para um lapso temporal específico, com equilíbrio econômico-financeiro e visão de universalização de acesso.[368]

O fator tempo assume relevância pela óptica do direito e da economia. No ambiente de governo através de contratos, de contratos como instrumentos de desenvolvimento, há necessidade de formulação e execução de políticas públicas que perdurem ao longo do tempo e o contrato administrativo de longa duração aparece como uma solução razoável, pois permite conciliar uma visão de médio e longo prazo de políticas públicas.

Mas nesse raciocínio o direito administrativo contemporâneo precisa estabelecer limites para que exigências do tempo econômico não sejam implementadas no curto prazo, premidas pela sua característica urgência, fragilizando garantias de controle da ação administrativa.

Na proposta de contratos como instrumento de governo, o tempo econômico estaria contemplado nos novos contratos de

---

[367] Renato Casagrande e Roberto Freitas Filho expõem que há um déficit de legitimidade democrática nesse processo de formulação de políticas públicas, na medida em que o Poder Executivo, na realização e implementação das políticas públicas, acaba por não submeter a produção de normas ao processo legislativo regular (pelo risco de não conseguir responder a tempo às demandas da lógica de mercado), ou pior, "produz normas por meio de processo legislativo abreviado e perde politicamente em termos de legitimidade de sua atuação como autoridade". E devido à profusão de medidas legislativas de urgência, o problema brasileiro apresenta-se relevante, pois "a excepcionalidade se torna a regra". (*Ibid.*, p. 30.)

[368] "O Judiciário, por sua vez, enfrenta a questão de dar respostas normativas às demandas de concreção de políticas públicas por meio de decisões em conflitos individuais e coletivos que lhe são apresentados. Ao fazê-lo, acaba por determinar conteúdos normativos concretos aos princípios e direitos genericamente enunciados na Constituição. De forma geral as decisões judiciais que dizem respeito a direitos decorrentes de políticas públicas anunciadas na Constituição são dadas em sede de liminar, na qual o tempo é imediato". (*Ibid.*, p. 31.)

concessão, e as políticas públicas, estabelecidas por longos prazos. Esse é o ambiente do governo por contratos.[369]

Ao afirmar que existem vários tempos a funcionar em paralelo e que o direito dos contratos administrativos precisa conviver com esses tempos, Egon Bockmann Moreira discorre que a teoria contratual administrativa, especialmente após a segunda metade do século XX, pretendeu ignorar essa realidade. Em verdade, o direito desenvolveu técnicas para impedir que outros tempos se sobrepusessem ao tempo dos contratos e a teoria da imprevisão é exemplo dessa postura.[370]

O autor aponta a dificuldade de discussão do equilíbrio econômico-financeiro do contrato após, por exemplo, trinta anos de prazo contratual, claramente demonstrando a inaplicabilidade dos parâmetros da Lei nº 8.666/93. O raciocínio não é possível no ambiente do direito administrativo tradicional, e esse é um exemplo de necessidade de revisão do modelo tradicional e de aplicação do princípio da mutabilidade.

Nessa lógica, Egon Bockmann Moreira identifica que na relação atual do contrato administrativo com o tempo, o contrato aparece como uma técnica para buscar a sincronização das várias medidas de tempo e para estabelecer um tempo jurídico para essas várias medidas indicadas.[371]

E a partir do momento em que o Estado passa a realizar serviços públicos através de contratos administrativos, o contrato consagra-se como instrumento de desenvolvimento.

---

[369] FREEMAN, Jody; MINOW, Martha. Reframing the Outsourcing Debates. In: FREEMAN, Jody; MINOW, Martha. *Outsourcing and American Democracy*. Cambridge; London: Harvard University Press, 2009. p. 16-20.

[370] A qualificação de um fato como imprevisível possibilitaria a previsão de todas as possíveis intercorrências no contrato, o que justificava a definição das áleas extraordinária e ordinária. (MOREIRA, Egon Bockmann. O contrato administrativo como instrumento de governo. In: GONÇALVES, Pedro Costa (Org.). *Estudos da Contratação Pública IV*. Coimbra: Coimbra Editora, 2012. p. 13 *et seq.*).

[371] O autor prossegue afirmando que o contrato administrativo como instrumento de governo está influenciado pelo tempo financeiro (*online*, de um instante, semelhante ao tempo das comunicações eletrônicas, um mundo onde a ideia de previsibilidade não se põe), o tempo político e o tempo econômico. O tempo financeiro não admite hoje a previsibilidade. Além desse tempo imprevisível, o tempo político é mais lento. De quatro) em quatro anos, das eleições, dos investimentos públicos. Não é jurídico, contado em anos e pré-configurado. O mandatário se elege e possui quatro anos para implementar políticas públicas e o faz através de atos e contratos. E afirma que o contrato administrativo como instrumento de governo permite a consciência de que é preciso sincronizar os tempos. (*Ibid.*)

Segundo Manuel Afonso Vaz, o direito econômico, identificado como direito dos negócios, traz uma possibilidade de enquadramento da visão de governo pelos contratos.[372] Poder-se-ia caracterizar o contrato administrativo de longa duração como instrumento para um governo estabelecer políticas públicas que teriam regulação a partir de seus fundamentos.

A lógica de um governo através de contratos reflete a ampliação dos domínios do contrato administrativo na contemporânea relação Estado-sociedade. José Casalta Nabais aponta que o contrato desenvolveu-se muito ao ser erigido a instrumento de atuação da Administração Pública nos vastos e complexos domínios econômicos e sociais a que o Estado foi chamado a intervir. A exigência de uma ação concertada estatal desemboca frequentemente numa atuação contratual. Com isso o contrato passou a dispor de um campo de atuação alargado, que não se encaixa nos esquemas contratuais do direito administrativo do Estado Liberal.

Segundo o autor, a administração passou a ter à sua disposição dois novos domínios para a ação contratual: (a) *o domínio dos contratos econômicos* (modalidades de ação econômica do Estado) com objetivo exclusivo de intervenção econômica, celebrados no âmbito da polícia e do fomento econômico, destinados a condicionar as decisões dos operadores econômicos; e (b) *o domínio dos contratos com objeto social* (que não têm finalidade exclusiva de intervenção, mas intervêm indiretamente na medida em que realizam direitos sociais). Ou seja, trata-se da penetração do contrato no domínio econômico e no domínio social. Resta claro que o contrato passou a ser *modus operandi* do Estado, auxiliando na estruturação descentralizada da Administração Pública.[373]

Analisando a rigidez do contrato administrativo e a mutabilidade do interesse público, José Casalta Nabais aponta que em alguns domínios da Administração Pública os contratos de longa duração podem desempenhar importante papel para a realização do interesse público. Em alguns setores o interesse público só é alcançado com a colaboração dos particulares e o contrato de longa

---

[372] VAZ, Manuel Afonso. *Direito econômico*. 4. ed. Coimbra: Coimbra Editora, 1998. p. 23.
[373] CASALTA NABAIS, José. *Contratos fiscais*. Coimbra: Coimbra Ed., 1994. p. 9-84.

duração garante a segurança jurídica que os particulares exigem para se disporem a colaborar com a administração.[374] Cabe destacar que o governo, através de contratos, não necessariamente e exclusivamente se realizará por contratos de longa duração. O ambiente dos contratos de curta duração também oferece respostas à tendência de implementação de políticas públicas através de contratos administrativos.

O Estado pode definir por meio de contratos de curto prazo técnicas de governo e planejamento estatal da economia, implementando concorrência pelo contrato e no contrato, moldando comportamentos dos agentes econômicos em determinados setores estratégicos para a prestação de serviços públicos.

Analisando o direito da concorrência e seus impactos na regulação estatal, Pedro Costa Gonçalves, nesse sentido, salienta que concorrência é princípio constitucional com dupla dimensão, refletindo no mercado e no Estado, e que há uma mesma ideia no direito da concorrência e no direito da contratação, fundada na proteção e promoção da concorrência. Porém ainda que não haja antinomia, as soluções não são coincidentes. Há diferença entre direito da concorrência no mercado e nas contratações públicas.[375]

A proteção da concorrência é um bem jurídico de interesse público e um dever do Estado. Dever de promoção e não apenas proteção. Segundo o autor, a concorrência assume valor importante de interesse público e deve ser estimulada e até fabricada pelo Estado. O autor ainda aponta que na regulação da contratação a concorrência se apresenta como instrumento a serviço do princípio da igualdade de oportunidades.[376]

Também pontua que o direito da contratação pública deve ser visto como um *plus* regulador do direito da concorrência, e assinala que a concorrência incorpora um valor normativo autônomo e independente da dimensão da igualdade, e que os procedimentos de contratação pública representam um ponto de encontro entre

---

[374] Ibid.
[375] GONÇALVES, Pedro Costa. *Reflexões sobre o Estado regulador e o Estado contratante*. Coimbra: Coimbra Editora, 2013. p. 397-398, 407.
[376] Ibid.

procura e oferta de bens e serviços.[377] De todo modo, a visão de contrato como instrumento de desenvolvimento é expressada também a partir dessas relações concorrenciais.

Na contemporaneidade, o Estado brasileiro realiza escolhas tornadas eficazes e válidas por longo tempo através de contratos administrativos de longa duração, em que o contrato torna possível que específicas políticas públicas sejam aplicadas para além do calendário eleitoral e do tempo tradicional dos contratos previstos na Lei nº 8.666/93, o que viabiliza o estabelecimento de políticas públicas num dado setor específico por até 35 anos, considerando o prazo máximo dos contratos em Parceria Público-Privada.[378]

Caracterizando políticas públicas como conjunto de atos, fatos e contratos que visam atingir um escopo predefinido, Fabio Konder Comparato identifica que esse conjunto é realizado buscando sintonia e harmonia para o atingimento do objetivo final de interesse público, o que se apresenta significativamente compatível com a lógica dos contratos administrativos como instrumento de desenvolvimento.[379]

Nesse contexto, o estabelecimento de políticas públicas através de contratos administrativos por até 35 anos influenciará o desenvolvimento social e econômico do País.

A estabilização de políticas públicas através de contratos administrativos de longa duração proporciona também um novo campo de atuação dos contratos, o de instrumento de gestão da ação social do Estado. Licínio Lopes Martins nesse sentido defende a fórmula contratual como instrumento de gestão da ação social, na qual o Estado vai além da postura de apoiar a cooperação, mas

---

[377] O autor ainda pontua que "O centro de referência do direito da concorrência é a empresa que pode exercer livremente a atividade desde que respeite um mínimo de regras jurídicas. Há conexão entre o princípio da igualdade e o da concorrência. A vinculação à concorrência está ligada à própria ideia de economicidade da contratação. A concorrência é valor comum entre o direito da concorrência e o direito da contratação pública, mas com intencionalidade diferente. O direito da concorrência regula a atuação de liberdade das empresas e o direito da contratação a atuação do Estado". (GONÇALVES, Pedro Costa. *Reflexões sobre o Estado regulador e o Estado contratante*. Coimbra: Coimbra Editora, 2013. p. 397-398, 407.)

[378] MOREIRA, Egon Bockmann. O contrato administrativo como instrumento de governo. In: GONÇALVES, Pedro Costa (Org.). *Estudos da Contratação Pública IV*. Coimbra: Coimbra Editora, 2012. p. 13.

[379] COMPARATO, Fábio Konder. Novas funções judiciais no Estado moderno: doutrinas essenciais de direito constitucional, *RT*, São Paulo, v. 4, p. 720, maio de 2011.

utiliza o contrato para convocar as organizações da sociedade civil para o cumprimento de tarefas administrativas.[380] Fato concreto é que existem atualmente várias políticas públicas em diferentes setores de interesse público sendo implementadas através de contrato administrativo (essa é a realidade no setor de energia, no setor de telecomunicações, na infraestrutura e na logística industrial, no setor de transporte, no setor de portos, no setor de aeroportos, enfim, em todas as atividades econômicas e serviços públicos previstos no artigo 21 da Constituição Federal, para citar alguns exemplos). O contrato administrativo amplia sua atuação tanto como instrumento de execução de políticas públicas quanto de formulação de políticas públicas.

Os contratos administrativos como meios de implementação de políticas públicas permitem a escolha estratégica do interesse público a ser perseguido em um determinado setor e a definição de escolhas públicas que se estabilizarão por até 35 anos.

Mas não se pode deixar de observar que existe um paradoxo nessa realidade. Políticas públicas estão naturalmente sujeitas às intempéries da ação política, às suas oscilações e a movimentos de impulso e de retorno, especialmente considerando o tempo dos mandatos e as diferenças ideológicas, programáticas e filosóficas entre os partidos políticos. Estão sujeitas à oportunidade e casuísmo das negociações parlamentares. Podem ser substituídas ao se iniciar um novo mandato, ressubstancializadas ou simplesmente abandonadas.

Com a incorporação de uma política pública através de contrato administrativo, especialmente contrato de concessão, há certa estabilização de suas escolhas e perenidade da tomada de decisão política. O contrato administrativo possibilitará a manutenção da política pública escolhida por até 35 anos e gera uma estabilidade nunca antes vista em escolhas políticas.

Essa situação pode aparentemente estabelecer um paradoxo com o que foi anteriormente afirmado sobre a característica natural da mutabilidade do contrato administrativo, mas não passa de uma aparente e não verdadeira contradição.

---

[380] MARTINS, Licínio Lopes. *Empreitada de obras públicas*: o modelo normativo do regime do contrato administrativo e do contrato público – em especial, o equilíbrio econômico financeiro. Coimbra: Editora Almedina, 2014.

Contratos de longa duração são naturalmente mutáveis para permitir sua perenidade, o que não significa que as políticas públicas neles contidas necessariamente serão alteráveis. A mutabilidade é das condições da execução contratual, do modo da prestação do serviço público. A perenidade é da escolha em si, da política pública cristalizada no contrato durante seu prazo de vigência.

Observa-se, assim, que a natureza de instrumento de desenvolvimento do contrato de longa duração revoluciona o espaço das políticas públicas, pois permite um novo modelo de definição e controle de políticas públicas de longo prazo, permeado pela mutabilidade.

A garantia da mutabilidade do contrato produz segurança jurídica e estabiliza a política pública no ordenamento jurídico e na sociedade civil, transformando uma política pública de governo em uma política pública de Estado. Esse é o conceito de contrato como instrumento de desenvolvimento.

Cabe destacar que os serviços públicos disciplinados por contratos de longa duração possuem dimensão e tutela coletiva e a sua prestação através de contratos administrativos possibilita ampliação do acesso universal, estabilidade da prestação, eficiência e impessoalidade na sua execução.

Todavia, a longa duração do contrato administrativo não sustentaria a relação jurídica Estado-sociedade se não permitisse mutabilidade e maleabilidade de seus termos. A certeza do contrato administrativo é a mudança porque é impossível presentificar todas as suas relações para o futuro.

E nesse ponto os contratos administrativos aparecem como um sistema incompleto, que se projeta no tempo e se constrói segundo as necessidades de interesse público, que se estabelecem durante a execução contratual. Egon Bockmann Moreira afirma que os contratos de longo prazo são naturalmente incompletos, economicamente incompletos, pois tenta-se projetar as variáveis no tempo, sendo revelados em sua execução.[381]

---

[381] O autor entende um erro admitir subjetivamente no contrato que todas as situações dele decorrentes sejam previsíveis, pois em um contrato de prazo de 35 anos não há previsibilidade, como por exemplo em concessão rodoviária, em que variantes podem aumentar e diminuir obrigações e a própria tarifa. Na verdade, entende o autor que a grande dificuldade está na gestão dessas variáveis, que não encontra disciplina na teoria do contrato tradicional

A gestão das variáveis contratuais necessita de uma teoria contratual que permita um enfoque para além das lógicas de álea ordinária e extraordinária. Nos contratos de concessão, a previsibilidade possível está na discussão que envolve a alocação de riscos e a administração dos riscos, com a consequente quantificação monetária de seus custos.[382]

A mutabilidade marca o contrato administrativo, alterando-o em diferentes dimensões, influenciando a equação encargo-remuneração, o equilíbrio econômico-financeiro do contrato, o próprio objetivo contratual, justificando alterações qualitativas e quantitativas e uma alterabilidade temporal que não se admite no ambiente da Lei nº 8.666/93.

Exatamente pela característica da mutabilidade, contratos administrativos de longa duração possuem uma capacidade de adaptação às necessidades de atualidade, universalidade e acesso do serviço público. Essa capacidade de adaptação é denominada por Egon Bockmann Moreira como capacidade de aprendizagem dos contratos, e o autor afirma que a sua configuração vai ser descoberta quando forem postos em funcionamento, durante a sua execução.[383]

(MOREIRA, Egon Bockmann. Contratos administrativos de longo prazo: a lógica de seu equilíbrio econômico-financeiro. In: MOREIRA, Egon Bockmann (Coord.). *Contratos administrativos, equilíbrio econômico-financeiro e a taxa interna de retorno*: a lógica das concessões e parcerias público-privadas. Belo Horizonte: Fórum, 2016. p. 81). No mesmo sentido ver: GUIMARÃES, Fernando Vernalha. O equilíbrio econômico-financeiro nas concessões e PPPS: formação e metodologias para recomposição. In: MOREIRA, Egon Bockmann (Coord.). *Contratos administrativos, equilíbrio econômico-financeiro e a taxa interna de retorno*: a lógica das concessões e parcerias público-privadas. Belo Horizonte: Fórum, 2016. p. 95.

[382] Não existe previsibilidade e imprevisibilidade em contratos de longo prazo. Existe estimativa e alocação de risco. Egon Bockmann Moreira aponta que não há álea ordinária ou extraordinária em contratos de longo prazo, e sim alocação e administração de risco, no qual se busca a sua administração através de seguros que implicam em precificação e quantificação monetária. (MOREIRA, Egon Bockmann. Contratos administrativos de longo prazo: a lógica de seu equilíbrio econômico-financeiro. In: MOREIRA, Egon Bockmann (Coord.). *Contratos administrativos, equilíbrio econômico-financeiro e a taxa interna de retorno*: a lógica das concessões e parcerias público-privadas. Belo Horizonte: Fórum, 2016. p. 85.)

[383] "Ao se falar de capacidade de aprendizagem dos contratos e – por que não dizer? – da própria relação jurídico-concessionária, está-se a cogitar também da sistematização do conhecimento que aperfeiçoe a eficiência de determinados contratos públicos. O processo de execução do contrato é significativa fonte de informações e respectiva percepção intelectual, o que faz sugerir a constatação de novas vantagens por parte de concedente e concessionário – bem como sua instalação e partilha com usuários (e terceiros). Será a memória da experiência no desenvolvimento da atividade concessionária que permitirá desvendar os desafios dos contratos (presentes e futuros). Esses dados precisam ser administrados de forma eficiente, de molde a resultar em benefícios – diminuição dos

O autor desenvolve a ideia de uma dinâmica regulatória, em que contratante, contratado e regulador precisam compreender a capacidade de aprendizagem do contrato, e faz um paralelo com a lógica da mutação constitucional, com manutenção do texto e mutação da norma, na qual o texto é o mesmo e a norma é outra. Se a Constituição pode sofrer mutações para adequação à realidade da relação Estado-sociedade, os contratos administrativos também poderiam, dentro da sua capacidade de aprendizagem. A segurança do contrato vem da certeza da mutação. Mutabilidade e segurança jurídica aparecem como valores complementares e não contraditórios.[384]

Cabe destacar a preocupação com a legitimação democrática no estabelecimento de uma política pública por contrato por até 35 anos e a sua consequente estabilização. Não se desconsidera que a estabilização de políticas públicas em contratos de longa duração possa, em certa medida, produzir um déficit democrático, especialmente se for considerado para fins de legitimação democrática a aprovação de um programa de governo pelo sufrágio universal.

Todavia, é importante destacar que o problema não reside no contrato administrativo em si, mas na escolha do objeto a ser executado. A possível deficiência de legitimação democrática

---

custos e incremento da qualidade – para o conjunto de envolvidos no projeto (usuários, concedentes, concessionários e terceiros). Por isso que tanta ênfase merece ser posta quanto às metodologias que privilegiam a composição tarifária e sua revisão com lastro na capacidade de inovação e aprimoramento por parte do concessionário. Também devido a esse fato é que o acesso às informações é decisivo. Afinal, prioritária no projeto é a melhoria na prestação de serviço. Logo, não se está diante de ambiente que conviva bem com aquelas alterações unilaterais e circunstanciais típicas da Administração agressiva de outrora, que não via o concessionário e os usuários como sujeitos da relação, mas sim como objetos de um projeto público excludente. Usuários e concessionário eram peças do jogo de xadrez com que a Administração se entretinha: o destino instalava novos lances e o 'poder' concedente movia as peças no tabuleiro. Isso não pode mais ser prestigiado, pena de retorno a um direito hostil. Nos dias de hoje, quanto maior o volume de informações organizadas e compartilhadas entre os parceiros do projeto, mais eficaz será a estabilidade consensual de equação econômico-financeira contratual (e das respectivas alterações unilaterais e circunstanciais). As noções de Estado e Garantia e de Administração e Infraestrutura são reveladoras dessa integração público-privada na descoberta de soluções públicas menos custosas aos cidadãos e que mais benefícios lhes possam trazer". (MOREIRA, Egon Bockmann. *Direito das concessões de serviço público*: inteligência da Lei nº 8.987/95 – parte geral. São Paulo: Malheiros, 2010. p. 409-411.)

[384] MOREIRA, Egon Bockmann. O contrato administrativo como instrumento de governo. In: GONÇALVES, Pedro Costa (Org.). *Estudos da Contratação Pública IV*. Coimbra: Coimbra Editora, 2012. p. 10.

está no fato dessa escolha não ser feita pelo legislador, e sim pelo administrador.

Nesse ponto, relevante a defesa de uma maior abertura e discussão sobre a definição, natureza e extensão dos objetos a serem executados, com ampla participação da sociedade na formação dos projetos que resultarão na definição da política pública cristalizada no contrato administrativo.

Sobre o assunto, o novo projeto de reforma da Lei de Licitações, aprovado no Senado Federal, traz importante passo para o aumento da legitimação democrática, ampliando o diálogo e consenso, como já mencionado, pois possibilita, no artigo 34, discussão da escolha realizada ainda durante a fase de planejamento da licitação, através de audiência pública e de consulta pública, com disponibilização de todos os elementos e projetos aos interessados, para exame e sugestões, proporcionando importante momento de análise e discussão da política pública a ser implementada.[385]

Sendo essa uma realidade no direito positivo brasileiro,[386] é factível afirmar que o déficit democrático será sensivelmente reduzido, ocorrendo uma transferência dos espaços de diálogo. O consenso decorrerá não mais do programa de governo eleito, mas da discussão pela sociedade das opções técnicas para a satisfação de determinada demanda de serviço público.

Deve ser apenas mencionado, sem verticalizar, por não ser esse o objeto do estudo, que a participação popular no Brasil carece de maior publicização, conscientização e oferecimento de condições materiais para sua realização. Igualmente, é importante o desenvolvimento de uma cultura de controle social dos serviços públicos e de sua prestação.[387]

---

[385] "Art. 34. A Administração poderá convocar consulta ou audiência pública, presencial ou a distância, na forma eletrônica, sobre proposta de especificações para bens ou serviços que pretenda licitar".

[386] O Projeto de Lei nº 559/2013 foi aprovado em 13/12/16 no Senado Federal e ainda se encontra em deliberação na Câmara dos Deputados.

[387] Sobre a participação popular na Administração Pública e a necessidade de construção de um modelo de controle social efetivo, cabe menção a Adriana da Costa Ricardo Schier, a qual afirma que o direito de participação na esfera administrativa é uma forma de democratização do poder público, que gera maior contribuição dos cidadãos nas decisões que são tomadas pelo Estado. (SCHIER, Adriana da Costa Ricardo. *A participação popular na Administração Pública*: o direito de reclamação. Rio de Janeiro: Renovar, 2002. p. 74.)

Sem um incremento qualitativo e quantitativo na participação e controle da sociedade no processo de tomada de decisão para a definição das políticas públicas por contratos, a perda de legitimidade democrática será considerável e corre-se o risco de se criar consenso após a celebração da relação negocial, mas mantendo-se unilateralidade na definição do objeto e da política pública do contrato, o que por certo prejudica toda a lógica emancipatória prevista na Constituição de 1988 e contraria inclusive a proposta ora defendida.

A ampliação das bases consensuais na teoria contratual administrativa deve também privilegiar o espaço do planejamento do contrato, de modo a permitir discussão e influência na construção do processo de tomada de decisão contratual. É necessário que tanto contratado quanto sociedade civil possam influenciar a formação do contrato e a definição da política pública por ele estabilizada.

Nestes termos, perde densidade eventual déficit democrático, mesmo nas hipóteses em que a alternância de governo pela manifestação da soberania popular negue a política do governo anterior. Aliás, é exatamente essa realidade que se pretende evitar.

Trabalhando-se com a máxima de que "Governos vão e vêm, administrações permanecem", visualiza-se na relação contratual administrativa uma importante ferramenta para a estabilização de políticas públicas, especialmente as concessivas ou ampliativas de direitos sociais, responsáveis por ampliação de acesso, universalidade e modicidade da tarifa de serviços públicos.

Ao se ampliar a discussão da fase de planejamento da licitação, possibilitando que diferentes setores da sociedade possam opinar sobre as bases técnicas, jurídicas, econômicas, ambientais e até sociais do objeto contratual, permite-se até uma maior legitimação democrática, especialmente considerando o fato de que nos pleitos eleitorais muito pouco se discute com a sociedade civil sobre a natureza dos programas de governo, e quando se discute, não há verticalização.

Cabe também refletir, utilizando-se como filtro o sistema constitucional de segurança jurídica, que não parece razoável a desconstrução de políticas públicas concessivas de direitos sociais, implementadas através de contratos administrativos, com retrocessos históricos e claro prejuízo ao interesse público.

E ainda, todo o planejamento da implantação e da execução da política pública dentro do contrato é orientado pelo equilíbrio da equação econômico-financeira, levando-se em consideração, na fixação do prazo, o valor do capital investido a ser amortizado, a modicidade da tarifa, a taxa interna de retorno e a matriz de riscos. A interrupção da execução de um contrato administrativo antes do implemento do prazo, pela revisão da política pública nele contida, necessariamente deve considerar esses elementos e eventuais indenizações deles decorrentes.

Contudo, é importante destacar que o princípio da mutabilidade permite que o contrato administrativo possa adaptar-se a diferentes e novas realidades, o que significa que poderia inclusive sofrer alterações no rumo da política pública nele inserida, o que também contribui para redução do déficit democrático na medida em que alterações na sua configuração original poderão decorrer de manifestações do controle social.[388]

Inegável, portanto, que a mutabilidade e a adaptabilidade do contrato administrativo, traduzidas na sua capacidade de aprendizagem e na visão processual da sua execução, podem produzir através do consenso legitimação democrática, desde que se possibilite a ampliação da participação popular no processo de tomada de decisão para o planejamento do contrato e, não menos importante, para a sua execução.

Interessante notar que a proposta de uma construção da decisão política influenciada pela sociedade civil e pelos interessados tanto na fase de planejamento quanto na fase de execução do contrato administrativo foge da lógica de um direito exclusivamente produzido no espaço do Estado.

Adotando-se essa linha de raciocínio, parece possível a aproximação com a doutrina do pluralismo jurídico, que contemporaneamente é usado para legitimar fontes de direito fora da lógica do estadualismo, como leciona Antônio Manuel Hespanha, assinalando que o direito não é mais exclusivo do Estado, mas também parece deixar de ser a expressão da vontade do povo.[389]

---

[388] Embora seja forçoso reconhecer que atualmente não há no direito positivo instrumento que possibilite participação popular efetiva nesse nível da relação contratual. Essa ainda é uma realidade a ser construída.

[389] (HESPANHA, Antonio Manuel; WOLKMER, Antonio Carlos; VERAS NETO, Francisco Q.; LIXA, Ivone. *Pluralismo jurídico*: os novos caminhos da contemporaneidade. São Paulo:

Em conclusão dessa lógica, é possível afirmar que a natural mutabilidade dos contratos administrativos permite que estes assumam funções antes destinadas à execução apenas no primeiro setor. A revisão de categorias metodológicas do direito administrativo que ora se discute fornece enquadramento jurídico para o exercício dessas novas funções no segundo e terceiro setores, viabilizando inclusive maior controle na prestação do serviço público e menos beligerância e conflito na sua execução.[390]

Saraiva, 2010). Recentemente, o autor buscou definir uma resposta teórica e dogmática adequada à realidade jurídica, salientando o risco para a democracia da aceitação de um direito exclusivamente de fonte legislativa, como se observa: "Poderá o direito democrático sobreviver num contexto pluralista (ou pós-estadualista)? De que modo é que, nesta época de um direito que parece manifestar-se a muitos níveis para além do Estado, se pode salvaguardar o princípio da legitimação democrática do direito? A questão central é a de saber a quem cabe decidir quais dessas normas que se observa vigorarem é que fazem parte do direito. Se resolvermos esta questão reconhecendo como normas jurídicas válidas todas as normas que vigoram na sociedade deixa de ser possível relacionar o direito com um consenso inclusivo e estabilizador, pois muito do que se nos impõe como ordem provém de poderes sociais que escapam ao controle democrático. Se entregarmos a fixação do direito a um grupo de especialistas, frustraremos também o tal princípio de que o direito tem por base o consenso da comunidade e não apenas a autoridade de uma elite social, cultural ou política. Em contrapartida, *não reconhecer o pluralismo e recair num modelo de direito apenas legislativo é ignorar as insuficiências – mesmo do ponto de vista democrático – da regulação estatal; e, além disso, desconhecer a realidade normativa do direito*" (HESPANHA, Antonio Manuel. *Pluralismo jurídico e direito democrático*. São Paulo: Editora Annablume, 2016. p. 30, grifo nosso). É oportuna ainda a citação de Gustavo Zagrebelski sobre o assunto, em especial sobre a insuficiência do direito no enfrentamento das realidades sociais. Para o autor, o direito do século XIX tinha por fonte os legisladores, numa concepção estadualista, enquanto que o direito do século XX teve por fonte os juristas, e nenhum dos dois obteve êxito na busca por respostas que a sociedade contemporânea exige. Não desprezando essa matriz histórica, o direito do século XXI não se sustenta apenas nos legisladores ou nos juristas, mas busca subsídio na economia e nas ciências, por exemplo. (ZAGREBELSKY, Gustavo. *El derecho dúctil*: ley, derechos, justicia. Madrid: Editorial Trotta S.A., 2011.)

[390] O que por certo minimiza significativamente o custo econômico suportado pelo Estado em diferentes litígios com agentes econômicos no mercado, que tão somente produzem prejuízo ao erário público.

CAPÍTULO 2

UM NOVO MODELO DE CONTRATUALIZAÇÃO ADMINISTRATIVA: AMBIENTE DE IGUALDADE ASSIMÉTRICA E DE EQUILÍBRIO DE POSIÇÕES JURÍDICAS CONTRATUAIS

Mas está em declínio o modelo de desenvolvimento que reservou ao Estado a iniciativa e o protagonismo da ação pública. A vida é complexa demais, os desafios são grandes demais, as mudanças tão rápidas, tanto os recursos necessários, os conhecimentos tão caros de reunir, tão impressionante o número de envolvidos a articular, que, em todas as áreas, o direito vem sendo reformado em busca de modelos institucionais novos, que rompam a separação do estatal com o mundo não estatal. Inevitável, portanto, que, na busca de desenvolvimento da infraestrutura, os entes estatais partam para o uso maciço de mecanismos de associação do público com o privado que sejam capazes também de poupar o Estado do esforço operacional de celebrar e gerenciar muitos contratos, em que ele se sai bastante mal. Em suma, os entes estatais que perceberem que esse tipo de associação não é simples possibilidade, mas necessidade, vão ser os que se sairão melhor na geração e implantação de projetos públicos de qualidade nas próximas décadas.[391]

---

[391] SUNDFELD, Carlos Ari. Público e privado no desenvolvimento de empreendimentos estatais. In: PONTES FILHO, Valmir; MOTTA, Fabricio; GABARDO, Emerson (Coord.).

O reposicionamento do regime jurídico de prerrogativas contratuais exige um novo modelo de Administração Pública contratualizada, com equilíbrio de posições jurídicas individuais e alteração da atuação do Estado na sociedade.

O Estado passa da condição de prestador direto de serviços públicos para a de garantidor de prestações de interesse público nos diferentes espaços de relação com a sociedade civil e com o mercado. Rodrigo Esteves de Oliveira neste ponto discute autoridade e consenso no contrato administrativo e afirma que a utilização do contrato como agir administrativo normal não implica na exclusão do agir administrativo via ato de autoridade. Para o autor as duas formas do agir administrativo complementam-se na execução contratual. A possibilidade de atuar com autoridade garante o interesse público na medida em que permite assegurar a eficaz execução contratual, e para isso os poderes de modificação unilateral, direção, controle, sanção e rescisão, autoexecutáveis, justificam-se.[392]

Pedro Costa Gonçalves, sobre o assunto, assevera que se trata de "actos que, apesar de incidirem sobre o contrato, têm uma justificação extracontratual, que decorre das competências de autoridade que, apesar do contrato, o interesse público reclama que a Administração Pública detenha sobre certos objetos".[393] O autor recusa uma correspondência exata entre gestão de contratos públicos e prerrogativas públicas, pois na sua visão "a tarefa de gestão pressupõe uma ideia de dever, de incumbência e de responsabilidade alheia a toda e qualquer conotação com o tópico do poder ou da prerrogativa".[394]

Sobre o regime substantivo do contrato administrativo, Pedro Costa Gonçalves afirma que este é centrado numa preocupação

---

Administração Pública: desafios para a transparência, probidade e desenvolvimento – XXIX Congresso Brasileiro de Direito Administrativo. Belo Horizonte: Fórum, 2017. p. 36-43.

[392] OLIVEIRA, Rodrigo Esteves de. *Autoridade e consenso no contrato administrativo*. Coimbra: Coimbra Editora, 2001. p. 162.

[393] GONÇALVES, Pedro Costa. *O contrato administrativo*: uma instituição do direito administrativo do nosso tempo. Coimbra: Almedina, 2004. p. 119.

[394] GONÇALVES, Pedro Costa. Gestão em contratos públicos em tempo de crise. In: GONÇALVES, Pedro Costa (Org.). *Estudos de contratação pública III*. Coimbra: Coimbra, 2010. p. 23-24.

de dotar o Poder Público de poderes conformativos da execução contratual e poderes de reação em face do descumprimento.[395] Essa é a razão para legitimar os poderes de autoridade na relação contratual.[396]

A desigualdade jurídica própria da teoria tradicional do contrato administrativo cede lugar à lógica da igualdade assimétrica, com igualdade de posições jurídicas, mas posições assimétricas em face da autoridade inerente à condição estatal.[397]

---

[395] "Sem prejuízo disso, é porém manifesto que, em numerosos casos, a lei confia certas prerrogativas aos contraentes públicos enquanto actuem nesta qualidade no âmbito da administração de contratos. Ora, importa ter presente que a exorbitância de certos poderes da Administração contraente se mostra coerente com a natureza administrativa da tarefa de gestão de contratos públicos. Com efeito, em muitos sistemas jurídicos, para a tarefa de gestão dos contratos públicos (por vezes apenas de uma parte deles), a lei entrega ao contraente público um conjunto, mais ou menos extenso, de poderes ou de prerrogativas de autoridade: assim sucede no direito português, quanto aos contratos administrativos, no âmbito dos designados poderes de conformação da relação contratual (artigo 302º do CCP). Em geral, a atribuição desses poderes ao contraente público, constituído uma marca distintiva do regime substantivo dos contratos administrativos, representa a resposta da lei a uma exigência de tutela de dois recortes ou dimensões do interesse público: por um lado, o 'interesse de actualização do contrato', que se consubstancia num regime que assegure a permanente adequação do contrato que vincula um Poder Público às exigências de cada momento; por outro lado, 'o interesse em assegurar o cumprimento do contrato', o qual reclama uma disciplina que garanta a possibilidade de reacção oportuna e eficaz do contraente público em face de eventual incumprimento, ou ameaça de incumprimento, do contraente privado. A realização dessa dupla dimensão do interesse público determinou a construção de um regime de relação contratual administrativa marcada pela 'desigualdade' entre as partes, pressupondo encontra-se uma delas em posição de, 'autoritariamente', impor certos tipos de modificação no contrato, ou até determinar a resolução do mesmo; além disso, o contraente público dispõe dos poderes de direcção, de fiscalização e de aplicação de sanções contratuais; em todos esses casos, goza de uma 'capacidade para praticar actos administrativos', dotados de executividade". (Ibid.)

[396] "O regime substantivo do contrato público com natureza jurídica administrativa denota, assim, uma preocupação muito centrada em equipar o contraente público por um lado, com poderes conformativos e, por outro, com poderes de 'reacção musculada' em face do incumprimento. A ideia subjacente a esse modelo coincide, pois, com a compreensão da 'gestão do contrato' como 'missão administrativa', consubstanciada em 'regular uma relação jurídica'. É precisamente essa compreensão da gestão do contrato como tarefa ou missão administrativa que permite perceber – e, mais do que isso, legitimar – a desigualdade contratual e os poderes de autoridade do contraente público. (...) Os poderes e prerrogativas do contraente público encontram, assim, justificação do facto de o parceiro privado, ao aceitar colaborar na realização do interesse público, se colocar, pelo menos num plano funcional, numa 'situação estatutária'. (Ibid.)

[397] Maria Sylvia Zanella di Pietro afirma que não há simetria na posição da Administração Pública dentro do contrato: "Pensando especificamente no tema do contrato, verifica-se que realmente nunca a posição da Administração poderá ser inteiramente igual à do particular, mesmo nas relações de direito privado: a autonomia da vontade, de que é dotado o particular, substitui-se, para a Administração, pelo princípio da legalidade; a liberdade de forma, que prevalece nas relações jurídicas entre os particulares, dificilmente

Na verdade, propõe-se um novo desenho do contrato administrativo, em que a autoridade não seja uma prerrogativa inerente à posição da Administração Pública, e, igualmente, no qual o equilíbrio econômico-financeiro não seja direito exclusivo do contratado.

Nessa perspectiva, prerrogativas não seriam poderes atribuídos ao contratante, decorrentes da condição de potestade da Administração Pública, assim como o equilíbrio econômico-financeiro não seria direito do contratado, como contraposição à desigualdade jurídica gerada pelas prerrogativas.

No novo modelo, tanto prerrogativas quanto o equilíbrio econômico-financeiro são consequências do contrato, intrínsecos ao objetivo final de interesse público. Prerrogativas deixam de ser caracterizadas como poderes utilizáveis pela Administração Pública de forma desvinculada de situações concretas que justifiquem a sua utilização. E sequer compõem a relação contratual desde o início, pois somente poderão ser utilizadas nas hipóteses em que não foi possível através da negociação a obtenção do resultado de interesse público que se almejava.[398]

E, seguindo o mesmo raciocínio, a garantia de equilíbrio econômico-financeiro passa a ser aplicável tanto ao contratado quanto ao contratante. Na hipótese da equação econômico-financeira do contrato sofrer desequilíbrio que beneficie desproporcionalmente o contratado, é possível pensar-se na revisão do contrato para reequilibrar as prestações e contraprestações, objetivando-se, por exemplo, modicidade da tarifa, ampliação do

---

existe nas relações jurídicas em que a Administração é parte; além disso, ela está vinculada a determinados fins, que a obrigam a adotar os meios que o legislador escolhe como os únicos viáveis para a sua consecução; a tudo isso acrescente-se o fato de que ela conserva, mesmo quando se utiliza do regime de direito privado, certos privilégios que lhe são concedidos por lei, em razão da pessoa, como o juízo privativo, o processo especial de execução, a impenhorabilidade de seus bens, os prazos mais dilatados em juiz". (DI PIETRO, Maria Sylvia Zanella. Ainda existem os chamados contratos administrativos? In: DI PIETRO, Maria Sylvia Zanella; RIBEIRO, Carlos Vinícius Alves (Coord.). *Supremacia do interesse público e outros temas relevantes do direito administrativo*. Belo Horizonte: Editora Atlas, 2010. p. 398-411.)

[398] Não se desconsidera que diante do inadimplemento contratual, da inexecução ou de eventual fraude, a Administração Pública necessita condicionar e enquadrar os comportamentos do contratado. Nessas hipóteses, por óbvio, o uso de prerrogativas é defensável, adequado e necessário para a salvaguarda do interesse público.

acesso (universalidade) e atualidade da prestação, todos como fundamento de interesse público.

Esse é o modelo de igualdade assimétrica e de equilíbrio de posições jurídicas no contrato. Tanto Poder Público quanto contratado estão em igualdade de posição jurídica dentro do contrato, mas com assimetria decorrente da possibilidade de utilização de prerrogativas pela Administração Pública para garantir o interesse público e condicionar o comportamento do contratado nos casos de inexecução contratual ou desvios prejudiciais ao contrato.

Para Fernando Vernalha Guimarães, tanto no que se refere à extensão das prerrogativas quanto à dimensão do equilíbrio contratual os tempos são outros e há uma aproximação da teoria da contratação administrativa e a teoria do contrato privado, buscando-se no século XXI contratos que prezam pela eficiência, o que exige um adequado ambiente institucional para sua execução, com estabilidade regulatória e máxima segurança jurídica, regulação contratual apoiada num princípio de simetria entre os contraentes, controle por agentes externos e uma adequada e detalhada alocação de riscos entre as partes. Para o autor, nesse contexto "as prerrogativas são cada vez menos toleradas e a tutela da equação econômica se resume à tutela do cumprimento da matriz de riscos do contrato, reduzindo-se sobremaneira o espaço para a tutela dos riscos extracontratuais".[399]

Todavia, defende-se que a possibilidade de utilização de prerrogativas para garantia do interesse público deva ser controlada através da aplicação dos princípios da finalidade, eficiência, motivação, economicidade, razoabilidade e proporcionalidade, e deva ser subsidiária à negociação, sob pena de retorno ao modelo unilateral que se pretende revisar. A demonstração gráfica da proposta de reposicionamento exemplifica o papel das prerrogativas no contrato:

---

[399] GUIMARÃES, Fernando Vernalha. O equilíbrio econômico-financeiro nas concessões e PPPS: formação e metodologias para recomposição. In: MOREIRA, Egon Bockmann (Coord.). *Contratos administrativos, equilíbrio econômico-financeiro e a taxa interna de retorno*: a lógica das concessões e parcerias público-privadas. Belo Horizonte: Fórum, 2016. p. 89-90.

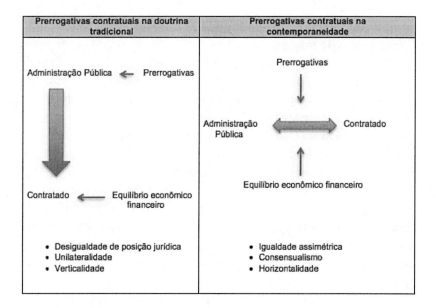

Ao se admitir prerrogativas deslocadas da posição de supremacia da Administração Pública e como consequência do próprio contrato é possível uma virada epistemológica e paradigmática, pois há alteração do sentido, da estrutura e da própria validade do contrato administrativo, que deixa de ser visto como negócio jurídico que exorbita do direito comum para ser enquadrado como instrumento de parceria e consenso para a satisfação do bem comum.

A virada paradigmática igualmente pode ser observada na proposta de igualdade assimétrica e de equilíbrio de posições jurídicas contratuais contrapostas, que justifica o equilíbrio econômico-financeiro como condição do próprio interesse público, passível de ser suscitado por ambas as partes e não apenas pelo contratado.

Essa lógica permite nova visão do contrato administrativo, pois lhe confere autonomia perante o Poder Público contratante e também perante o contratado.

O contrato administrativo passa a ser instrumento e objeto da regulação administrativa. Nesse sentido, Pedro Costa Gonçalves aponta que o contrato surge no domínio da regulação administrativa como instrumento regulatório, mas também como objeto regulado, e estabelece o conceito de contrato regulatório como instrumento ou mecanismo jurídico ou estratégia de implementação de regulação pública administrativa, numa interação entre regulação e contrato.[400] Para o autor o contrato impõe-se como mecanismo ou fonte de regulação no domínio jurídico, como ponto de referência para a ação subsequente das partes e por isso possui um sentido regulador.[401]

No mesmo sentido Peter Vincent-Jones define contrato enquanto fundamento ou base de um regime regulatório que opera dentro da esfera pública entre várias estruturas e organismos inseridos na Administração Pública e entre essas estruturas, organismos e seus respectivos agentes. Trata-se de conceber com fundamento no contrato novos moldes e estruturas administrativas e o complexo de relações que se processam no seio da Administração Pública.[402]

A relação entre contrato e regulação se estabelece na medida em que o contrato surge como fonte e mecanismo da regulação dos comportamentos das partes. Pedro Costa Gonçalves afirma o contrato como categoria geral de direito, apresentando-o como fonte da regulação jurídica da conduta das pessoas.[403]

O autor afirma que o contrato pode revelar-se como instrumento da administração reguladora, utilizado para, através do consenso entre regulador e regulados, se proceder à formulação

---

[400] GONÇALVES, Pedro Costa. *Reflexões sobre o Estado regulador e o Estado contratante.* Coimbra: Coimbra Editora, 2013. p. 91-142.

[401] O autor elenca os pontos fundamentais da regulação: sistema de influenciação, orientação e controle de processos, comportamentos e condutas de pessoas, formas positivas: comandos, diretrizes ou recomendações; formas negativas: proibições, limitações, advertências; formas instrumentais: edição de normas, adoção de medidas de implementação e de reação às infrações. (*Ibid.*)

[402] Este autor observa que o contrato compreendido como ponto de referência de condutas sem a nota da obrigatoriedade jurídica passou a ser instituição jurídica fundamental da nova gestão pública. E cita como exemplo o aparecimento dos contratos internos (contratos de programa e contratos de gestão). (VINCENT-JONES, Peter. *The New Public Contracting.* Oxford: Oxford University Press, 2006. p. 1-35, 139-271.)

[403] Também há relação entre contrato e regulação pública administrativa, uma vez que o contrato como instituição jurídica com força jurídica e atuante no direito não é reconhecido como criação social espontânea. É modelo de produção de efeitos jurídicos criado, configurado e tutelado pelo direito do Estado. Na dimensão de sua juridicidade, o contrato existe por força do direito do Estado ou da regulação pública. A regulação administrativa aparece entendida e explicada como um contrato e pode desenvolver-se ou efetuar-se como contrato, e nesse caso tem-se o contrato público, celebrado entre autoridades públicas ou entre autoridades públicas e sujeitos privados. (GONÇALVES, Pedro Costa. *Reflexões sobre o Estado regulador e o Estado contratante.* Coimbra: Coimbra Editora, 2013. p. 91-142.)

ou implementação das normas regulatórias que disciplinam um determinado mercado. E observa que essa ideia encontra respaldo no ambiente de transformação da Administração Pública atual, em que prevalecem a cultura do contrato e do consenso, a visão de um Estado contratante, a lógica de governo e administração por contrato, a substituição do Estado gestor pelo Estado contratante e a tendência de fazer do contrato mecanismo prefacial da Administração Pública.[404]

Percebe-se, portanto, o quanto a figura contratual adquiriu importância na contemporaneidade. De instrumento de governo a instrumento regulatório, de meio realizador de direitos fundamentais a forma de criação de concorrência de mercado.

O novo modelo pressupõe um novo olhar sobre a lógica da segurança jurídica e da estabilidade contratual. A estabilidade dos contratos decorre da certeza de suas cláusulas, e não da imutabilidade. Contratos de longa duração somente permanecerão no tempo se apresentarem mutabilidade. Com razão, Egon Bockmann Moreira nesse sentido, afirmando que a certeza dos contratos administrativos é a sua mudança.[405]

Contratos administrativos necessitam ser flexíveis às exigências de interesse público. Por isso a afirmação de que, no seu ambiente, a sua certeza é traduzida como capacidade de mudança.

Há, de fato, necessidade de uma ressubstancialização do princípio da segurança jurídica no espaço do contrato administrativo, especialmente nos contratos de longa duração, justamente pela lógica de que a sua certeza e estabilidade residem na capacidade de mudança, aprendizagem e adaptação.

Nos contratos de Parceria Público-Privada, considerando o prazo de até 35 anos de execução contratual, é certa a mutabilidade do objeto e das condições de interesse público que levaram ao negócio. Esse é o motivo de se buscar uma ressubstancialização do princípio da segurança jurídica para além da lógica tradicional de imutabilidade de suas cláusulas.

---

[404] *Ibid.*
[405] MOREIRA, Egon Bockmann. O contrato administrativo como instrumento de governo. In: GONÇALVES, Pedro Costa (Org.). *Estudos da Contratação Pública IV*. Coimbra: Coimbra Editora, 2012. p. 6-18.

Uma vez que o Estado substitui a postura de prestador direto de serviços públicos e volta-se à contratualização, assumindo o papel de garantidor de prestações de interesse público através de parcerias com o segundo e o terceiro setor, o regime contratual vinculado à segurança jurídica deve ressignificar-se, para admitir que mudanças nas bases do negócio possam ser realizadas para melhor atender ao interesse público sem que, com isso, se possa apontar violação ao princípio da indisponibilidade do interesse público. Trata-se da aplicação da mutabilidade contratual.

Retoma-se aqui, uma vez mais, a noção de processo estruturante para justificar a ressignificação do princípio da segurança jurídica. Se contratos são incompletos e constroem-se no decorrer da execução, a segurança jurídica nestes contratos deve ser representada pela possibilidade de adequação a novas exigências de interesse público.

A Administração Pública necessita ser vista não através de uma fotografia, congelada no espaço-tempo, imutável. Essa visão fotográfica da Administração Pública capta a sua essência enquanto ato administrativo, numa compreensão tradicional do direito administrativo francês do século XIX.

O Estado Social ampliou demandas e os espaços de intervenção e a noção de contrato relacional permitem o atendimento do interesse público nos diferentes espaços de relacionamento Estado-sociedade, seja no segundo setor ou no terceiro setor.

Em relação ao terceiro setor, Licínio Lopes Martins destaca que há uma tendência generalizada de transferência da provisão de bens e serviços públicos do Estado para as organizações do terceiro setor, com maior participação da sociedade civil.[406]

Esse contexto demonstra incremento qualitativo e quantitativo de parcerias privadas com o Estado e exige reformulação do relacionamento contratual que forneça segurança jurídica e viabilize materialmente a satisfação do interesse público.

Diante de dificuldades técnicas ou econômicas de atendimento direto das demandas sociais pelo Estado, a proposta de contrato

---

[406] MARTINS, Licínio Lopes. *Empreitada de obras públicas*: o modelo normativo do regime do contrato administrativo e do contrato público – em especial, o equilíbrio econômico financeiro. Coimbra: Editora Almedina, 2014. p. 230.

como instrumento de desenvolvimento atende perfeitamente aos princípios da razoabilidade, proporcionalidade e economicidade, pois viabiliza através de parcerias privadas o desenvolvimento econômico e social.

O novo ambiente contratual administrativo pressupõe a visão da Administração Pública como processo, substituindo a fotografia pelo filme, dinâmico e não estático, mutável e maleável. Uma visão processual inserida numa compreensão do Direito Administrativo a partir de relações jurídicas multipolares e contratos relacionais, num direito prospectivo, pensado para evitar danos e não para resolvê-los, que se projeta para o futuro, construindo-se dia a dia na execução contratual, a partir da ideia de planejamento estatal.

CAPÍTULO 3

UM NOVO REGIME JURÍDICO PARA OS CONTRATOS ADMINISTRATIVOS: APLICAÇÃO SUBSIDIÁRIA DA CONDIÇÃO DE AUTORIDADE, INEXISTÊNCIA DE UM REGIME GERAL DE PRERROGATIVAS E ENQUADRAMENTO DO CONTRATO ADMINISTRATIVO COMO INSTRUMENTO DE DESENVOLVIMENTO

> As constituições hoje são documentos normativos do Estado e da sociedade. A Constituição representa um momento de redefinição, das relações políticas e sociais desenvolvidas no seio de determinada formação social. A Constituição não apenas regula o exercício do poder, transformando a potestas em autoritas, mas também impõe coordenadas específicas para o Estado, apontando o vetor de sua ação.[407]

> O tema do desenvolvimento e dos direitos fundamentais econômicos e sociais deve, portanto, integrar a agenda do Direito Administrativo social hodierno, impactando sobre os tópicos essenciais desse ramo jurídico, tais como a organização administrativa, os serviços públicos, as

---
[407] CLÈVE, Clèmerson Merlin. *Para uma dogmática constitucional emancipatória*. Belo Horizonte: Fórum, 2012. p. 38.

políticas públicas e a intervenção do Estado na atividade econômica. Somente assim será possível transformar efetivamente as estruturas socioeconômicas da realidade brasileira, propiciando uma atuação estatal que não se limite a assegurar um mínimo necessário para o exercício das liberdades.[408]

Partindo-se da premissa de que contratos administrativos, especialmente os de longa duração, desenvolvem-se como processo incompleto, adaptável às mudanças que a relação contratual suporta no decurso do tempo, mutáveis e maleáveis às circunstâncias de interesse público, e que possuem um espaço de certeza diretamente relacionado a essa capacidade de adaptação, mutabilidade e maleabilidade, é possível repensar o regime jurídico de prerrogativas, sobretudo dentro de uma proposta de aplicação subsidiária.

As exigências de interesse público na contemporaneidade impõem um modelo contratual flexível e despido *a priori* de verticalidade, o que não significa flexibilizar ou limitar a utilização de prerrogativas, mas tão somente definir uma aplicação subsidiária, que se coloca com integral força apenas se identificado fracasso nas tentativas consensuais de solução dos eventuais prejuízos ao interesse público.[409]

Nesse sentido, Cabral de Moncada defende que a busca do interesse público nem sempre exige a presença das prerrogativas, podendo este ser alcançado por outra forma, em especial o contrato

---

[408] HACHEM, Daniel Wunder. A noção constitucional de desenvolvimento para além do viés econômico: reflexos sobre algumas tendências do direito público brasileiro. *A&C – Revista de Direito Administrativo & Constitucional*, Belo Horizonte, v. 13, nº 53, p. 64, jul./set. 2013.

[409] Ao analisar o papel das prerrogativas nas contratações públicas, Thiago Marrara identifica inicialmente o problema que se pretende enfrentar na tese: "É nesse mar de incertezas que emergem as dúvidas sobre os poderes exorbitantes da Administração Pública. É verdade que há normas gerais que reconhecem e regem esses poderes, mas o problema não está exatamente na ausência absoluta de normas, senão na dúvida quanto à incidência das existentes sobre os multiformes acordos hoje existentes. Em suma, é possível sustentar um regime padronizado de poderes estatais diante dos contratantes ou, diferentemente, mostra-se necessário reconstruir a teoria das cláusulas exorbitantes e modular sua aplicabilidade concreta?" (MARRARA, Thiago. As cláusulas exorbitantes diante da contratualização administrativa. *Revista de Contratos Públicos – RCP*, Belo Horizonte, v. 3, nº 3, p. 237255, mar./ago. 2013.)

administrativo.[410] Para Licínio Lopes Martins, as concessões e as parcerias público-privadas constituem, no universo dos contratos administrativos, o campo privilegiado do debate doutrinal.[411] Ao analisar as bases do que denomina de "novo direito administrativo", Suzana Tavares da Silva destaca a importância que o contrato assume no contexto das fontes de direito, sobretudo de formas de implementação de políticas por via contratual. Afirma a autora que no Código de Contratação Pública de Portugal o contratado é também um instrumento de colaboração entre Estado e privados para a prossecução do interesse público "o que significa que com a sua utilização se procura captar o interesse e a dinâmica privada para a prossecução de tarefas públicas".[412]

Luís Verde de Sousa defende o enquadramento das relações contratuais administrativas como um projeto contratual, estabelecido num ambiente de legalidade ampla, construído a partir do diálogo, com ganho de eficiência e vantajosidade para o interesse público,[413]

---

[410] CABRAL DE MONCADA, Luís S. *Consenso e autoridade na teoria do contrato administrativo.* Lisboa: Quid Juris Sociedade Editora, 2012. p. 52.

[411] MARTINS, Licínio Lopes. *Empreitada de obras públicas*: o modelo normativo do regime do contrato administrativo e do contrato público – em especial, o equilíbrio econômico-financeiro. Coimbra: Almedina, 2014. p. 454.

[412] SILVA, Suzana Tavares da. *Um novo Direito Administrativo?* Coimbra: Imprensa da Universidade de Coimbra, 2010. p. 60-64.

[413] "Admitir a possibilidade de construção dialógica do projecto contratual (de todo ou de apenas uma parte), é reconhecer também que a Administração dispõe de uma considerável margem de conformação. No entanto, o reconhecimento deste poder discricionário está longe de significar que sua actuação se deve pautar por critérios exclusivamente economistas (fazendo o que for necessário para obter o designado '*good value for money*'), esquecendo a sua vinculação ao Direito. Mesmo investida de poderes discricionários, a Administração está subordinada ao princípio da legalidade. É esse o bloco de legalidade, composto não apenas pela lei, entendida em sentido genérico (...), mas também pelas regras e princípios consagrados na Constituição pelo Direito Internacional em vigor no foro doméstico (pelo Direito Comunitário originário e derivado) e pelos princípios gerais de Direito que a negociação deve respeitar. (...) A grande vantagem reconhecida à construção dialogada do projeto contratual é da eficiência. A negociação concorrencial permite, em regra, 'a celebração de um contrato globalmente mais vantajoso para o interesse público' no domínio da contratação pública, este objectivo é traduzido pela expressão '*good value for money*': a entidade adjudicante deve procurar obter aquilo de que necessita de acordo com as melhores condições possíveis. Esta máxima pode decompor-se em três postulados essenciais, o objecto da procura deve responder, de forma óptima, às necessidades da entidade adjudicante, o contrato deve prever as melhores condições possíveis para a Administração (preço, prazo de entrega ou de execução, custo ambiental, garantias de cumprimento, etc: o adjudicatário deve ser capaz de cumprir plenamente as obrigações que assumiu". (SOUSA, Luís Verde de. *A negociação dos procedimentos de adjudicação*: uma análise do código nos contratos públicos. Coimbra: Almedina, 2010, p. 46, 65.)

e sustenta que a elaboração conjunta do conteúdo de um projeto contratual possibilita solidez.[414]

Identificando que no ambiente do direito civil, pela natureza da autonomia contratual, é possível convencionar-se uma atuação unilateral de uma das partes, o que demonstra que a unilateralidade não se encontra apenas no ambiente de prerrogativas da Administração Pública, está Maria João Estorninho.[415] Dessa afirmação pode-se extrair uma conclusão lógica: o regime de prerrogativas contratuais da Administração Pública não precisa ser necessariamente definido pela lei, de forma geral e abstrata, podendo vir a ser definido pelo contrato.

Trata-se de flexibilização da obrigatoriedade de um regime geral de prerrogativas contratuais na lei e substituição por uma regime contratual adequado às necessidades de interesse público em sentido estrito, buscadas com a celebração do ajuste.

A flexibilização da aplicação das prerrogativas não é matéria inédita ou exclusiva do pensamento doutrinário do século XXI. Na presente tese busca-se fundamento nestas reflexões para propor uma aplicação subsidiária, condicionada a um momento anterior de consenso.

De fato, como já mencionado anteriormente, Manoel de Oliveira Franco Sobrinho, já na década de 1980 do século XX, abordou

---

[414] "Assim, se observarmos a totalidade do universo da realização de um projeto envolvendo um contrato público, podem ser destacados dois tipos de contribuições: i) as que resultam de uma atuação isolada dos envolvidos no procedimento (administração pública e partes interessadas, candidatos, concorrentes ou contratados – que são as partes negociais) e; ii) o resultado do diálogo estabelecido entre as partes, pois enquanto aquela é elaborada por apenas um dos blocos negociais, este ponto surge depois de um debate que visa conciliar aspectos distintos entre as partes visando um entendimento. Assim, a solução, seja ela pontual (referente a apenas um aspecto do projeto) ou global, é elaborada por ambos os blocos negociais ao invés de ser instituída por um dos sujeitos envolvidos na relação. É nesse tipo de 'inputs', que por meio de discussões os sujeitos buscam o entendimento para a elaboração do projeto contratual. Dessa forma, a negociação representa um envolvimento dos sujeitos negociais, sendo a Administração Pública de um lado e interessados do outro, ambos buscando a elaboração conjunta do conteúdo de um projeto contratual sólido". (SOUSA, Luís Verde de. *A negociação nos procedimentos de adjudicação*. Coimbra: Edições Almedina, 2010. p. 43.)

[415] "É perfeitamente compatível com o Direito Privado o exercício unilateral destes poderes por um dos contratantes, imponto a sua vontade ao seu parceiro contratual. Há normas de Direito civil que especificamente contemplam esta possibilidade, e nos demais casos, isso é perfeitamente admissível ao abrigo da autonomia privada das partes. O que me parece específico é apenas o facto de a Administração ser dotada desta possibilidade independentemente de previsão legal". (ESTORNINHO, Maria João. *Requiem pelo contrato administrativo*. Coimbra: Livraria Almedina, 2003. p. 115-148.)

criticamente os poderes da Administração Pública nos contratos administrativos, vinculando-os aos princípios que os sustentam e refutando um suposto caráter autoritário. Para o autor, a utilização aleatória de prerrogativas é arbitrariedade. Há na sua doutrina interessante afirmação, que se coaduna com a proposta de aplicação subsidiária e de substituição de um regime geral de prerrogativas. Sustentava o autor que as exigências fundadas no interesse público, motivadas nos fatos, podem ou não impor prerrogativas, conforme a natureza do ajuste, o que implicava na afirmação de que nem todos os contratos administrativos necessitavam conter prerrogativas.[416]

Já no século XXI, Diogo de Figueiredo Moreira Neto buscou enfrentar a temática dos poderes exorbitantes nas contratações públicas, defendendo um uso discricionário pelo Poder Público, especialmente pela exigência de legitimidade, assim como pela saliência dos direitos fundamentais. O autor sugere flexibilização e abandono de uma padronização legal, com adoção de modulação de poderes para atender às diferentes necessidades de cada contratação. Nesse aspecto residiria a discricionariedade, para avaliar a conveniência e a oportunidade de inserir ou não, caso a caso, em cada contrato, as prerrogativas.[417]

Concorda-se com o autor quando este afirma que aceitar novos meios de gestão pública e contratual não significa necessariamente desviar-se das finalidades de interesse público,[418] exatamente porque o contrato é meio para a consecução do interesse público e não um fim em si mesmo. A flexibilização do regime contratual não é abstrata e logicamente geradora de prejuízo ao interesse público, e respeita outros valores constitucionais, como segurança jurídica e boa-fé.

Nessa análise, há vozes em clara dissonância, podendo-se citar Alice Gonzales Borges, que salienta que as prerrogativas abstratamente consideradas não podem ser consideradas como

---

[416] FRANCO SOBRINHO, Manoel de Oliveira. *Contrato administrativo*. São Paulo: Saraiva, 1981. p. 153-154.

[417] O autor sustenta inclusive que tal postura não viola a supremacia do atendimento do interesse público, pois "as condições em que esse atendimento darseá ou se possa dar, é matéria administrativamente disponível, sempre que se instaure concurso com outros princípios constitucionalmente relevantes". (MOREIRA NETO, Diogo de Figueiredo. O futuro das cláusulas exorbitantes no contrato administrativo. In: MARQUES NETO, Floriano de Azevedo; ARAGÃO, Alexandre Santos de (Coord.). *Direito administrativo e seus novos paradigmas*. Belo Horizonte: Fórum, 2008. p. 585-589.)

[418] *Ibid.*, p. 586.

práticas ilegais e abusivas, propondo um aperfeiçoamento do modelo, "dirigindose sobretudo a cláusulas esparsas em várias leis, que ainda consagram privilégios autoritários sem razão em um ordenamento jurídicoconstitucional que privilegia os direitos fundamentais". A autora, todavia, não admite flexibilização de prerrogativas ou discricionariedade para a sua indicação no contrato, pois afirma que estas destinam-se a preservar o interesse público.[419]

Também contrário à flexibilização de prerrogativas contratuais, Thiago Marrara entende que não é imprescindível a modificação das normas gerais vigentes, afirmando que a legislação geral não impede a eficácia de normas especiais sobre o assunto e que a interpretação lógica e teleológica da Lei de Licitações é capaz de limitar a aplicabilidade e os efeitos das prerrogativas em alguns módulos convencionais.[420]

Com todo o respeito, o que se pretende é que a formulação e a execução do contrato não estejam direta e intrinsecamente vinculadas a prerrogativas, e por isso discorda-se de tais posicionamentos. Busca-se uma alteração de cultura e de procedimento no ambiente contratual. E destaque-se pouco crível que o gestor público brasileiro, a partir da interpretação hermenêutica, simplesmente abandone o regime geral estabelecido na Lei nº 8.666/93 e uma certa cultura de adoção da unilateralidade.

A realidade da contratação pública brasileira demonstra, sintomaticamente, uma corrosão da aplicação do regime jurídico administrativo no ambiente contratual, que cede lugar para uma interpretação procedimental focada na legalidade estrita, unilateral e extremamente verticalizada.

Sobre essa constatação, Fernando Menezes de Almeida aponta que o regime de prerrogativas exorbitantes é extremamente perigoso, pois pode resultar em desvios de finalidades públicas, com estímulo à ineficiência da Administração Pública, que não investe em planejamento adequado do contrato pela facilidade da alteração unilateral deste. Também destaca que há uma onerosidade

---

[419] BORGES, Alice Gonzalez. *Temas de direito administrativo atual*: estudos e pareceres. Belo Horizonte: Fórum, 2010. v. 2, p. 165.
[420] MARRARA, Thiago. As cláusulas exorbitantes diante da contratualização administrativa. *Revista de Contratos Públicos – RCP*, Belo Horizonte, v. 3, nº 3, p. 255, mar./ago. 2013.

maior no contrato, decorrente do custo da incerteza produzida pela unilateralidade. E ainda sustenta que um regime geral legitima práticas autoritárias dos governantes, incompatíveis com o Estado de Direito, e facilita a ocorrência da improbidade administrativa, pela possibilidade ampla de alteração de cláusulas contratuais.[421]

As prerrogativas fazem parte de um ambiente exorbitante, que não mais deve ser a marca do contrato administrativo, mas pode ser dele decorrente no momento em que se identifica perigo ao interesse público que o contrato pretende satisfazer. Há situações em que claramente a utilização de prerrogativas é plenamente justificável e importante para a gestão pública.

Ou seja, na hipótese de que condutas do contratado possam vir de encontro com as finalidades do contrato, o Poder Público está autorizado a estabelecer o regime exorbitante na relação contratual, para, a partir deste, utilizar prerrogativas como a alteração unilateral, a extinção unilateral ou a aplicação de sanções, por exemplo. Mas se propõe que essa aplicação de prerrogativas seja subsidiária a um momento anterior de consenso.

Agindo o contratado de modo a prejudicar o contrato ou sua execução, cabe ao Poder Público buscar através do consenso a modificação do comportamento. Diante do insucesso no consenso, o Poder Público estaria autorizado a adotar prerrogativas para salvaguardar o interesse público. Nesse sentido Sérvulo Correia aponta que a busca pelo interesse público é o objetivo da Administração Pública e que é grande o grau de direção do interesse público sobre o contrato administrativo.[422]

Ou seja, propõe-se uma fase prévia, obrigatória, preliminar, antecedente ao estabelecimento do regime exorbitante no contrato, que será conduzida sob as bases do consensualismo, e na qual se buscará através da negociação resolver o conflito entre os interesses públicos e privados. Do fracasso no diálogo caberia a adoção de soluções imperativas, nos moldes tradicionais previstos na Lei nº 8.666/93.

---

[421] ALMEIDA, Fernando Dias Menezes de. Mecanismos de consenso no direito administrativo. In: MARQUES NETO, Floriano de Azevedo; ARAGÃO, Alexandre Santos de (Coord.). *Direito administrativo e seus novos paradigmas*. Belo Horizonte: Fórum, 2008. p. 335-345.
[422] CORREIA, Sérvulo. *Legalidade e autonomia contratual nos contratos administrativos*. Coimbra: Almedina, 2013. p. 591-592.

A proposta é de criação por lei de um momento prévio de diálogo, que pode ser estabelecido nas Câmaras de Conciliação. Instaurado o conflito de interesses, cabe ao Poder Público primeiro discutir uma solução negociada nestas Câmaras de Negociação, para após utilizar-se das prerrogativas.

A adoção do ambiente exorbitante que se propõe não está inserida num espaço de discricionariedade administrativa puro, justamente porque o Poder Público somente poderá utilizar-se das prerrogativas com a devida e suficiente motivação (na forma do preconizado pela Constituição de 1988 e pela Lei nº 9.784/99), diretamente atrelada à análise do conflito dentro da relação contratual, e esta deve conter os pressupostos de fato e de direito justificadores da decisão administrativa e do processo de tomada de decisão, de modo a possibilitar controle do abuso de poder e do desvio de finalidade.

E com isso pode-se elencar *requisitos para a aplicação subsidiária das prerrogativas contratuais*:

    a) urgência (perigo ao interesse público);
    b) excepcionalidade (aplicação episódica);
    c) ultima ratio (caráter residual às soluções consensuais);
    d) justificação (benefício às finalidades contratuais).

Para análise destes requisitos é importante compreender que as prerrogativas deixam de representar na relação contratual a sua essência, para assumir o papel de um possível desdobramento, que somente tem utilização autorizada diante de um caso concreto em que se verifique a sua ocorrência.[423]

---

[423] A superação da teoria contratual administrativa baseada na ideia da autoridade e unilateralidade encontra espaço de sustentação na doutrina de António Menezes Cordeiro, para quem "O Direito Administrativo do estado Social e Democrático de Direito é um Direito do poder público para liberdade solidária, um ordenamento jurídico no qual as categorias e instituições públicas devem estar, como bem sabemos, orientadas ao serviço objetivo do interesse geral, tal e como proclama solenemente o artigo 103 da Constituição Espanhola de 1978. *Para trás ficam felizmente, considerações e exposições baseadas na ideia da autoridade ou de poder como esquemas unitários a partir dos quais se conferia o sentido e a funcionalidade do Direito Administrativo. Neste tempo em que vivemos, toda a construção ideológico-intelectual montada a partir do privilégio e da prerrogativa vai sendo superada por uma concepção mais aberta e dinâmica, mais humana também, a partir da qual o Direito Administrativo adquire um compromisso especial com a melhora das condições de vida da população por meio das distintas técnicas e instituições que compõem este ramo do Direito Público. O lugar que antigamente ocupou o conceito de prerrogativa e de privilégio agora é ocupado, por direito próprio, pela pessoa, pelo ser humano, que assume um papel central em todas as ciências sociais, e também obviamente no Direito*

A subsidiariedade na aplicação das prerrogativas está vinculada ao atendimento desses requisitos, os quais necessariamente devem ser cumulativos, para que o ambiente exorbitante seja instaurado.

A *urgência* está relacionada com a demonstração de uma situação que afete o interesse tutelado no contrato, indicando que a execução contratual está em perigo, podendo refletir comportamentos do contratado indevidos.

A *excepcionalidade* está ligada à proposta das prerrogativas não serem conaturais ao contrato e não constituírem o contrato *a priori*, possuindo aplicação episódica e não integrando as bases do negócio.

A *ultima ratio* pressupõe que as prerrogativas terão um caráter residual a soluções consensuais. Propõe-se que, estabelecido o conflito de interesses, o Poder Público seja obrigado a instaurar uma fase prévia de negociação, na qual através dos

---

Administrativo. Com efeito, a consideração central com cidadão nas modernas construções do Direito Administrativo e da Administração Pública proporciona o argumento medular para compreender em seu cabal sentido este no direito fundamental à boa administração assinalado no projeto da Constituição Europeia (art. II- 101), de acordo com o artigo 41 da Carta Europeia do Direitos Fundamentais. A pessoa, o cidadão, o administrado, o particular, segundo a terminologia jurídico-administrativa, deixou de ser um sujeito inerte, desarmado e indefeso frente a um poder que tentava controlá-lo, que lhe prescrevia o que era bom ou mal para ele, ao qual estava submetido e que despertava, em razão de seus exorbitantes privilégios e prerrogativas, uma espécie de amedrontamento e temor que acabou por colocá-lo de joelhos ante a todo-poderosa maquinaria de dominação em que se constituiu tantas vezes o Estado. (...) O novo Direito Administrativo, que parte da ideia de serviço objetivo ao interesse geral como suprema tarefa dirigida à Administração Pública, incorpora uma nova visão do sentido das instituições e categorias de nossa disciplina. Por exemplo, *os dogmas da executividade e executoriedade da atuação administrativa hão de ser reconfigurados a partir da luz que projeta o princípio – e direito fundamental da pessoa – da tutela judicial efetiva. Os poderes, denominados pelo legislador de privilégios e prerrogativas da Administração, em matéria de contratos públicos, devem ser operados exclusivamente quando assim o requeira o serviço objetivo ao interesse legal*. Vale dizer, *nos casos em que seja preciso a prerrogativa de modificar os contratos, será necessária uma prévia declaração motivada, argumentada, da própria Administração explicando as razões que aconselham no caso concreto o exercício de tal poder*. Motivação que pode ser objeto de impugnação ou de paralisação cautelar. *Agora os poderes devem se previstos expressamente, já não há poderes implícitos*. Isso como regra geral, o que não exclui a possibilidade de haver algum caso, cuja amplitude da motivação deverá ser proporcional à amplitude de espectro de discricionariedade, no qual seja necessário, para assegurar o serviço com objetivo ao interesse geral, o exercício, motivado e justiçado, de uma determinada prerrogativa. Em realidade, *o novo direito Administrativo apresenta-nos uma nova funcionalidade da instituição da motivação, que agora terá uma maior relevância, especialmente quando se tratar das cláusulas exorbitantes. A razão dessa nova maneira de contemplar o Direito Administrativo encontra centralidade na pessoa e em seu direito fundamental a uma boa administração"*. (CORDEIRO, António Menezes. *Contratos públicos*: subsídios para a dogmática administrativa com exemplo no princípio do equilíbrio financeiro. Coimbra: Almedina, 2007. p. 9-112, 133-136, grifo nosso.)

mecanismos consensuais se buscará pôr fim ao litígio. Somente após o insucesso da via consensual, demonstrando-se que o consenso não pôde obter mudanças satisfatórias ao interesse público no comportamento do contratado, é que o Poder Público estará autorizado a utilizar as prerrogativas.

A *justificação* é intrinsecamente ligada à demonstração do benefício às finalidades contratuais com a utilização das prerrogativas e representa o princípio da motivação e uma aplicação direta da teoria dos motivos determinantes. O controle desse requisito se dá através da aplicação dos princípios da finalidade, eficiência, motivação, economicidade, razoabilidade e proporcionalidade.

Nesse contexto o reposicionamento do regime jurídico de prerrogativas contratuais é defendido para reorganizar-se em relações especiais de sujeição, porém sem a manutenção implícita da condição de subordinação. A noção de sujeição na teoria tradicional pressupõe um aspecto de relação de subordinação estrutural que não se ignora. Porém, entende-se que pode ser ressubstancializada, especialmente para permitir a sua aplicação subsidiária.[424]

O contrato é instrumento de gestão de interesses, tenha natureza econômica ou não, e pode ser veículo para o estabelecimento de relações especiais de sujeição. Esse pode ser um caminho para a noção de aplicação subsidiária de prerrogativas públicas na relação contratual.

A relação de sujeição especial envolve relações jurídicas diferenciadas, ressaltando-se os deveres que decorrem de atos administrativos realizadores de direitos subjetivos públicos. O serviço público, nesse contexto, seria o espaço das relações jurídicas especiais. As prerrogativas aparecem circunstancialmente e não estruturalmente. Dependem da caracterização dos requisitos antes referidos.

Para Francisco Zardo, as relações de especial sujeição possuem como característica um amortecimento da legalidade, especialmente por não serem criadas pela administração.[425] Sobre o

---

[424] Mas deve se ter em mente que essa proposta de sujeição deve ser bem dimensionada na medida em que traz em si, implicitamente, uma proposta de subordinação, exatamente o oposto da Administração Paritária.

[425] "Além das relações gerais entre a Administração Pública e os cidadãos que derivam da simples submissão destes ao poder ordenador da vida comunitária, os particulares também estabelecem vínculos específicos com o Estado. 'Fala-se, então, em relação de sujeição

assunto, Maria João Estorninho assevera que as relações especiais de poder pretenderam justificar em determinados espaços jurídicos a introdução de limitações aos direitos fundamentais, sem fundamento legal específico.[426]

No entendimento de Clarissa Sampaio Silva, o contexto das relações de sujeição especial refere-se a subjugar os direitos fundamentais à boa prestação do serviço, e um dos fundamentos dessa limitação seria o caráter voluntário da sujeição.[427]

Egon Bockmann Moreira também está alinhado nesse sentido, admitindo as relações de especial sujeição, embora sob o enfoque de "relação administrativa especial", caracterizando nas concessões de serviço público vínculo jurídico excepcional, estatutário e originário da relação entre o particular e o órgão ou ente da Administração Pública. A substituição da expressão é necessária, na sua visão, porque remete a uma noção de submissão e de verticalidade incompatível com o Estado Democrático de Direito. O autor ainda diferencia as relações gerais das relações especiais, afirmando que "a mesma fonte normativa que autoriza o concessionário a exercer o múnus público é a que outorga ao concedente a competência extraordinária de emitir comandos imediatamente vinculantes ao concessionário".[428]

---

especial, caracterizada por uma submissão mais aguda do particular à Administração Pública, já que ele está agindo no âmbito do aparelho estatal'. Os exemplos comumente citados são servidores públicos, os estudantes, os presidiários e os militares. A principal característica das relações de especial sujeição seria o 'amortecimento' na expressão de Jorge de Figueiredo Dias, do princípio da legalidade. Assim, obrigações poderiam ser criadas pela administração, sem a mediação do Parlamento". O autor ainda detalha o contexto em que foi concebida a teorização acerca das relações de especial sujeição, assinalando que "a teorização sobre as relações de especial sujeição tem origem na Alemanha, século XIX. Muitos dos deveres frente ao Estado careciam 'de consagração legal e foram estabelecidos pela própria Administração por meio de normas ditadas por ela'. Como recorda Ernst Forsthoff, foi Otto Mayer que ofereceu a fórmula para justificar tais normas no âmbito de um Estado de Direito: 'pela entrada em uma instituição pública, aquele que utiliza a instituição se submete a uma relação específica de poder, cujos deveres concretos são determinados pela instituição'. A entrada a que se refere Forsthoff no interior da administração poderia derivar da vontade (funcionários públicos e estudantes), de uma sentença judicial (presidiários) ou da lei (serviço militar obrigatório)". (ZARDO, Francisco. *Infrações e sanções em licitações e contratos administrativos*. São Paulo: Revista dos Tribunais, 2014. p. 40-41.)

[426] ESTORNINHO, Maria João. *Requiem pelo contrato administrativo*. Coimbra: Almedina, 2003. p. 164-165.
[427] SILVA, Clarissa Sampaio. *Direitos fundamentais e relações especiais de sujeição*: o caso dos agentes públicos. Belo Horizonte: Fórum, 2009. p. 92.
[428] MOREIRA, Egon Bockmann. *Direito das concessões de serviço público*: inteligência da Lei nº 8.987/95 – parte geral. São Paulo: Malheiros, 2010. p. 180.

Em oposição à figura das relações especiais de sujeição estão Eduardo García de Enterría e Tomás-Ramón Fernández, afirmando a superação do conceito e a sua imprecisão.[429] No mesmo sentido opositor está Canotilho, afirmando que as relações de especial sujeição seriam uma espécie de espaço livre da Administração Pública e violador das garantias constitucionais. Afasta a natureza de ordem extraconstitucional e sustenta serem essas relações integrantes de um estatuto heteronomamente vinculado à Constituição.[430]

Entre uma e outra proposta, Francisco Zardo e Fabrício Motta afirmam uma visão mais flexível do princípio de legalidade, reconhecendo a impossibilidade material de a lei estabelecer um rol taxativo das condutas infratoras, o que justificaria a definição das condutas por regulamentos, tanto nas relações gerais quanto nas especiais, seja porque não se tem uma definição certa sobre quais relações seriam de sujeição especial, e também porque não há clareza sobre as consequências que derivariam do reconhecimento de determinada relação como de sujeição especial, além de não existirem modelos estáticos, permanentes, uniformes e únicos.[431]

Na visão de Maria João Estorninho, na medida em que os contratados se submetem voluntariamente ao contrato estariam automaticamente numa relação especial de sujeição.[432] A utilidade dessa discussão para o tema da tese está relacionada exatamente à possibilidade de aplicação episódica das prerrogativas públicas.

---

[429] GARCÍA DE ENTERRÍA, Eduardo; FERNÁNDEZ, Tomás-Ramón. *Curso de derecho administrativo*. 12. ed. Madrid: Civitas, 2004. v. 1, p. 169.

[430] (CANOTILHO, J. J. Gomes. *Direito constitucional e teoria da Constituição*. 7. ed. Coimbra: Almedina, 2003. p. 466-467.) Todavia, Francisco Zardo aponta que, em sentido diverso, "Hans J. Wolff afirma que pela natureza das coisas, estas relações não podem ser declaradas mortas, no direito administrativo alemão. Efectivamente, elas estão pressupostas na Lei Fundamental: são uma realidade administrativa e a sua conservação é indispensável à capacidade de funcionamento da colectividade e da Administração. Para o autor, a relação especial de direito administrativo não anula a existência de uma relação geral. A diferença entre ambas é que a primeira limita de forma especial o exercício dos direitos fundamentais e aumentam os deveres. Todavia, diversamente do que ocorria no passado, tais relações estão jungidas à reserva de lei. Assim deverá ser o próprio legislador a fixar, por razões do Estado de Direito democrático e devido aos direitos fundamentais dos atingidos, os princípios das relações especiais de direito administrativo". (ZARDO, Francisco. *Infrações e sanções em licitações e contratos administrativos*. São Paulo: Revista dos Tribunais, 2014. p. 43.)

[431] *Ibid.*, p. 45; MOTTA, Fabricio. *A função normativa da administração pública*. Belo Horizonte: Fórum, 2007. p. 220-226.

[432] ESTORNINHO, Maria João. *Requiem pelo contrato administrativo*. Coimbra: Almedina, 2003. p. 165.

A aplicação subsidiária da condição de autoridade dentro de um ambiente exorbitante é a face nova da teoria contratual administrativa contemporânea. A Administração Pública paritária não aparece na relação contratual *a priori* na condição de potestade pública, mas preserva essa condição para uma atuação episódica nos termos acima propostos.

A utilização de prerrogativas deve ser subsidiária à negociação, sob pena de retorno ao modelo de autoridade que se pretende revisar.[433]

Um novo regime jurídico para os contratos administrativos não pressupõe o contrato como extensão do poder da Administração Pública e nem as prerrogativas como estruturantes da relação contratual. O consensualismo presente nesse novo regime jurídico admite a autoridade como uma das possibilidades do contrato, circunstancial, episódica e subsidiária.

É preciso se estabelecer qual o ponto de partida da análise das prerrogativas na relação contratual. Se o ponto de partida for o direito administrativo tradicional, estruturado sob a condição de autoridade, faz sentido toda a retórica argumentativa de defesa do poder que até o momento está presente em todos os manuais sobre o assunto.

Mas, se o ponto de partida desta análise é o consensualismo e o modelo de Administração Pública paritária, não há espaço para retórica de defesa de poder divorciado da realidade fática do conflito. Não há espaço para desigualdade de posição jurídica *a priori* ou para a unilateralidade como condição do negócio.

O consensualismo permite interpretar o contrato como declaração negocial, caracterizando-o pelo consenso e pela igualdade assimétrica entre as partes. A dinâmica contratual passa a ser pautada por declarações negociais que somente admitirão a condição de potestade pública (com a autotutela e o regime de prerrogativas) quando os requisitos acima indicados estiverem

---

[433] Na doutrina da contratação europeia, em especial no regime de Contratação Pública de Portugal, identifica-se um espaço interessante para a sustentação da tese do reposicionamento de prerrogativas a partir da aplicação subsidiária da autoridade no contrato, as chamadas declarações negociais potestativas. Licínio Lopes Martins aponta para o caminho da declaração negocial potestativa e explica que pode haver primazia da Administração Pública através de outras formas que não a autoridade, afirmando que a autoridade pode ser negociada. (MARTINS, Licínio Lopes. *Empreitada de obras públicas*: o modelo normativo do regime do contrato administrativo e do contrato público – em especial, o equilíbrio econômico financeiro. Coimbra: Editora Almedina, 2014. p. 482-517.

presentes, passando a condição de autoridade como exceção e não regra contratual.

Em discussão está a execução coativa do ato administrativo nas relações contratuais. Em Portugal, no Código de Contratação Pública, a condição de autoridade já se caracteriza como excepcional, admitindo situações de excepcionalidade para a autoridade unilateral.[434]

Há uma reflexão sobre a autoridade, sua influência no ato administrativo e no contrato e o problema da exorbitância do poder.[435] O Código de Contratação Pública toma posição pelo consensualismo, procurando "preservar uma certa igualdade contratual na desigualdade estrutural do contrato administrativo".[436] Essa discussão também deve ser realizada no Brasil.

Não se nega a necessidade de a Administração Pública conservar o poder administrativo e a condição de autoridade. Mas se defende que essa condição seja excepcional ao atendimento das finalidades de interesse público. A utilização do consenso não implica renúncia da condição de autoridade. Estruturalmente a Administração Pública se submete a uma condição contratual com declarações negociais e um programa contratual gerido pelo consenso. Circunstancialmente age com unilateralidade, especificamente para evitar prejuízos ao interesse público.

A doutrina portuguesa trabalha a autotutela no ambiente dos contratos como declarativa (de caráter opinativo, tratando-se de meras declarações negociais)[437] e executiva (com poder de

---

[434] Em especial ver artigos 302 a 315 do Código de Contratação Pública.
[435] Várias são as situações que nesse sentido merecem uma análise mais detida, especialmente considerando o uso abusivo da condição potestativa (situações como a apreensão de bens e a aplicação de sanções decorrentes do poder de polícia, como exemplo a tranca de carro, com pagamento de multa e de outro valor para liberação do veículo). Nesse sentido, Pedro Miguel Matias Pereira defende que a execução coativa do ato deve ser excepcional e devidamente justificada. (PEREIRA, Pedro Miguel Matias. *Os poderes do contraente público no código dos contratos públicos*. Coimbra: Coimbra, 2011. p. 110.)
[436] *Ibid*.
[437] "O regime regra fixado no CPP determina, então, que as declarações emitidas pela Administração Pública na execução do contrato administrativo são meras declarações negociais. O regime excepcional, fixado no 307º, nº 2, apenas confere a alguns tipos de declarações – os relativos ao exercício dos poderes extravagantes do contraente público – a natureza de acto administrativo. Este preceito significa uma tomada de posição do legislador que, notando a natureza consensual e procurando preservar uma certa igualdade contratual na desigualdade estrutural do contrato administrativo, determina o caracter opinativo, em regra, das declarações dos contraentes públicos. Consequentemente, estas declarações não

execução prévia das decisões administrativas, coercitiva, utilizada no regime da exceção e devendo ter limites bem estabelecidos conceitualmente).[438] Nesse raciocínio é defensável que o poder seja manifestado como exceção na relação contratual e que se possibilite um reposicionamento das prerrogativas no contrato. Admitindo-se *a priori* apenas a autotutela declarativa, permite-se um ambiente relacional que produzirá muito mais resultados de interesse público.

O modelo de exceção proposto no Código de Contratação Pública de Portugal admite que a Administração Pública possa emanar, dentro das exigências de interesse público, uma declaração negocial potestativa para determinar condutas dentro da relação contratual. E para isso não é necessária a anuência do contratado.[439]

---

são proferidas ao abrigo do privilégio da autotutela declarativa. A restrição deste poder de declarar o direito aplicável à situação concreta implica que, para que as suas declarações, proferidas fora do exercício dos poderes do contraente público previstos no Código, sejam mais que meras declarações negociais, os contraentes públicos têm que procurar outras soluções. Em primeiro lugar e relembrando o espaço de consenso que é o contrato administrativo, o contraente público pode (e deve) procurar o acordo com o cocontratante sobre a interpretação do contrato. Em segundo lugar (até logicamente) o contraente público poderá recorrer à via judicial através da ação administrativa comum (...) obtendo uma decisão jurisdicional sobre o conflito surgido no âmbito execução do contrato administrativo. Em terceiro e último lugar, encontra-se a estranha solução de resolver o contrato". (PEREIRA, Pedro Miguel Matias. *Os poderes do contraente público no código dos contratos públicos*. Coimbra: Coimbra, 2011. p. 109-110.)

[438] Trata-se do "privilégio de execução prévia, que se traduz na faculdade que a Administração (e, para o que interessa, os contraentes públicos) tem para executar as suas decisões por autoridade própria, independentemente de uma pronúncia judicial. Nestes termos, as declarações do contraente público que revistam a natureza de acto administrativo constituem, de acordo com a autotutela declarativa, título executivo, podendo, portanto, sustentar uma execução com recurso à via judicial sem necessidade de intermediação dos tribunais quanto ao direito aplicável. (...) Para além da executividade dos actos administrativos do contraente público, o Código prevê, de forma inovadora, a executoriedade do cumprimento de algumas obrigações determinadas por aqueles actos, *id est*, o contraente público pode, quanto àquelas obrigações, promover a execução coerciva. Assim, apesar de, em regra, os actos administrativos não poderem ser impostos coercivamente pelo contraente público (art. 309º, nº 2, 1ª parte), o Código permite que o sejam, para além de outras situações previstas na lei, nos casos de 'actos que determinem, em geral a resolução do contrato, ou, em especial, o sequestro e o resgate de concessões.' Ou seja, nestes casos há possibilidade de o contraente público promover a execução coactiva das obrigações determinadas por acto administrativo com aquele conteúdo, o que significa que, estes actos, para além de executivos, são actos executórios que o contraente público pode, por isso, autonomamente executar". (*Ibid.*, p. 112-113.)

[439] Sobre a excepcionalidade da unilateralidade no contrato administrativo ver também: GUIMARÃES, Ana Luísa. *O carácter excepcional do acto administrativo contratual no Código dos Contratos Públicos*. Coimbra: Almedina, 2012.

Nas situações limite ou de necessidade de interesse público, de urgência, é perfeitamente cabível a utilização da unilateralidade pelo Poder Público, sob pena de o contrato perder a utilidade. Nessas circunstâncias, é defensável a autotutela executiva da Administração Pública. E apenas nessas circunstâncias. Episódica e subsidiariamente, e não conjunturalmente. Licínio Lopes Martins afirma nesse ponto que a autotutela executiva não é conatural do contrato. É exterior ao contrato e deve ser utilizada residualmente e em regime de exceção para proteger o contrato e o interesse público no caso de falta de colaboração do contratado.[440]

Mark Kirkby aponta que deve ser reconhecida maior maleabilidade ao contrato no que diz respeito à parte estrutural deste em relação ao ato administrativo, pois isso proporciona maior grau de eficácia na regulação das circunstâncias em que a Administração Pública é convidada a intervir, ao possibilitar ampliar os efeitos jurídicos que almejam que sejam produzidos.

Destaca o autor que frequentemente ocorrem circunstâncias excepcionais e complexas que impõem a estrita aplicação da norma a situações que não foram previstas, exigindo assim a participação de várias autoridades administrativas e o trâmite de diversos procedimentos. Essas situações exigem não somente uma determinação específica da norma a ser aplicada naquele caso, mas sim a participação constante da Administração Pública nos processos em que se relacionem tanto interesses públicos quanto privados.[441]

Neste contexto, o contrato mostra-se como uma eficiente ferramenta que possibilita o estabelecimento de uma disciplina coerente em ambientes complexos, possibilitando que a Administração Pública atue de forma racional, com maior adesão das normas à realidade concreta, otimização da atividade administrativa e economia de esforço dos particulares para se adequarem às normas em vigor. No que concerne à diminuição da litigiosidade administrativa, isso consiste em uma vantagem,

---

[440] MARTINS, Licínio Lopes. *Empreitada de obras públicas*: o modelo normativo do regime do contrato administrativo e do contrato público – em especial, o equilíbrio econômico financeiro. Coimbra: Editora Almedina, 2014. p. 482-517.
[441] KIRKBY, Bobela-Mota Mark. *Contratos sobre o exercício de Poderes Públicos*: o exercício contratualizado do poder administrativo de decisão unilateral. Coimbra: Coimbra Editora, 2011. p. 40-43.

pois diminui os conflitos entre a Administração Pública e os particulares, o que favorece consequentemente a eficiência da atuação administrativa.[442]

Ainda na análise do modelo português, um exemplo interessante de consensualização de atos administrativos na relação contratual e que viabiliza a tese ora proposta é o caso dos acordos endocontratuais previstos no artigo 310 do Código dos Contratos Públicos de Portugal.[443] Tais acordos pressupõem a possibilidade de substituição de atos administrativos durante a execução contratual por negociação entre Poder Público e contratado. Ainda que estejam sujeitos aos limites expressamente delimitados,[444] denotam uma realidade consensual em substituição às prerrogativas.

---

[442] Ibid.
[443] "Art. 310 – Acordos endocontratuais
1. Salvo se outra coisa resultar da natureza dos efeitos jurídicos pretendidos, podem as partes no contrato celebrar entre si, sob forma escrita, acordos pelos quais substituam a prática de actos administrativos pelo contraente público em matéria de execução do contrato ou que tenham por objecto a definição consensual de parte ou da totalidade do conteúdo de tais actos administrativos.
2. Os acordos endocontratuais sobre a modificação do contrato dependem dos pressupostos e estão sujeitos aos limites estatuídos no capítulo seguinte.
3. Os acordos endocontratuais integram o contrato a que dizem respeito.
A previsão de acordos endocontratuais entre as partes, na forma escrita, em substituição de actos administrativos ou de declarações negociais dos contraentes públicos, incluindo a modificação de cláusulas contratuais dentro dos limites legais". (art. 310, Código de Contratos Públicos de Portugal.)
[444] "Art. 311 – Modificação objectiva do contrato
1 – O contrato pode ser modificado com os fundamentos previstos no artigo seguinte:
a) Por acordo entre as partes, que não pode revestir forma menos solene do que a do contrato;
b) Por decisão judicial ou arbitral.
2 – O contrato pode ainda ser modificado por acto administrativo do contraente público quando o fundamento invocado sejam razões de interesse público.
Art. 312. – Fundamentos
O contrato pode ser modificado com os seguintes fundamentos:
a) Quando as circunstâncias em que as partes fundaram a decisão de contratar tiverem sofrido uma alteração anormal e imprevisível, desde que a exigência das obrigações por si assumidas afecte gravemente os princípios da boa-fé e não esteja coberta pelos riscos próprios do contrato;
b) Por razões de interesse público decorrentes de necessidades novas ou de uma nova ponderação das circunstâncias existentes.
Art. 313 – Limites
1 – A modificação não pode conduzir à alteração das prestações principais abrangidas pelo objecto do contrato nem configurar uma forma de impedir, restringir ou falsear a concorrência garantida pelo disposto no presente Código relativamente à formação do contrato.
2 – Para efeitos do disposto no número anterior, salvo quando a natureza duradoura do vínculo contratual e o decurso do tempo o justifiquem, a modificação só é permitida

De acordo com Bernardo Diniz de Ayala, esta ferramenta traz para o contratante público algumas vantagens, na medida em que, ao não impor modificações unilateralmente, este mantém "a relação contratual pacífica, com redução do risco de litigiosidade" e, simultaneamente, "não perde a possibilidade de, não se formando consenso, recorrer ao seu poder de conformação unilateral do contrato".[445]

Igualmente oportuna a afirmação de Marta Portocarrero,[446] de que na lógica da consensualização da atuação administrativa, a figura dos acordos endocontratuais é uma forma pacífica de promoção da execução, que pode ser utilizada sempre que dos efeitos pretendidos nada resulte em contrário.

Pedro Miguel Matias Pereira aponta que através dos acordos endocontratuais o Código de Contratação Pública visa obter os mesmos efeitos que se atingiria através de atos administrativos dentro do contrato. A opção do Código é sobre a possibilidade de acordar sobre o exercício dos poderes da Administração contratante, que ao invés de serem exercidos por ato administrativo unilateral e de autoridade, são substituídos por "i) acordos que substituem a prática do acto administrativo em matéria de execução do contrato;

---

quando seja objectivamente demonstrável que a ordenação das propostas avaliadas no procedimento de formação do contrato não seria alterada se o caderno de encargos tivesse contemplado essa modificação.
3 – Nos contratos com objecto passível de acto administrativo e demais contratos sobre o exercício de poderes públicos, o fundamento previsto na alínea a) do artigo anterior não pode conduzir à modificação do contrato por decisão judicial ou arbitral, quando esta interfira com o resultado do exercício da margem de livre decisão administrativa subjacente ao mesmo ou implique a formulação de valorações próprias do exercício da função administrativa.
Art. 314 – *Consequências*
- O cocontratante tem direito à reposição do equilíbrio financeiro, segundo os critérios estabelecidos no presente Código, sempre que o fundamento para a modificação do contrato seja:
a) A alteração anormal e imprevisível das circunstâncias imputável a decisão do contraente público, adoptada fora do exercício dos seus poderes de conformação da relação contratual, que se repercuta de modo específico na situação contratual do cocontratante; ou
b) Razões de interesse público.
2 – Os demais casos de alteração anormal e imprevisível das circunstâncias conferem direito à modificação do contrato ou a uma compensação financeira, segundo critérios de equidade".

[445] AYALA, Bernardo Diniz de. O poder de modificação unilateral do contrato administrativo com regime de Project Finance. *Revista de Contratos Públicos*, nº 2, p. 67, 2011.
[446] PORTOCARRERO, Marta. *Modelos de simplificação administrativa*. Porto: Universidade Católica Portuguesa, 2002. p. 145.

ii) acordos que definam consensualmente parte ou totalidade do conteúdo do acto administrativo".[447]

O autor destaca que com esta previsão, o Código permite que os contratantes acordem de forma consensual sobre o exercício dos poderes de conformação da relação contratual conferidos ao Poder Público, ou em outras palavras, acordem sobre o exercício de "poderes públicos de autoridade", o que no Brasil representa as prerrogativas contratuais.[448]

Cabe destacar que no direito comunitário europeu há uma tendência de modificação do regime contratual administrativo, com revisão de suas estruturas. De fato, no direito administrativo europeu a defesa da soberania no contrato administrativo já está francamente limitada pelo direito comunitário, que retira poder exorbitante do contrato. Essa limitação é muito significativa para o reposicionamento de prerrogativas em contraponto a uma defesa clássica de um poder de modificação do contrato pela Administração Pública.[449]

---

[447] PEREIRA, Pedro Miguel Matias. *Os poderes do contraente público no código dos contratos públicos*. Coimbra: Coimbra, 2011. p. 114-115.

[448] (*Ibid.*). Sobre o assunto ainda cabe destacar a doutrina de Mark Kirkby, o qual aponta que "Trata-se de acordos celebrados no decurso de um procedimento administrativo e que podem ser de dois tipos: acordos dirigidos à definição consensual de parte ou da totalidade do conteúdo discricionário do ato administrativo final do procedimento; – os acordos de trâmite procedimental, ou acordos integrativos do procedimento, que se destinam a solucionar por consenso uma questão controvertida ou duvidosa (a valoração de uma prova, a interpretação de um preceito, etc.) que possa surgir no decurso daquele, mas que não tenha direta influência no conteúdo do ato final. Podem ser contratos administrativos de fixação ou de transação". (KIRKBY, Bobela-Mota Mark. *Contratos sobre o exercício de Poderes Públicos*: o exercício contratualizado do poder administrativo de decisão unilateral. Coimbra: Coimbra Editora, 2011. p. 280.)

[449] "Artigo 72 da Diretiva 24/2014 do Parlamento Europeu e do Conselho
Modificação de contratos durante o seu período de vigência
1. Os contratos e os acordos-quadro podem ser modificados sem novo procedimento de contratação, nos termos da presente diretiva, em qualquer dos seguintes casos:
a) Se as modificações, independentemente do seu valor monetário, estiverem previstas nos documentos iniciais do concurso em cláusulas de revisão (podendo incluir cláusulas de revisão dos preços) ou opção claras, precisas e inequívocas. Essas cláusulas devem indicar o âmbito e a natureza das eventuais modificações ou opções, bem como as condições em que podem ser aplicadas. Não podem prever modificações ou opções que alterem a natureza global do contrato ou do acordo-quadro;
b) Se houver necessidade de obras, serviços ou fornecimentos complementares por parte do contratante original que não tenham sido incluídos no contrato inicial, caso a mudança de contratante:
i) não possa ser efetuada por razões económicas ou técnicas, como requisitos de permutabilidade ou interoperabilidade com equipamento, serviços ou instalações existentes, adquiridos ao abrigo do contrato inicial, e
ii) seja altamente inconveniente ou provoque uma duplicação substancial dos custos para a autoridade adjudicante.

É importante mencionar que o que está em discussão é o regime substantivo do contrato. Na medida em que são estabelecidos limites externos ao regime de prerrogativas – *(a) urgência (perigo ao interesse público); (b) excepcionalidade (aplicação episódica); (c) ultima ratio (caráter residual a soluções consensuais); (d) justificação (benefício às finalidades contratuais)* –, o próprio regime é questionado em sua existência e aplicabilidade.

Todavia, o aumento de preço não pode exceder 50 % do valor do contrato original. Em caso de várias modificações sucessivas, esse limite aplica-se ao valor de cada modificação. Tais modificações sucessivas não podem ter por objetivo a não aplicação das disposições da presente diretiva;
c) Se se verificarem todas as seguintes condições:
i) a necessidade de modificação decorre de circunstâncias que uma autoridade adjudicante diligente não possa prever;
ii) a modificação não altera a natureza global do contrato;
iii) o aumento de preço não ultrapassa 50 % do valor do contrato ou acordo-quadro original. Em caso de várias modificações sucessivas, esse limite aplica-se ao valor de cada modificação. Tais modificações sucessivas não podem ter por objetivo a não aplicação das disposições da presente diretiva;
(...)
2. Além disso, e sem que seja necessário verificar se se encontram preenchidas as condições previstas no n° 4, alíneas a) a d), os contratos podem igualmente ser modificados sem necessidade de novo procedimento de contratação, nos termos da presente diretiva, caso o valor da modificação seja inferior a ambos os seguintes valores:
i) os limiares estabelecidos no artigo 4°, e
ii) 10 % do valor do contrato inicial, no caso dos contratos de serviços e fornecimentos, e 15 % do valor do contrato inicial, no caso dos contratos de empreitada de obras.
Contudo, a modificação não pode alterar a natureza global do contrato ou do acordo-quadro. Em caso de várias modificações sucessivas, esse valor é avaliado com base no valor líquido acumulado das modificações sucessivas.
3. Para efeitos do cálculo do preço mencionado no n° 2 e no n° 1, alíneas b) e c), o preço atualizado é o valor de referência sempre que o contrato contenha uma cláusula de indexação.
4. A modificação de um contrato ou de um acordo-quadro durante o seu período de vigência é considerada substancial, na acepção do n° 1, alínea e), quando tornar o contrato ou o acordo-quadro materialmente diferente do contrato ou acordo-quadro celebrado inicialmente. Em qualquer caso, sem prejuízo dos n° 1 e 2, uma modificação é considerada substancial se se verificar uma ou mais das seguintes condições:
a) A modificação introduz condições que, se fizessem parte do procedimento de contratação inicial, teriam permitido a admissão de outros candidatos ou a aceitação de outra proposta, ou teriam atraído mais participações no concurso;
b) A modificação altera o equilíbrio económico do contrato ou do acordo-quadro a favor do adjudicatário de uma forma que não estava prevista no contrato ou acordo-quadro inicial;
c) A modificação alarga consideravelmente o âmbito do contrato ou do acordo-quadro;
d) O adjudicatário ao qual a autoridade adjudicante atribuiu inicialmente o contrato é substituído por um novo adjudicatário, em casos não previstos no n° 1, alínea d).
5. As modificações das disposições de um contrato público ou de um acordo-quadro durante a sua vigência que sejam diferentes das modificações previstas nos n° 1 e 2 obrigam a novo procedimento de contratação nos termos da presente diretiva".
(PARLAMENTO EUROPEU E CONSELHO DA UNIÃO EUROPEIA. *Diretiva 2014/24/ UE do Parlamento Europeu e do Conselho*. Estrasburgo, 26 fev. 2014. Disponível em: <http://eur-lex.europa.eu/legal-content/PT/TXT/?uri=uriserv:OJ.L_.2014.094.01.0065.01.POR>. Acesso em: 21/02/2017.)

Pedro Costa Gonçalves preocupou-se nesse contexto com uma crise da autonomia substantiva do contrato administrativo.[450] Em obra recente, aponta que "em muitos sistemas jurídicos, o contrato vai entrar em domínios relacionados com funções inerentemente públicas 'e realizar um *outsourcing* de funções soberanas'". Afirma que o contrato foi e vai continuar sendo instrumento essencial de estratégia de privatização orgânica e funcional de tarefas públicas e de fomento do consenso nas relações jurídicas administrativas e que é também forma de exercício de poderes públicos de autoridade. Neste contexto, afirma uma administração por contrato.[451]

O autor sustenta que na contemporaneidade o contrato foi transformado num instrumento fundamental e decisivo de ação da Administração Pública, configurando-se como categoria específica do direito administrativo e exigindo sua sujeição a um regime substantivo de direito administrativo.[452]

No entanto, o que ora se defende é que o processo de licitação e o próprio contrato estabeleçam mecanismos de autotutela executiva unilateral, porém limitados a situações episódicas e circunstanciais, de modo a não imobilizar a Administração Pública no exercício dos poderes administrativos e, ao mesmo tempo, permitir que o negócio jurídico se estabeleça sobre bases consensuais, respeitando-se o princípio básico que permeia toda a discussão, que é a tutela do interesse público.

Se há prestação de serviço público inadequada, o prejuízo alcança a Administração Pública, o próprio serviço público e os cidadãos. Esse prejuízo ao interesse público, do ponto de vista

---

[450] GONÇALVES, Pedro Costa. *O contrato administrativo*: uma instituição do direito administrativo do nosso tempo. Coimbra: Almedina, 2004. p. 116-120.

[451] "disseminou-se uma lógica de fomento do consenso nas relações jurídicas administrativas a qual, não passando apenas pelo contrato, teve o efeito evidente de abrir campos para novas aplicações desta figura. De resto, o caminho para a entrada do contrato com forma de exercício de poderes públicos de autoridade havia sido iniciado em 1976, com a lei alemã do procedimento administrativo, o que veio disciplinar o designado 'contrato de direito público' e consagrar o princípio da utilização do contrato no exercício do poder administrativo. O contrato impunha-se agora como mecanismo jurídico alternativo ao ato administrativo. (...) Nos finais do século XX, contrato – e até mais que o contrato a 'cultura do contrato' – estava instalada na Administração Pública e, um pouco por todo o lado, começava a falar-se de uma Administração por contrato". (GONÇALVES, Pedro Costa. *Direito dos contratos públicos*. Coimbra: Almedina, 2015. p. 14.)

[452] *Ibid.*, p. 16-18.

do Poder Público contratante, já permite medidas unilaterais de proteção dos interesses públicos no negócio jurídico e a aplicação de sanções ao contratado.

Significa dizer que, havendo resistência inultrapassável do particular na prestação do serviço público, na execução contratual, a Administração Pública não pode ser cerceada na capacidade de proteção e defesa do interesse público e deve poder utilizar de tutela executiva unilateral, não porque possui *a priori* prerrogativas no contrato, mas porque tutela o interesse público.[453]

Ou seja, não utiliza prerrogativas porque pode utilizar, mas porque deve fazê-lo nas situações de ameaça aos interesses públicos, e após a demonstração dos requisitos acima elencados.

As prerrogativas deixam de ser instrumento para subjugar o particular no contrato, para transformarem-se em garantia da realização do interesse público, numa correta visão da relação jurídica contratual.[454]

Em outro ângulo, a condição de autoridade não está relacionada ao contrato, mas decorre diretamente do interesse público. Parte-se do mesmo raciocínio que permite a edição de atos administrativos dotados de coercibilidade, autoexecutoriedade e imperatividade.

---

[453] Mesmo entre os autores que defendem a contratualização dos poderes administrativos a "preocupação em relação às dificuldades específicas no que se refere ao adequado constrangimento da Administração aos princípios gerais que regem a atividade administrativa é inegável, e isso mesmo tem sido apontado por abundante doutrina, mesmo por autores cujo pensamento evidencia uma clara simpatia pelos mecanismos da Administração concertada. (...) Fundamentalmente, haverá que garantir que o recurso à via contratual por parte da Administração não implique que esta possa escapar às vinculações jurídico-administrativas que sobre ela impendem quando atua através de atos administrativos e, bem assim, que a posição jurídica subjetiva do particular não resulte degradada pelo recurso à figura do contrato, por relação àquela que o ordenamento lhe garante quando a administração atua por via unilateral". (KIRKBY, Bobela-Mota Mark. *Contratos sobre o exercício de Poderes Públicos*: o exercício contratualizado do poder administrativo de decisão unilateral. Coimbra: Coimbra Editora, 2011. p. 57, 274.)

[454] "longe de ver nas prerrogativas que o contraente público dispõe – nomeadamente, a de praticar actos administrativos – um instrumento de subjugação do particular numa relação jurídica eminentemente paritária, o que encontramos no contrato administrativo, tal como configurado no CCP, é a correcta definição da relação jurídica contratual, paritária nos momentos marcados pelo consenso entre as partes e autoritária nos momentos em que se justifica, por via do interesse público em causa, a utilização da estatuição autoritária como forma de ditar o direito para o caso concreto. Nesta configuração não há subjugação, mas sim realismo quanto à correcta prossecução do interesse público e até com a desigualdade estrutural que, adentro um instrumento jurídico de cariz paritário, não deixa nunca de existir entre contraente público e contraente privado". (PEREIRA, Pedro Miguel Matias. *Os poderes do contraente público no código dos contratos públicos*. Coimbra: Coimbra Editora, 2011. p. 106.)

O fundamento não é o ato em si, mas o interesse público que ele tutela. Não há permissivo no ordenamento jurídico para sacrifício individual de direitos sem um interesse público, bastante e suficiente, a justificar tal sacrifício. Ou seja, há uma limitação fundamentada na Constituição para que o ato administrativo possa condicionar liberdades. A limitação é a existência no caso concreto de interesse público que justifique a medida, inclusive segundo as lógicas de razoabilidade, proporcionalidade e finalidade.

No âmbito do poder de polícia, o raciocínio permitiu o desenvolvimento da noção de função ordenadora. No âmbito dos contratos administrativos, permite a constatação de que a razão geral da utilização de prerrogativas é o interesse público.

Diante do conflito de interesses na relação contratual, em primeiro lugar a Administração Pública deve buscar a negociação. Se o resultado da atuação consensual e paritária não for satisfatório para o atingimento do interesse público, em *ultima ratio*, a tutela executiva unilateral deverá ser manejada para salvaguardar a solução ótima ao interesse público na relação contratual.[455]

Pedro Miguel Matias Pereira nesse ponto afirma como pressuposto que a Administração Pública contratualiza o exercício dos poderes públicos ao invés de exercê-los por autoridade.[456] E isso gera a peculiar situação de se impor na relação contratual primeiro a negociação, para somente após submeter os interesses envolvidos no contrato à autotutela executiva.

---

[455] A dificuldade de controle está exatamente na discricionariedade que permeia o conceito de solução ótima. Celso Antônio Bandeira de Mello traz considerações sobre a solução ótima: "Deveras, não teria sentido que a lei, podendo fixar uma solução por ela reputada ótima para atender o interesse público, e uma solução apenas sofrível ou relativamente ruim, fosse indiferente perante estas alternativas. É de presumir que, não sendo a lei um ato meramente aleatório, só pode pretender, tanto nos casos de vinculação, quanto nos casos de discrição, que a conduta do administrador atenda excelentemente, à perfeição, a finalidade que a animou. Em outras palavras, a lei só quer aquele específico ato que venha a calhar à fiveleta para o atendimento do interesse público. Tanto faz se trate de vinculação, quanto de discrição. O comando da norma sempre propõe isto. Se o comando da norma sempre propõe isto e se uma norma é uma imposição, o administrador está, então, nos casos de discricionariedade, perante o dever jurídico de praticar, não qualquer ato dentre os comportados pela regra, mas, única e exclusivamente aquele que atenda com absoluta perfeição à finalidade da lei". (BANDEIRA DE MELLO, Celso Antonio. *Discricionariedade e controle jurisdicional*. 2. ed. São Paulo: Malheiros, 2008. p. 32).

[456] PEREIRA, Pedro Miguel Matias. *Os poderes do contraente público no código dos contratos públicos*. Coimbra: Coimbra Editora, 2011. p. 15.

A gestão do contrato a partir do consenso é defensável exatamente porque o consenso é conatural ao contrato. O problema seria exigir-se *a priori* o consenso fora do contrato, no ambiente do ato administrativo, pois neste a conaturalidade se dá com a autoridade. A sobreposição do consenso sobre a autoridade é factível no contrato pela sua própria natureza. No ato ocorre o inverso, também pela sua própria essência. Esse raciocínio claramente afeta a teoria clássica do contrato administrativo. E esse é o objetivo, na medida em que se busca um direito administrativo capaz de atender aos desafios contemporâneos da Administração Pública contratual.

Resta estabelecer qual seria o fundamento de legitimidade constitucional para sustentar um princípio de preferência do consenso sobre a autoridade nos contratos administrativos.

E nesse raciocínio é importante verificar que a Constituição de 1988 não elege ou disciplina prerrogativas. Apenas a lei o faz. Ou seja, não há na Constituição um critério de eleição vinculado à autoridade nas relações jurídico-administrativas em geral.

Não há no texto constitucional norma fundamental definidora da autoridade como estruturadora da ação administrativa. Pelo contrário. A Constituição tutela direitos fundamentais, acesso universal a serviços públicos e dever do Estado de manutenção da dignidade da pessoa humana.

Mas pode se extrair do texto constitucional um fundamento que permeia todos os seus capítulos e justifica a orientação do contrato num ambiente paritário e com aplicação subsidiária de prerrogativas. Trata-se do Direito ao Desenvolvimento.

Desenvolvimento é um "processo de longo prazo, induzido por políticas públicas ou programas de ação governamental em três campos interligados: econômico, social e político",[457] que produz, além do aumento quantitativo do crescimento do país, transformações socioeconômicas com majoração qualitativa da qualidade de vida e do bem-estar dos cidadãos.[458]

---

[457] COMPARATO, Fábio Konder. *A afirmação histórica dos direitos humanos*. São Paulo: Saraiva, 1999. p. 363.
[458] "A definição contemporânea de desenvolvimento leva em consideração diversas dimensões, não se restringindo à seara econômica. A interdependência desta com a esfera humana e social é justamente um dos pontos cruciais do conceito, que o diferenciam da noção de crescimento. O chamado 'crescimento econômico' diz respeito à elevação do produto nacional em um de-

O desenvolvimento enquanto direito possui, nessa visão, diferentes dimensões, e é reconhecido na contemporaneidade no plano normativo nacional e internacional. A Declaração sobre o Direito ao Desenvolvimento, promulgada em 1986, exemplifica adequadamente a importância do Direito ao Desenvolvimento no espaço econômico, social, cultural e político.[459]

No Brasil, a Constituição de 1988 é permeada em sua estrutura pelo Direito Fundamental ao Desenvolvimento. São diferentes dispositivos constitucionais a tangenciar seu conteúdo e embora não exista uma previsão expressa, há várias normas interligadas à noção de desenvolvimento. E deve ser acrescentado que o artigo 5º, parágrafo 2º, permite a sustentação do princípio, pela abertura no rol de direitos fundamentais (na medida em que a Constituição não refuta outros direitos consequentes do regime e dos princípios por ela adotados e também dos tratados internacionais de direitos humanos dos quais o país seja signatário).

De acordo com as lições de Clèmerson Merlin Clève, a Constituição é um grande espaço de luta jurídico-política, e de compromisso entre as classes sociais que participaram da sua elaboração.[460] Significa dizer que na medida em que proclama os objetivos e princípios fundamentais

---

terminado período, notadamente pelo incremento da eficiência no sistema produtivo. Ele se verifica, portanto, em termos meramente quantitativos. O desenvolvimento pressupõe a ocorrência de crescimento econômico, mas não se limita a isso. Para ser alcançado, deve-se 'ir muito além da acumulação de riqueza e do crescimento do Produto Interno Bruto e de outras variáveis relacionadas à renda'. Além do aumento quantitativo do produto nacional, ele reclama transformações estruturais socioeconômicas que importem a melhora qualitativa dos padrões de vida dos cidadãos, proporcionando a elevação do bemestar social". (HACHEM, Daniel Wunder. A noção constitucional de desenvolvimento para além do viés econômico: reflexos sobre algumas tendências do direito público brasileiro. A&C – Revista de Direito Administrativo & Constitucional, Belo Horizonte, v. 13, nº 53, p. 151, jul./set. 2013.)

[459] Declaração sobre o Direito ao Desenvolvimento – 1986 – Adotada pela Revolução nº 41/128 da Assembleia Geral das Nações Unidas, de 4 de dezembro de 1986 (ORGANIZAÇÃO DAS NAÇÕES UNIDAS. Declaração sobre o Direito ao Desenvolvimento. 4 dez. 1986, São Paulo: Biblioteca Virtual de Direitos Humanos – Universidade de São Paulo, 1986. Disponível em: <http://www.direitoshumanos.usp.br/index.php/Direito-ao-Desenvolvimento/declaracao-sobre-o-direito-ao-desenvolvimento.html>. Acesso em: 21/02/2017). Para Cabral de Moncada, desenvolvimento não é mero crescimento econômico, não se medindo pelo interno bruto. (CABRAL DE MONCADA, Luís. Manual elementar de direito público da economia e da regulação: uma perspectiva luso-brasileira. Coimbra: Almedina, 2012. p. 123.)

[460] CLÈVE, Clèmerson Merlin. A teoria constitucional e o direito alternativo: para uma dogmática constitucional emancipatória. In: CARVALHO FILHO, Carlos Henrique de (Org.). Uma vida dedicada ao direito: homenagem a Carlos Henrique de Carvalho – o editor dos juristas. São Paulo: Revista dos Tribunais, 1995. p. 41.

do Estado e enuncia os direitos fundamentais do cidadão, também está a fixar os programas de ação do Poder Público. Esse aspecto é relevante para tratar do desenvolvimento através de contratos administrativos. Ao definir desenvolvimento como fio condutor de políticas públicas, a Constituição qualifica interesses que devem ser protegidos como *públicos*, e nessa perspectiva o contrato administrativo, ao incorporar políticas públicas, viabiliza-se como instrumento de desenvolvimento.[461]

Lênio Luiz Streck, ao tratar do desenvolvimento nacional, explana que a construção de um Estado social de índole intervencionista deve pautar-se por políticas distributivas e afirma que deve haver um

---

[461] Importante assinalar que desenvolvimento é decisão constitucional com força normativa e vinculativa da ação estatal. Nesse sentido, "as decisões constituintes que estruturam o Estado se revelam como valores, como princípios ou como regras constitucionais. Faz-se necessária uma compreensão de Constituição como um conjunto de valores, princípios e regras, que conformam o ordenamento jurídico e a vida em sociedade, com força normativa e concepção democrática. Os valores constitucionais se evidenciam no preâmbulo e nos primeiros artigos da Constituição: a justiça, a liberdade, a igualdade, a dignidade, a segurança, o bem comum, o desenvolvimento, a solidariedade, o pluralismo e a garantia do exercício dos direitos sociais e individuais. Esses fins formam o escopo da atuação dos poderes públicos e devem informar também as relações privadas. (...) Embora os valores se manifestem em termos bastante abertos, fluidos, isso não leva à sua superfluidade. Ainda que, de início, não se possa afirmar exatamente o que signifiquem, nem se possa retirar deles uma conduta determinada, o significado dos termos limita, ao menos negativamente, o agir dos órgãos de soberania. Além disso, esses fins últimos são traduzidos em princípios constitucionais, que definem a ação ou o juízo. Gustavo Zagrebelsky afirma que o princípio orienta normativamente a ação ou o juízo, sendo seu critério de validade, exigindo um cálculo de adequação que torna a ação ou o juízo previsíveis, ao menos em sua direção enunciados normativos, e embora apresentem uma textura aberta, não permitem o arbítrio do intérprete, que está vinculado a vontades – da Constituição, do constituinte – preexistentes reveladas pelos valores. (...) A eleição de valores pelo constituinte, e sua eventual concretização por princípios densificadores e regras, não deve ser ignorada sob pena de a atuação do leitor e aplicador da Constituição esvair-se (...) Os valores constitucionais se condensam em princípios num sentido específico, apresentando um feixe de possibilidades e excluindo determinados meios. Valores e princípios atuam de maneira distinta na efetivação do Direito. Enquanto os valores servem como baliza para a interpretação de uma norma e para o desenvolvimento legislativo, os princípios estão ao alcance do legislador e do juiz, se inexiste regra específica. Ao legislador cabe a conversão do valor em uma norma, a "projeção normativa", com ampla margem de liberdade; ao juiz, resta apenas a eficácia interpretativa dos valores positivados. No entanto, em relação aos princípios, o leque de opções do legislador é reduzido, pois as regras que podem ser abarcadas pela projeção normativa estão delineadas (mas não predeterminadas) pelo significado do enunciado principiológico. O juiz pode acessar diretamente o princípio, projetando-o normativamente, quando não há desenvolvimento legislativo que apresente uma regra para o caso em apreciação". (SALGADO, Eneida Desiree. *Princípios constitucionais estruturantes do direito eleitoral*. 2010. 356 f. Tese (Doutorado em Direito do Estado) – Setor de Ciências Jurídicas, Universidade Federal do Paraná, Curitiba, 2010. p. 8-10.)

compromisso do Poder Público na realização de políticas públicas para a concretização do programa constitucional.[462] A obrigação do Estado contemporâneo de estabelecer políticas públicas voltadas ao desenvolvimento pode ser sustentada também pela vinculação dos Poderes Públicos aos direitos fundamentais. Nesse sentido Clèmerson Merlin Clève afirma que "a vinculação dos poderes públicos aos direitos fundamentais (dimensão objetiva) é suficiente para deles exigir a adoção de políticas voltadas para o seu cumprimento (num horizonte de tempo, evidentemente)".[463] E nessa perspectiva, cabe destacar que o desenvolvimento a que se refere o artigo 3º da Constituição Federal está intrinsecamente ligado à prestação de serviços públicos, os quais, em larga escala, estão sendo prestados de forma contratualizada no País.[464]

A Constituição Federal assegura o Direito ao Desenvolvimento em diferentes espaços jurídico-normativos. Desde o Preâmbulo estabelece que o Estado Brasileiro é destinado a assegurar o desenvolvimento, a igualdade dentro de uma sociedade fraterna.[465]

---

[462] "O que há em comum em todas as políticas públicas é o processo político de escolha de prioridades para o governo, tanto em termos de finalidades como em termos de procedimentos, e tal já vem condicionado pelos objetivos constitucionais postos ao Estado Democrático de Direito. As funções públicas estão, todas elas, condicionadas pelo cumprimento destes objetivos, ficando sua discricionariedade desenhada por tais conteúdos. Ou seja, formulação e execução das políticas públicas vêm não apenas sujeitas ao controle de sua regularidade formal, como também de sua destinação adequada ao cumprimento dos fins do Estado". (STRECK, Lenio Luiz et al. *Comentários à Constituição do Brasil*. São Paulo: Saraiva; Almedina, 2013. p. 149.)

[463] CLÈVE, Clèmerson Merlin. A eficácia dos direitos fundamentais sociais. In: BACELLAR FILHO, Romeu Felipe; GABARDO, Emerson; HACHEM, Daniel Wunder. *Globalização, diretos fundamentais e direito administrativo*: novas perspectivas para o desenvolvimento econômico e socioambiental. Belo Horizonte: Fórum, 2011. p. 105.

[464] Tratando de serviços públicos como mecanismo de desenvolvimento social, Adriana da Costa Ricardo Schier afirma que a devida prestação dos serviços públicos permite à sociedade alcançar níveis de desenvolvimento muito mais abrangentes do que a simples diminuição da pobreza, representando níveis de bem-estar mais elevados. (SCHIER, Adriana da Costa Ricardo. Serviço público como Direito Fundamental: mecanismo de desenvolvimento social. In: BACELLAR FILHO, Romeu Felipe; GABARDO, Emerson; HACHEM, Daniel Wunder. *Globalização, diretos fundamentais e direito administrativo*: Novas perspectivas para o desenvolvimento econômico e socioambiental. Belo Horizonte: Fórum, 2011. p. 293.)

[465] "PREÂMBULO. Nós, representantes do povo brasileiro, reunidos em Assembleia Nacional Constituinte para instituir um Estado Democrático, destinado a assegurar o exercício dos direitos sociais e individuais, a liberdade, a segurança, o bem-estar, *o desenvolvimento, a igualdade e a justiça como valores supremos de uma sociedade fraterna*, pluralista e sem preconceitos, fundada na harmonia social e comprometida, na ordem interna e internacional, com a solução pacífica das controvérsias, promulgamos, sob a proteção de Deus, a seguinte CONSTITUIÇÃO DA REPÚBLICA FEDERATIVA DO BRASIL" (grifo nosso).

Prioriza a dignidade da pessoa humana quando trata dos fundamentos da República Brasileira[466] e pauta como objetivo do Brasil a construção de uma sociedade livre, justa e solidária, com garantia de desenvolvimento nacional, de modo a erradicar a pobreza e a marginalização e reduzir as desigualdades sociais e regionais e promover o bem de todos.[467]

O texto constitucional, ao definir as competências das entidades da federação, determina para a União a elaboração de planos nacionais e regionais para o desenvolvimento econômico e social[468] e também estabelece como competência comum a todas as unidades federativas o combate à pobreza e a integração social.[469] Autoriza a União a articular-se dentro de um mesmo complexo geoeconômico e social para promover desenvolvimento.[470]

Mesmo quando a Constituição Federal trata da ordem econômica, disciplina a noção de existência digna, justiça social e redução de desigualdades regionais e sociais.[471]

---

[466] "Art. 1º A República Federativa do Brasil, formada pela união indissolúvel dos Estados e Municípios e do Distrito Federal, constitui-se em Estado Democrático de Direito *e tem como fundamentos*:
I – a soberania;
II – a cidadania
III – *a dignidade da pessoa humana*;
IV – os valores sociais do trabalho e da livre-iniciativa;
V – o pluralismo político".
(grifo nosso).

[467] "Art. 3º *Constituem objetivos fundamentais* da República Federativa do Brasil:
I – construir uma sociedade livre, justa e solidária;
II – garantir o desenvolvimento nacional;
III – erradicar a pobreza e a marginalização e reduzir as desigualdades sociais e regionais;
IV – promover o bem de todos, sem preconceitos de origem, raça, sexo, cor, idade e quaisquer outras formas de discriminação". (grifo nosso).

[468] "Art. 21. Compete à União:
IX – *elaborar e executar planos nacionais e regionais de ordenação do território e de desenvolvimento econômico e social*". (grifo nosso).

[469] "Art. 23. É competência comum da União, dos Estados, do Distrito Federal e dos Municípios:
X – *combater as causas da pobreza e os fatores de marginalização, promovendo a integração social dos setores desfavorecidos*". (grifo nosso).

[470] "Art. 43. Para efeitos administrativos, a União poderá articular sua ação em um mesmo complexo geoeconômico e social, *visando a seu desenvolvimento e à redução das desigualdades regionais*". (grifo nosso).

[471] "Art. 170. *A ordem econômica, fundada na valorização do trabalho humano e na livre iniciativa, tem por fim assegurar a todos existência digna, conforme os ditames da justiça social*, observados os seguintes princípios:
VII – *redução das desigualdades regionais e sociais*;
VIII – busca do pleno emprego;

Inclusive a atuação do Estado como agente normativo e regulador das atividades econômicas será regida, segundo a Constituição, por diretrizes de desenvolvimento nacional equilibrado, orientadoras de planos nacionais e regionais de desenvolvimento.[472]

A Constituição promove o Direito ao Desenvolvimento em diferentes aspectos, incentivando turismo, política de desenvolvimento urbano, sistema financeiro nacional, ordem social, saúde, educação, pesquisa científica e até mercado interno, que orientar-se-ão segundo a proposta de desenvolvimento cultural, social e econômico.[473]

IX – tratamento favorecido para as empresas de pequeno porte constituídas sob as leis brasileiras e que tenham sua sede e administração no País.
Parágrafo único. É assegurado a todos o livre exercício de qualquer atividade econômica, independentemente de autorização de órgãos públicos, salvo nos casos previstos em lei". (grifo nosso).

[472] "Art. 174. Como agente normativo e regulador da atividade econômica, o Estado exercerá, na forma da lei, as funções de fiscalização, incentivo e planejamento, sendo este determinante para o setor público e indicativo para o setor privado.
§1º A lei estabelecerá as diretrizes e bases do planejamento do desenvolvimento nacional equilibrado, o qual incorporará e compatibilizará os planos nacionais e regionais de desenvolvimento.
§2º A lei apoiará e estimulará o cooperativismo e outras formas de associativismo". (grifo nosso).

[473] "Art. 180. A União, os Estados, o Distrito Federal e os Municípios promoverão e incentivarão o turismo como fator de desenvolvimento social e econômico.
Art. 182. A política de desenvolvimento urbano, executada pelo Poder Público municipal, conforme diretrizes gerais fixadas em lei, tem por objetivo ordenar o pleno desenvolvimento das funções sociais da cidade e garantir o bem-estar de seus habitantes.
Art. 192. O sistema financeiro nacional, estruturado de forma a promover o desenvolvimento equilibrado do País e a servir aos interesses da coletividade, em todas as partes que o compõem, abrangendo as cooperativas de crédito, será regulado por leis complementares que disporão, inclusive, sobre a participação do capital estrangeiro nas instituições que o integram.
Art. 193. A ordem social tem como base o primado do trabalho, e como objetivo o bem-estar e a justiça sociais.
Art. 196. A saúde é direito de todos e dever do Estado, garantido mediante políticas sociais e econômicas que visem à redução do risco de doença e de outros agravos e ao acesso universal e igualitário às ações e serviços para sua promoção, proteção e recuperação.
Art. 205. A educação, direito de todos e dever do Estado e da família, será promovida e incentivada com a colaboração da sociedade, visando ao pleno desenvolvimento da pessoa, seu preparo para o exercício da cidadania e sua qualificação para o trabalho.
Art. 218. O Estado promoverá e incentivará o desenvolvimento científico, a pesquisa, a capacitação científica e tecnológica e a inovação.
§1º A pesquisa científica básica e tecnológica receberá tratamento prioritário do Estado, tendo em vista o bem público e o progresso da ciência, tecnologia e inovação.
§2º A pesquisa científica voltar-se-á preponderantemente para a solução dos problemas brasileiros e para o desenvolvimento do sistema produtivo nacional e regional.
Art. 219. O mercado interno integra o patrimônio nacional e será incentivado de modo a viabilizar o desenvolvimento cultural e sócio-econômico, o bem-estar da população e a autonomia tecnológica do País, nos termos de lei federal.

Para Melina Girardi Fachin o conceito de desenvolvimento encontra relação significativa com o texto constitucional em seus diferentes contextos (de proteção a direitos sociais, à ordem econômica, ordem social, e até meio ambiente).[474] E no plano infraconstitucional e especificamente no ambiente das licitações e contratos, a Lei nº 8.666/93 em seu artigo 3º estabelece como uma das premissas da licitação e do contrato o Direito ao Desenvolvimento sustentável.[475]

Parágrafo único. O Estado estimulará a formação e o fortalecimento da inovação nas empresas, bem como nos demais entes, públicos ou privados, a constituição e a manutenção de parques e polos tecnológicos e de demais ambientes promotores da inovação, a atuação dos inventores independentes e a criação, absorção, difusão e transferência de tecnologia.
Art. 219-A. A União, os Estados, o Distrito Federal e os Municípios poderão firmar instrumentos de cooperação com órgãos e entidades públicos e com entidades privadas, inclusive para o compartilhamento de recursos humanos especializados e capacidade instalada, *para a execução de projetos de pesquisa, de desenvolvimento científico e tecnológico e de inovação*, mediante contrapartida financeira ou não financeira assumida pelo ente beneficiário, na forma da lei.
Art. 219-B. O Sistema Nacional de Ciência, Tecnologia e Inovação (SNCTI) será organizado em regime de colaboração entre entes, tanto públicos quanto privados, *com vistas a promover o desenvolvimento científico e tecnológico e a inovação*".
(grifo nosso).

[474] FACHIN, Melina Girardi. Direito fundamental ao desenvolvimento: uma possível ressignificação entre a Constituição Brasileira e o sistema internacional de proteção dos Direitos Humanos. In: PIOVESAN, Flávia; SOARES, Inês Virgínia Prado (Coord.). *Direito ao desenvolvimento*. Belo Horizonte: Fórum, 2010. p. 193.

[475] "Art. 3º, §5º Nos processos de licitação previstos no *caput*, poderá ser estabelecido margem de preferência para produtos manufaturados e para serviços nacionais que atendam a normas técnicas brasileiras.
§6º A margem de preferência de que trata o §5º será estabelecida com base em estudos revistos periodicamente, em prazo não superior a 5 (cinco) anos, que levem em consideração:
I – geração de emprego e renda;
II – efeito na arrecadação de tributos federais, estaduais e municipais;
III – desenvolvimento e inovação tecnológica realizados no País;
IV – custo adicional dos produtos e serviços; e
V – em suas revisões, análise retrospectiva de resultados.
§7º Para os produtos manufaturados e serviços nacionais resultantes de desenvolvimento e inovação tecnológica realizados no País, poderá ser estabelecido margem de preferência adicional àquela prevista no §5º.
§8º As margens de preferência por produto, serviço, grupo de produtos ou grupo de serviços, a que se referem os §§5º e 7º, serão definidas pelo Poder Executivo federal, não podendo a soma delas ultrapassar o montante de 25% (vinte e cinco por cento) sobre o preço dos produtos manufaturados e serviços estrangeiros.
§9º As disposições contidas nos §§5º e 7º deste artigo não se aplicam aos bens e aos serviços cuja capacidade de produção ou prestação no País seja inferior:
I – à quantidade a ser adquirida ou contratada; ou
II – ao quantitativo fixado com fundamento no §7º do art. 23 desta Lei, quando for o caso.
§10. A margem de preferência a que se refere o §5º poderá ser estendida, total ou parcialmente, aos bens e serviços originários dos Estados Partes do Mercado Comum do Sul – Mercosul".

Analisando a proposta de desenvolvimento sustentável, Juarez Freitas ratifica a importância da sustentabilidade como um princípio de muitas dimensões, tendo caráter social, ético, ambiental, econômico e jurídico-político.[476] Menciona também o choque entre o novo paradigma da sustentabilidade e o "paradigma da insaciabilidade patológica" e problematiza sobre até que ponto pode ser considerado o desenvolvimento sem levar em conta os direitos fundamentais dos cidadãos.

O autor menciona o instituto da sustentabilidade multidimensional e a agenda de sustentabilidade, que visam garantir um Estado sustentável duradouro com a máxima qualidade possível, para as presentes e futuras gerações, equilibrando desenvolvimento e sustentabilidade em todos os aspectos que permeiam essa relação.

Dessa forma, o autor aborda o valor constitucional do princípio da sustentabilidade pluridimensional, afirmando que tal conceito não leva em consideração um mero desenvolvimento sustentável, mas a necessidade da reunião de uma série de pressupostos para a sua constituição e aponta como parâmetros de sustentabilidade as estratégias antecipatórias sobre os princípios de prevenção e precaução, com o objetivo de um desenvolvimento equilibrado.

O autor afirma que as licitações têm papel importante na promoção da sustentabilidade, destacando a relevância da tomada de decisões em relação a medidas de precaução em zonas de riscos, e associando a decisão sustentável à regulação estatal e à aplicabilidade das medidas da agenda da sustentabilidade.[477]

---

[476] (FREITAS, Juarez. *Sustentabilidade*: direito ao futuro. Belo Horizonte: Fórum, 2011, p. 85-112). No mesmo sentido está Daniel Ferreira, que ao tratar do desenvolvimento como finalidade pública da licitação e do contrato afirma que "não se pode olvidar que o desenvolvimento nacional configura direito fundamental consagrado na Constituição de 1988 sendo de se afirmar o mesmo em relação ao dever estatal de impulsionar esse processo por meio de estímulos positivos ao cooperativismo, ao associativismo, à micro e à pequena empresa e à participação do empresariado em geral voluntariamente engajado à causa da sustentabilidade". (FERREIRA, Daniel. *A licitação pública no Brasil e sua nova finalidade legal*: a promoção do desenvolvimento sustentável. Belo Horizonte: Fórum, 2012. p. 64.)

[477] Abordando o aspecto das compras realizadas pelo Poder Público, o autor menciona que a alteração na Lei 12.349/2010, que modificou o artigo 3º da Lei 8.666/1993, representa um dos pilares para o ideal de sustentabilidade a ser atingido pelo Poder Público: "a obrigatoriedade de licitações sustentáveis, em todas as esferas administrativas, isto é, cumpre partir para a implementação imediata das licitações sustentáveis, com a adoção de critérios objetivos, impessoais e fundamentados de sustentabilidade para avaliar e classificar as propostas, em todos os certames, com novo conceito de proposta vantajosa.

A inserção pela Lei nº 12.349/2010 da obrigação de promoção do desenvolvimento sustentável na Lei nº 8.666/93, na visão de Edgar Guimarães, permite não só que a Administração Pública regule a transação comercial com o particular, mas, de modo mais amplo, realize a concretização de políticas públicas com reflexos para toda sociedade.[478]

O autor prossegue enfatizando que outra forma de promoção do desenvolvimento sustentável através das licitações ocorre na fase de planejamento do processo prévio à contratação, pois neste momento se analisa o melhor meio de cumprir o que determina o disposto no artigo 3º da Lei 8.666/93. O objetivo desta análise é evitar que o Poder Público contrate fornecedores que não correspondam aos objetivos traçados pelas políticas públicas definidas para determinada área ou objeto. Dessa forma, sugere o autor que as fases de controle e planejamento no âmbito das licitações devam caminhar juntas, sob pena de responsabilização do administrador.[479]

Embora não seja a sua única dimensão, a noção de desenvolvimento também está diretamente relacionada à ordem econômica na Constituição. Eros Roberto Grau, sobre o assunto, afirma a soberania econômica nacional como instrumento para a realização do fim de assegurar a todos existência digna.[480] Como o objetivo particular a ser alcançado é definir políticas públicas voltadas ao desenvolvimento do

---

A obrigatoriedade decorre da aplicação direta do princípio em tela, tese facilitada após a sua recente explicitação, que alterou o artigo 3º da Lei de Licitações". (FREITAS, Juarez. *Sustentabilidade*: direito ao futuro. Belo Horizonte: Fórum, 2011. p. 85-112.)

[478] GUIMARÃES, Edgar; FRANCO, Caroline da Rocha. Controle das políticas públicas por meio das licitações. *Revista Eletrônica de Direito do Estado (REDE)*, Salvador, Instituto Brasileiro de Direito Público, nº 42, abr./maio/jun. 2015. Disponível em: <http://www.direitodoestado.com/revista/REDE-42-ABRIL-2015-EDGAR-GUIMARAES-CAROLINE-FRANCO.pdf> Acesso em: 07/02/2017.

[479] Todavia, há entendimentos dissonantes. Para Diogo Rais a questão do desenvolvimento sustentável representa uma grande exceção a toda lógica licitatória, um grande motivo para mitigar ou anular qualquer um dos elementos do sistema licitatório, isto é, em nome da respeitável "promoção do desenvolvimento nacional sustentável" estaria o Estado autorizado a abrandar as finalidades clássicas das licitações públicas a ponto de transmutá-las em qualquer coisa, menos em um processo licitatório. (RAIS, Diogo. O regime de preferências instituído pela Lei nº 12.349 de 15 de dezembro de 2010. In: MARIELA, Fernanda; BOLZAN, Fabrício (Org.). *Leituras complementares de direito administrativo*: licitações e contratos. São Paulo: Ed. Juspodium, 2012.)

[480] GRAU, Eros Roberto. *A ordem econômica na Constituição Federal de 1988*. São Paulo: Malheiros, 2012. p. 232.

país, os contratos administrativos apresentam-se como meio adequado ao atingimento do interesse público.

Na medida em que o Direito ao Desenvolvimento é uma importante premissa axiológica e epistemológica da Constituição Brasileira, é perfeitamente defensável que se possa sustentá-lo como elemento estruturador da ação administrativa, sem contudo desconsiderar a relevância de princípios do regime jurídico administrativo que igualmente fornecem parâmetro justificador do modelo proposto, como razoabilidade, proporcionalidade e segurança jurídica.

Assim, ao se buscar um fundamento de legitimidade constitucional para sustentar um princípio de preferência do consenso sobre a autoridade nos contratos administrativos, encontra-se o Direito ao Desenvolvimento e os princípios da razoabilidade, proporcionalidade, segurança jurídica e boa-fé.

E como tal há um alinhamento especial com a proposta de contrato administrativo como instrumento de desenvolvimento. Se contratos administrativos de longa ou de curta duração são instrumentos de governo que proporcionam desenvolvimento, há possibilidade hermenêutica de se afirmar a preferência do consenso sobre a unilateralidade, especialmente considerando a contratualização administrativa na prestação de serviços públicos.

O planejamento da ação estatal para viabilizar o desenvolvimento, com ações consertadas para formulação e implantação de políticas públicas,[481] encontra espaço na lógica de governo por contratos.

Parcerias entre o Estado e os entes privados são realizadas levando-se em consideração a opção do Estado pela contratualização em substituição à subordinação. O fundamento de legitimidade é o Direito ao Desenvolvimento.

---

[481] "No modelo de Estado social, o governo não pode se limitar a gerenciar fatos conjunturais. A Constituição impõe o planejamento das ações futuras, por meio da formulação de políticas a serem implementadas a médio e a longo prazo. Para a execução destas, pressupõe-se uma racionalização técnica dos recursos disponíveis, que levem em conta, globalmente, os objetivos e programas sociais traçados pelo constituinte". (HACHEM, Daniel Wunder. A noção constitucional de desenvolvimento para além do viés econômico: reflexos sobre algumas tendências do direito público brasileiro. *A&C – Revista de Direito Administrativo & Constitucional*, Belo Horizonte, v. 13, nº 53, p. 163, jul./set. 2013.)

A tendência na contemporaneidade é a utilização do contrato como instrumento de desenvolvimento cultural, econômico e social. Thiago Marrara aponta que diante da escassez de recursos o Estado é compelido a agir estrategicamente, planejando o futuro.[482] Contratos de longa duração são, na contemporaneidade, forte instrumento de planejamento e, por conseguinte, fomentadores e promotores de desenvolvimento.

Porém, ainda que se trate de uma tendência, é forçoso afirmar que não há na Constituição Federal um critério de eleição para a prestação dos serviços públicos por ato ou por contrato. E de fato talvez não seja necessário. O Estado irá realizar opções pela via do ato ou do contrato,[483] que todavia serão opções de negociação, especialmente considerando a lógica de módulos convencionais anteriormente exposta.

Há uma efetiva compatibilidade do contrato como instrumento de desenvolvimento com o modelo de Administração Pública paritária e relacional. O consenso passa a ser o modo de atuação preferencial do Estado, o que indiretamente amplia o âmbito negocial da Administração Pública e favorece a opção pelo contrato.

Ou seja, no ambiente interno do contrato a Administração Pública busca a negociação. Se o consenso não for possível, o Poder Público maneja prerrogativas como *ultima ratio* para salvaguardar o interesse público. Não se trata de poder estruturalmente alocado no contrato, mas da condição de autoridade que se impõe porque a Administração Pública precisa preservar o interesse público. As prerrogativas são exteriores ao contrato e relacionadas diretamente ao interesse público, como em qualquer outra circunstância da Administração Pública.

O que se pretende é a discussão de uma nova raiz dogmática para o contrato, especialmente considerando que quando a Administração

---

[482] MARRARA, Thiago. A atividade de planejamento na Administração Pública: o papel e o conteúdo das normas previstas no anteprojeto da nova lei de organização administrativa. *Revista Brasileira de Direito Público – RBDP*, Belo Horizonte, v. 9, nº 34, p. 10, jul./set. 2011.

[483] Tanto no artigo 175 quanto no 22 da Constituição Federal não há um critério definido para a prestação do serviço público, podendo o Estado adotar tanto a forma de ato quanto de contrato, tanto de autorização quanto de concessão.

Pública opta pelo contrato, está optando pelo consenso e não pela autoridade, adotando *um princípio da preferência ao consenso*.

E aparece estruturalmente na relação jurídica Estado-sociedade o princípio da colaboração, como elemento estruturador dos relacionamentos público-privados e definidor dos novos arranjos de interesse público. Esse é o espaço da Administração Pública relacional.

A preferência para a contratualização na prestação de serviços públicos é muito acentuada e integrante da realidade atual, e a colaboração com o privado passa a ser parte da rotina administrativa. É perceptível a ampliação das bases de colaboração na relação jurídica contratual e a maior vinculação das partes ao negócio jurídico, o que gera mais segurança jurídica ao contrato.

Esse é um dos motivos da preferência para o negócio ao invés da autoridade. Esse é o novo direito administrativo. Uma teoria de mudança contratual e de necessidade de novos pactos sobretudo nos contratos de longa duração, mas que atinge também os contratos de curta duração, em que o consenso se apresenta mais apto para o jogo contratual do que a autoridade e os contratos administrativos demonstram capacidade de aprendizagem para a solução dos pontos sensíveis e difíceis da execução.

A contemporaneidade exige o enfrentamento da qualificação do contrato administrativo. Para ser contrato administrativo não necessariamente é indispensável o regime da autoridade. O que qualifica um contrato administrativo é a prestação de serviços públicos ou de atividades de relevância para o interesse público. A autoridade é um dos aspectos do regime administrativo do contrato mas este não se esgota na autoridade. A exorbitância não é contrato, está fora dele.

Há tipos de contratos que, pela sua natureza em termos funcionais, não aceitam a autoridade. Maria João Estorninho defende o fim da diferença entre contrato administrativo e de administração, no que é acompanhada por Alexandra Leitão.[484] Ao se aceitar o discurso de que só há contrato administrativo porque há prerrogativas, a perspectiva é reducionista, num regime de uma

---

[484] LEITÃO, Alexandra. *A proteção judicial dos terceiros nos contratos da Administração Pública*. Coimbra: Almedina, 2002. p. 32.

só dimensão. E o contrato pode possuir outras dimensões, como a de declaração negocial de direito público.[485] A inadequação do atual modelo e a necessidade de ressubstancialização do regime de prerrogativas, abstrato e permanente, por um "ambiente exorbitante", concreto e casuístico, pressupõe uma dimensão cultural e ideológica. A Administração Pública quando contrata traz para o contrato sua força e ao mesmo tempo o contrato a mitiga. A desconstrução da teoria clássica do contrato administrativo parte dessa premissa.

Assim, afirma-se como tese a necessidade de revisão doutrinária do instituto dos contratos administrativos, em especial a característica da autoridade representada nas prerrogativas públicas, ante as transformações por que passa a Administração Pública contemporânea, buscando analisar as possibilidades de aplicação da negociação das cláusulas contratuais em substituição à imposição unilateral delas.[486]

O que se propõe é uma condição de autoridade subsidiária a uma postura negocial prévia. E, por óbvio, deve-se buscar estabelecer quais as situações em que a condição de potestade pública deve necessariamente ser invocada para a definição do interesse público no caso concreto.

A realidade em construção necessita do estabelecimento objetivo de que parâmetros esse novo modelo de gestão administrativa, negocial, se coloca. Quais são suas estruturas e fundamentos e como se dá a relação com o espaço privado de negociação. *E a sequência lógica passa pela afirmação de que o regime exorbitante não é o eixo estruturante da relação contratual administrativa.*

---

[485] Não se pode deixar de considerar que o aumento de complexidade contratual acarreta desafios para a gestão pública, especialmente relacionados ao modo de gestão e ao controle sobre os negócios públicos, assim como um certo déficit democrático na tomada de decisão administrativa, embora este não seja o tema enfrentado na tese.

[486] Sobre o assunto, Pedro Miguel Matias Pereira afirma que "tal como qualquer contrato, também o contrato público tem, na sua base, um encontro de vontades, o que pressupõe uma liberdade dos contraentes em assumir ou não uma relação jurídica contratual, tendo assim, ao contrário do acto administrativo, um carácter voluntário. Ou seja, e ao invés do que acontece quando lança mão do acto administrativo, *a Administração Pública negocia a sua actuação em vez de ditar o direito para o caso concreto, e é assim que se caracteriza o government by contract*". (PEREIRA, Pedro Miguel Matias. *Os poderes do contraente público no código dos contratos públicos*. Coimbra: Coimbra Editora, 2011. p. 15, grifo nosso.)

Neste ponto, a síntese é o contrato administrativo como categoria do direito, num modelo de reposicionamento das prerrogativas, focado na relação jurídica, voltado a uma administração distributiva, que orienta-se por uma proposta de função ordenadora e não parte da premissa da autoridade como condição do negócio jurídico.[487]

Segundo Gustavo Justino de Oliveira, a nova contratualização passa por um processo que compreende o privilégio da cultura do diálogo entre parceiro público e privado, maior atenção a negociações preliminares, troca de concessões mútuas, redução da imposição unilateral e proporcional aumento da interação entre os parceiros, maior interdependência entre as prestações do parceiro público e do parceiro privado.[488]

É um equívoco pensar que a proposta do consensualismo pressupõe uma alteração do vínculo contratual que pode vir a colocar a Administração Pública em subordinação a interesses particulares.[489] As prerrogativas fazem parte de um regime jurídico especial dos contratos administrativos (ainda que se sustente que não deva ser um regime geral) e são garantia do interesse público e da satisfação dos direitos fundamentais.

A filtragem dos poderes unilaterais da Administração Pública realizada pelo consensualismo não pressupõe a substituição integral das prerrogativas, mas permite um reposicionamento, possibilitando aplicação subsidiária. Em outras palavras, a reestruturação pretendida mantém intacta a condição da Administração Pública de exercício de poderes unilaterais para a proteção do interesse público, mas estabelece requisitos para sua utilização, ainda que subsidiária.

---

[487] A visão da função ordenadora proposta por Carlos Ari Sundfeld quando trata do poder de polícia conforma-se perfeitamente com a visão de uma Administração Pública paritária e distributiva, como já apontado. (SUNDFELD, Carlos Ari. *Direito administrativo ordenador*: a interferência estatal na vida privada. São Paulo: Malheiros, 1997. p. 9-27, 38-52.)

[488] OLIVEIRA, Gustavo Justino. A arbitragem e as Parcerias Público-Privadas. In: SUNDFELD, Carlos Ari (Org.). *Parcerias Público-Privadas*. São Paulo: Malheiros, 2005. p. 569.

[489] No Brasil essa discussão já se apresentava no Código Civil de 2002. Alice Gonzales Borges assinala que o Código Civil reflete as tendências contraditórias da atualidade, com a interpenetração do público e do privado, com adoção de novas tipologias contratuais, em que as novas regras aproximam a concepção contratual de 2002 com as peculiaridades do contrato administrativo. (BORGES, Alice Gonzalez. Reflexos do Código Civil nos contratos administrativos. *Jus Navigandi*, Teresina, v.10, nº 846, 27 out. 2005. Disponível em: <http://jus.com.br/artigos/7509>. Acesso em: 21/07/2014.)

Na aplicação do modelo proposto, assume importância a ampliação democrática do processo de tomada de decisão administrativa, assim como uma necessária estruturação de um sistema regulatório eficiente sobre as relações negociais administrativas.

CONCLUSÃO

A nossa análise, que se funda, claramente, na confluência, no contrato administrativo, de um espaço de consenso e outro de autoridade, de uma lógica de contrato e uma lógica de função, reserva, para o contrato administrativo, um espaço próprio cujas fronteiras são ditadas pela prossecução do interesse público, ou seja, um espaço que se delimita através da aferição das necessidades, em concreto, ditadas pela correta prossecução do interesse público e, desse modo, se aquela exige a mobilização de um regime de direito público especialmente apto para o efeito, nomeadamente, por reservar especiais poderes ao contraente público. Portanto, pensamos que o regime do contrato administrativo tem limites e que não deve ser universalizado, pois os fundamentos dogmáticos para a sua autonomia não só não o exigem, como, para respeitar o cerne da autonomia e preservar a lógica da função que o anima, o desaconselham.[490]

Inicialmente, cumpre esclarecer que a abordagem que se pretendeu dar à pesquisa desenvolvida buscou se afastar de uma visão exclusivamente legalista e dogmática da temática proposta. Procurou-se adotar um viés crítico, de modo que o conhecimento a ser produzido traga contribuições e transformações à realidade social, não se resumindo ao debate exclusivamente científico. Este objetivo justifica-se pelo fato de que a pesquisa no âmbito de uma Universidade Pública deve estar voltada à promoção de uma sociedade justa e democrática.

É nesse sentido que avulta a relevância do tema em questão, uma vez que se encontra diretamente vinculado ao regime

---

[490] PEREIRA, Pedro Miguel Matias. *Os poderes do contraente público no código dos contratos públicos*. Coimbra: Coimbra Editora, 2011. p. 118.

jurídico administrativo, especialmente considerando a lógica de deveres – poderes que fundamentam a condição de autoridade da Administração Pública.

A atualidade do tema revela-se flagrante, em tempos em que a dogmática jurídica avança em direção à reconstrução dos alicerces jurídicos contemporâneos, à luz das novas bases de compreensão do direito proporcionadas pelo paradigma do Estado Constitucional. Não é por outra razão que os tribunais pátrios têm cada vez mais evoluído na releitura de institutos jurídicos de direito público e privado, inclusive no que diz respeito às prerrogativas administrativas.

Desta sorte, o desenvolvimento da pesquisa visou contribuir para o avanço acerca do tema, de modo comprometido com os postulados democráticos e com o regime jurídico administrativo, objetivando a construção de um modelo de Administração Pública adequado à nova realidade negocial do Estado, mas também estruturado e capaz de impor a satisfação do interesse público nos diversos espaços e na relação Estado-sociedade.

Todavia, o presente trabalho não teve a pretensão de apresentar uma compreensão abrangente sobre o direito brasileiro dos contratos públicos, mas pretendeu discutir as relações negociais para além das prerrogativas.

A investigação produziu um conjunto de conclusões, a seguir sistematizadas:

Primeira: A relação contratual administrativa após a segunda metade do século XX foi enquadrada como expressão de potestade pública e unilateralidade, o que necessita de revisão para melhor atender ao interesse público num ambiente de complexidade.

Segunda: O regime geral de prerrogativas estabelecido no direito positivo brasileiro foi estruturado a partir de uma equivocada compreensão do princípio da supremacia do interesse público.

Terceira: A estruturação das prerrogativas públicas no contrato administrativo produz uma visão do contratado como litigante que gera insegurança e instabilidade contratual e uma relação jurídica beligerante e conflituosa.

Quarta: O contrato administrativo permite a interpenetração do público com o privado, de modo a possibilitar reposicionamento do regime contratual de prerrogativas públicas, num ambiente de Administração Pública paritária e relacional.

Quinta: O contrato como categoria jurídica que não pertence nem ao direito privado nem ao direito público com exclusividade e a teoria do contrato administrativo precisam evoluir rumo a um novo ponto de convergência, especialmente em consequência do aumento da complexidade do fenômeno contratual envolvendo a Administração Pública.

Sexta: A crise da noção de autoridade possibilita o surgimento do conceito de relação jurídica como novo elemento central do contrato administrativo. Contratos administrativos passam a ser enquadrados como relação jurídica multilateral e relacional.

Sétima: No ambiente de complexidade contratual ampliada, a unilateralidade aparece como desvantagem jurídica e econômica, e o consensualismo, como elemento de coordenação e cooperação para a satisfação dos interesses públicos.

Oitava: Propõe-se o deslocamento da posição de subordinação no contrato, substituindo-se a noção de superioridade da Administração Pública por superioridade do interesse público.

Nona: O consensualismo nos contratos administrativos é representado pela negociação preliminar das cláusulas contratuais, pelo regime negociado de execução, pela adoção da arbitragem como critério de resolução de conflitos, pela gestão privada dos empreendimentos.

Décima: Não há incompatibilidade com os princípios da supremacia do interesse público e da indisponibilidade do interesse público e o consensualismo.

Décima primeira: A administração paritária e relacional viabiliza uma teoria contratual administrativa menos focada na colisão entre interesses públicos e privados e mais voltada à visão do contratado como parceiro.

Décima segunda: Defende-se um princípio de eleição entre o direito público e o direito privado e o enquadramento das prerrogativas como cláusulas de aplicação episódica, e não como elemento intrínseco na relação contratual.

Décima terceira: Sustenta-se a extinção do regime geral de prerrogativas estabelecido na Lei nº 8.666/93, com aplicação a todos os contratos administrativos, em maior ou menor escala, substituindo-o por um regime específico, contrato a contrato.

Décima quarta: Diante do conflito, devem existir mecanismos consensuais de solução, obrigatórios. Defende-se a aplicação subsidiária de prerrogativas, após o estabelecimento de momento de consenso em Câmaras de Conciliação, cuja obrigatoriedade e disciplina deve ser criada pela lei.

Décima quinta: Prerrogativas devem ser aplicadas subsidiariamente mediante o preenchimento dos seguintes requisitos: (a) urgência (perigo ao interesse público); (b) excepcionalidade (aplicação episódica); (c) *ultima ratio* (caráter residual a soluções consensuais); e (d) justificação (benefício às finalidades contratuais).

Décima sexta: O contrato administrativo de longa duração é utilizado como instrumento de governo estabilizador de políticas públicas.

Décima sétima: Pretende-se um novo modelo de contratualização administrativa, com igualdade assimétrica e aplicação subsidiária de prerrogativas.

Décima oitava: A visão de um governo por contratos é estruturada no fundamento constitucional de Direito ao Desenvolvimento.

Enfim, conclui-se que é inequívoco que a teoria contratual administrativa precisa ser revista, e a tese buscou demonstrar a necessidade do direito administrativo libertar-se de gaiolas construídas a partir de espaços de certeza que já não mais existem.

Exatamente como Fiódor Dostoiévski descreveu, é preciso sonhar o voo, ainda que haja temor à altura, porque "para voar é preciso ter coragem para enfrentar o terror do vazio. Porque é só no vazio que o voo acontece. O vazio é o espaço da liberdade, a ausência de certezas".[491]

---

[491] DOSTOIÉVSKI, Fiódor. *Os irmãos Karamazov.* Trad. Natália Nunes e Oscar Mendes. Rio de Janeiro: Abril Cultural, 2001. v.1, p. 251.

REFERÊNCIAS

ALMEIDA, Fernando Dias Menezes de. *Contrato administrativo*. São Paulo: Editora Quartier Latin, 2012.

ALMEIDA, Fernando Dias Menezes de. *Mecanismos de consenso no direito administrativo*. In: MARQUES NETO, Floriano de Azevedo; ARAGÃO, Alexandre Santos de (Coord.). *Direito administrativo e seus novos paradigmas*. Belo Horizonte: Fórum, 2008.

ALMEIDA, Mário Aroso de. *Teoria geral do direito administrativo*: o novo regime do Código de Procedimento Administrativo. 2. ed. Coimbra: Almedina, 2015.

AMARAL, Paulo Osternack. *Arbitragem e administração pública*: aspectos processuais, medidas de urgência e instrumentos de controle. Prefácio de Flávio Luiz Yarshell. Belo Horizonte: Fórum, 2012.

AMORIM, João Pacheco de. *Direito administrativo da economia*: introdução e constituição económica. Coimbra: Almedina, 2014. v. 1.

ANTUNES, Luís Felipe Colaço. *O direito administrativo e a sua justiça no início do século XXI*: o esquecimento do interesse público no direito administrativo. Coimbra: Editora Almedina, 2001.

ANTUNES, Luís Felipe Colaço. *O direito administrativo sem Estado*: crise ou fim de um paradigma? Coimbra: Coimbra, 2008.

ARENHART, Sérgio Cruz. Decisões estruturais no direito processual civil brasileiro. *Revista de Processo*, São Paulo, v. 38, n. 225, p. 389-410, nov. 2013.

ARIÑO ORTIZ, Gaspar. El retorno a lo privado: ante una nueva encrucijada histórica. In: ARIÑO ORTIZ, Gaspar (Org.). *Privatización y liberalización de servicios*. Madrid: Universidad Autónoma de Madrid, 1999.

ARIÑO ORTIZ, Gaspar. Estudio introductorio. In: ARIÑO ORTIZ, Gaspar *et al.* (Org.). *Comentarios a la Ley de Contratos de las Administraciones Públicas*: título I. Granada: Comadres Editorial, 2002.

ÁVILA, Humberto. Repensando o "princípio da supremacia do interesse público sobre o particular". *Revista Eletrônica sobre a Reforma do Estado (RERE)*, Salvador, Instituto Brasileiro de Direito Público, n. 11, set./out./nov. 2007. Disponível em: <http://www.direitodoestado.com.br/rere.asp>. Acesso em: 17/02/2017.

AYALA, Bernardo Diniz de. O poder de modificação unilateral do contrato administrativo com regime de Project Finance. *Revista de Contratos Públicos*, n. 2, p. 67, 2011.

AZEVEDO, Maria Eduarda. As parcerias público-privadas: a evolução do enquadramento jurídico. In: FERREIRA, Eduardo Paz; RODRIGUES, Nuno Cunha (Org.). *Novas fronteiras da contratação pública*. Coimbra: Coimbra Editora, 2013.

AZEVEDO, Maria Eduarda. *As parcerias público-privadas*: instrumento de uma nova governação pública. Coimbra: Almedina, 2009.

BACELLAR FILHO, Romeu Felipe. Breves reflexões sobre a jurisdição administrativa: uma perspectiva de direito comparado. *Revista de Direito Administrativo*, Rio de Janeiro, n. 211, jan-mar, 1998.

BACELLAR FILHO, Romeu Felipe. Contrato administrativo. In: BACELLAR FILHO, Romeu Felipe (Coord.). *Direito administrativo contemporâneo*. Belo Horizonte: Fórum, 2004. p. 307-312.

BACELLAR FILHO, Romeu Felipe. *Direito administrativo e o Novo Código Civil*. Belo Horizonte: Editora Fórum, 2007.

BACELLAR FILHO, Romeu Felipe. *Reflexões sobre direito administrativo*. Belo Horizonte: Fórum, 2009.

BANDEIRA DE MELLO, Celso Antônio. Celso Antônio. A noção jurídica de interesse público. In: BANDEIRA DE MELLO, Celso Antônio. *Grandes temas de direito administrativo*. São Paulo: Malheiros, 2009. p. 181-192.

BANDEIRA DE MELLO, Celso Antônio. *Curso de direito administrativo*. 28. ed. São Paulo: Editora Malheiros, 2010.

BANDEIRA DE MELLO, Celso Antônio. *Discricionariedade administrativa e controle jurisdicional*. 2. ed. São Paulo: Editora Malheiros, 2017.

BANDEIRA DE MELLO, Celso Antônio. *Discricionariedade e controle jurisdicional*. 2. ed. São Paulo: Malheiros, 2008.

BANDEIRA DE MELLO, Celso Antônio. *Grandes temas do direito administrativo*. São Paulo: Malheiros, 2009.

BANDEIRA DE MELLO, Celso Antônio. Serviço público e sua feição constitucional no Brasil. In: MENDONÇA, Oscar; MODESTO, Paulo (Coord.). *Direito do Estado*: novos rumos – direito administrativo [do Congresso Brasileiro de Direito do Estado]. São Paulo: Max Limonad, 2001. v. 2, p. xx-xx.

BANDEIRA DE MELLO, Celso Antônio. Serviço público no direito brasileiro: a falsa crise. In: CONGRESSO IBERO AMERICANO DE DIREITO ADMINISTRATIVO. 2003, Curitiba. *Anais...* Curitiba: IPDA, 23 jun. de 2003.

BANDEIRA DE MELLO, Oswaldo Aranha. *Princípios gerais de direito administrativo*. 3. ed. São Paulo: Malheiros, 2010. v. 1.

BERTI, Giorgio. *Il principio contrattuale nell`attività amministrativa*. In: SCRITTI IN ONORE DI MASSIMO SEVERO GIANNINI. Milano: Giuffrè, 1988.

BICALHO, Alécia Paolucci Nogueira; PEREIRA, Flávio Henrique Unes. As mudanças na nova Lei de Licitações e Contratos. *JOTA*, 19 dez. 2016. Disponível em: <https://jota.info/especiais/mudancas-na-nova-lei-de-licitacoes-e-contratos-19122016>. Acesso em: 02/02/2017.

BIELSA, Rafael. *Principios de derecho administrativo*. 3. ed. Buenos Aires: Depalma, 1963.

BINENBOJM, Gustavo. *Poder de polícia ordenação regulação*: transformações político-jurídicas, econômicas e institucionais do direito administrativo ordenador. Prefácio de Luís Roberto Barroso. Belo Horizonte: Fórum, 2016.

BINENBOJM, Gustavo. *Uma teoria do direito administrativo*: direitos fundamentais, democracia e constitucionalização. Rio de Janeiro: Editora Renovar, 2006.

BORGES, Alice Gonzalez. Reflexos do Código Civil nos contratos administrativos. *Jus Navigandi*, Teresina, v. 10, n. 846, 27 out. 2005. Disponível em: <http://jus.com.br/artigos/7509>. Acesso em: 21/07/2014.

BORGES, Alice Gonzalez. *Temas de direito administrativo atual*: estudos e pareceres. Belo Horizonte: Fórum, 2010. v. 2.

BORGES, Alice Gonzalez. Valores a serem considerados no controle jurisdicional da Administração Pública: segurança jurídica – boa-fé – conceitos indeterminados – interesse público. *Revista Interesse Público*, Salvador, v. 15, p. 83-96, jul./set. 2002.

BREUS, Thiago Lima. *O governo por contrato(s) e a concretização de políticas públicas horizontais como mecanismo de justiça distributiva*. 2015. 277 f. Tese (Doutorado em Direito) – Programa de Pós-Graduação em Direito da Universidade Federal do Paraná, Curitiba, 2015.

CABRAL DE MONCADA, Luís S. *A relação jurídica administrativa*: para um novo paradigma de compreensão da actividade, da organização e do contencioso administrativos. Coimbra: Coimbra Editora, 2009.

CABRAL DE MONCADA, Luís S. *Autoridade e liberdade na teoria do ato administrativo*. Coimbra: Coimbra Editora, 2014.

CABRAL DE MONCADA, Luís S. *Autoridade e liberdade na teoria do ato administrativo*. Coimbra: Coimbra Editora, 2014.

CABRAL DE MONCADA, Luís S. *Consenso e autoridade na teoria do contrato administrativo*. Lisboa: Quid Juris, 2012.

CABRAL DE MONCADA, Luís S. *Manual elementar de direito público da economia e da regulação*: uma perspectiva luso-brasileira. Coimbra: Almedina, 2012.

CAETANO, Marcello. *Princípios fundamentais do direito administrativo*. Coimbra: Almedina, 2010.

CÂMARA, Jacintho de Arruda. *Obrigações do Estado derivadas de contratos inválidos*. São Paulo: Malheiros, 1999. (Coleção Temas de Direito Administrativo).

CAMPOS, Francisco. *Direito administrativo*. Rio de Janeiro: Imprensa Nacional, 1943.

CAMPOS, Rodrigo Augusto de Carvalho. O princípio da boa-fé objetiva nos contratos administrativos. In: CONGRESSO NACIONAL DE PROCURADORES DO ESTADO, 35, out. 2009, Fortaleza. *Tese...*, Fortaleza: 2009. p. 19-23.

CANOTILHO, J. J. Gomes. *Direito constitucional e teoria da Constituição*. 7. ed. Coimbra: Almedina, 2003.

CASALTA NABAIS, José. *Contratos fiscais*. Coimbra: Coimbra Ed., 1994.

CASSESE, Sabino. *La arena publica: nuevos paradigmas para el Estado*. In: CASSESE, Sabino. *La crisis del Estado*. Buenos Aires: Albeledo Perrot, 2003.

CLÈVE, Clèmerson Merlin; FREIRE, Alexandre Reis Siqueira. Algumas notas sobre colisão de direitos fundamentais. *Cadernos da Escola de Direito e Relações Internacionais das Faculdades do Brasil*, Curitiba, Unibrasil, p. 29-42, mar./ago. 2002.

CLÈVE, Clèmerson Merlin. A eficácia dos direitos fundamentais sociais. In: BACELLAR FILHO, Romeu Felipe; GABARDO, Emerson; HACHEM, Daniel Wunder. *Globalização, direitos fundamentais e direito administrativo*: novas perspectivas para o desenvolvimento econômico e socioambiental. Belo Horizonte: Fórum, 2011.

CLÈVE, Clèmerson Merlin. A teoria constitucional e o direito alternativo: para uma dogmática constitucional emancipatória. In: CARVALHO FILHO, Carlos Henrique de (Org.). *Uma vida dedicada ao direito*: homenagem a Carlos Henrique de Carvalho – o editor dos juristas. São Paulo: Revista dos Tribunais, 1995. p. 34-56.

CLÈVE, Clèmerson Merlin. *Atividade legislativa do Poder Executivo no Estado contemporâneo e na Constituição de 1988*. São Paulo: Revista dos Tribunais, 1993.

CLÈVE, Clèmerson Merlin. *Para uma dogmática constitucional emancipatória*. Belo Horizonte: Fórum, 2012.

COMPARATO, Fábio Konder. *A afirmação histórica dos direitos humanos*. São Paulo: Saraiva, 1999.

COMPARATO, Fábio Konder. Novas funções judiciais no Estado moderno: doutrinas essenciais de direito constitucional, *RT*, São Paulo, v. 4, maio de 2011.

CORDEIRO, António Menezes. *Contratos públicos*: subsídios para a dogmática administrativa com exemplo no princípio do equilíbrio financeiro. Coimbra: Almedina, 2007. (Cadernos o Direito, 2).

CORREIA, Sérvulo. *Legalidade e autonomia contratual nos contratos administrativos*. Coimbra: Almedina, 2013.

CORVALÁN, Juan Gustavo. *Derecho administrativo en transición*: reconfiguración de la relación entre la Administración, las normas y el Poder Judicial. Buenos Aires: Astrea, 2016.

CRETELLA JUNIOR, José. Matrizes civilísticas do direito administrativo. In: FRANCESCO, José Roberto Pacheco di (Org.). *Estudos em homenagem ao Professor Silvio Rodrigues*. São Paulo: Saraiva, 1989.

DALLARI, Adilson de Abreu. Arbitragem na concessão de serviços públicos. *Revista Trimestral de Direito Público*, São Paulo, n. 13, p. 5-10, 1996.

DEBBASCH, Charles. Le droit administratif, droit dérogatoire au droit commun? In: MELANGES RENÉ CHAPUS. Paris: Montchrestien, 1992. p. 127-133.

DI PIETRO, Maria Sylvia Zanella. O princípio da supremacia do interesse público. *Revista Interesse Público*, Belo Horizonte, n. 56, p. 35-54, jul./ago. 2009.

DOSTOIÉVSKI, Fiódor. *Os irmãos Karamazov*. Trad. Natália Nunes e Oscar Mendes. Rio de Janeiro: Abril Cultural, 2001. v.1. (Coleção Os Imortais da Literatura Universal).

ESTORNINHO, Maria João. *A fuga para o direito privado*. Coimbra: Almedina, 1999.

ESTORNINHO, Maria João. *Curso de direito dos contratos públicos*: por uma contratação pública sustentável. Coimbra: Almedina, 2014.

ESTORNINHO, Maria João. *Requiem pelo contrato administrativo*. Coimbra: Almedina, 2003.

FACHIN, Melina Girardi. Direito fundamental ao desenvolvimento: uma possível ressignificação entre a Constituição Brasileira e o sistema internacional de proteção dos Direitos Humanos. In: PIOVESAN, Flávia; SOARES, Inês Virgínia Prado (Coord.). *Direito ao desenvolvimento*. Belo Horizonte: Fórum, 2010.

FERNÁNDEZ, Tomás-Ramón; GARCÍA DE ENTERRÍA, Eduardo. *Curso de derecho administrativo*. 9. ed. Madrid: Civitas, 1999. v. 1.

FERREIRA NETTO, Cassio Telles. *Contratos administrativos e arbitragem*. Rio de Janeiro: Elsevier, 2008.

FERREIRA, Daniel. *A licitação pública no Brasil e sua nova finalidade legal*: a promoção do desenvolvimento sustentável. Belo Horizonte: Fórum, 2012.

FIORAVANTI. Maurizio. Público e privado: os princípios fundamentais da Constituição Democrática. *Revista da Faculdade de Direito UFPR*, Curitiba, n. 58, p. 7-24, 2013.

FOLLONI, André. *Introdução à teoria da complexidade*. Curitiba: Juruá, 2016.

FRANCO SOBRINHO, Manoel de Oliveira. *Contrato administrativo*. São Paulo: Saraiva, 1981.

FRANCO SOBRINHO, Manoel de Oliveira. *Curso de direito administrativo*. São Paulo: Saraiva, 1979.

FREEMAN, Jody; MINOW, Martha. Reframing the Outsourcing Debates. In: FREEMAN, Jody; MINOW, Martha. *Outsourcing and American Democracy*. Cambridge; London: Harvard University Press, 2009. p. 16-20.

FREITAS FILHO, Roberto; CASAGRANDE, Renato. O problema do tempo decisório nas políticas públicas. *Revista de Informação Legislativa*, Brasília, v. 47, n. 187, p. 21-34, jul./set. 2010.

FREITAS, Juarez. Regime dos serviços públicos e proteção dos consumidores. *Revista Trimestral de Direito Civil*, Rio de Janeiro, Editora Padma, v. 2, n. 6, p. 21-50, abr./jun. 2001.

FREITAS, Juarez. *Sustentabilidade*: Direito ao futuro. Belo Horizonte: Fórum, 2011.

GABARDO, Emerson; HACHEM, Daniel Wunder. O suposto caráter autoritário da supremacia do interesse público e das origens do direito administrativo: uma crítica da crítica. In: BACELLAR FILHO, Romeu Felipe; HACHEM, Daniel Wunder (Coord.). *Direito administrativo e interesse público*: estudos em homenagem ao Professor Celso Antônio Bandeira de Mello. Belo Horizonte: Fórum, 2010. p. 155-201.

GARCÍA DE ENTERRÍA, Eduardo; FERNÁNDEZ, Tomás-Ramón. *Curso de derecho administrativo*. 12 ed. Madrid: Civitas, 2004. v. 1.

GARCÍA DE ENTERRÍA, Eduardo. La figura del contrato amministrativo. In: STUDI IN MEMORIA DI GUIDO ZANOBINI. Milano: Giuffrè, 1965. v. 2.

GARCÍA DE ENTERRÍA, Eduardo. Una nota sobre el interés general como concepto jurídico indeterminado. *Revista Española de Derecho Administrativo*, Madrid, n. 89, p. 69-89, jan./mar., 1996.

GARCÍA PEREZ, Marta. *Arbitraje y derecho administrativo*. Navarra: Editora Aranzadi, 2011.

GOMES, Orlando. *A crise do Direito*. São Paulo: Max Limonad, 1955.

GONÇALVES, Maria Eduarda; MARQUES, Maria Manuel Leitão; SANTOS, Antonio Carlos dos. *Direito econômico*. 7. ed. Coimbra: Almedina, 2014.

GONÇALVES, Pedro Costa. A relação jurídica fundada em contrato administrativo. *Cadernos de Justiça Administrativa*, n. 64, p. 36-46, jul./ago. 2007.

GONÇALVES, Pedro Costa. *Direito dos contratos públicos*. Coimbra: Almedina, 2015.

GONÇALVES, Pedro Costa. *Entidades privadas com poderes públicos*: o exercício de poderes públicos de autoridade por entidades privadas com funções administrativas. Coimbra: Almedina, 2008.

GONÇALVES, Pedro Costa. Gestão em contratos públicos em tempo de crise. In: GONÇALVES, Pedro Costa (Org.). *Estudos de contratação pública III*. Coimbra: Coimbra, 2010.

GONÇALVES, Pedro Costa. *O contrato administrativo*: uma instituição do direito administrativo do nosso tempo. 1. reimp. Coimbra: Almedina, 2004.

GONÇALVES, Pedro Costa. *Reflexões sobre o Estado regulador e o Estado contratante*. Coimbra: Editora Coimbra, 2013.

GRAU, Eros Roberto. *A ordem econômica na Constituição Federal de 1988*. São Paulo: Malheiros, 2012.

GRAU, Nuria Cunill. *Repensando o público através da sociedade*: novas formas de gestão pública e representação social. Brasília: ENAP, 1998.

GROTTI, Dinorá Adelaide Musetti. A arbitragem nos contratos da administração pública. In: PONTES FILHO, Valmir; MOTTA, Fabricio; GABARDO, Emerson (Coord.). *Administração Pública*: desafios para a transparência, probidade e desenvolvimento – XXIX Congresso Brasileiro de Direito Administrativo. Belo Horizonte: Fórum, 2017.

GUIMARÃES, Ana Luísa. *O caráter excepcional do acto administrativo contratual no Código dos Contratos Públicos*. Coimbra: Almedina, 2012.

GUIMARÃES, Edgar; FRANCO, Caroline da Rocha. Controle das políticas públicas por meio das licitações. *Revista Eletrônica de Direito do Estado (REDE)*, Salvador, Instituto Brasileiro de Direito Público, n. 42, abr./maio/jun. 2015. Disponível em: <http://www.direitodoestado.com/revista/REDE-42-ABRIL-2015-EDGAR-GUIMARAES-CAROLINE-FRANCO.pdf>. Acesso em: 07/02/2017.

GUIMARÃES, Edgar; SANTOS, José Anacleto Abduch. *Comentários ao regime jurídico licitatório e contratual da Lei n. 13.303/2016*: Lei das Estatais. Belo Horizonte: Fórum, 2017.

GUIMARÃES, Fernando Vernalha. O equilíbrio econômico-financeiro nas concessões e PPPS: formação e metodologias para recomposição. In: MOREIRA, Egon Bockmann (Coord.). *Contratos administrativos, equilíbrio econômico-financeiro e a taxa interna de retorno*: a lógica das concessões e parcerias público-privadas. Belo Horizonte: Fórum, 2016.

HACHEM, Daniel Wunder. A dupla noção jurídica de interesse público em direito administrativo. *A&C – Revista de Direito Administrativo & Constitucional*, Belo Horizonte, v. 11, n. 44, p. 59-110, abr./jun. 2011.

HACHEM, Daniel Wunder. A noção constitucional de desenvolvimento para além do viés econômico: reflexos sobre algumas tendências do direito público brasileiro. *A&C – Revista de Direito Administrativo & Constitucional*, Belo Horizonte, v. 13, n. 53, p. 133-168, jul./set. 2013.

HACHEM, Daniel Wunder. Direito fundamental ao serviço público adequado e capacidade econômica do cidadão: repensando a universalidade do acesso à luz da igualdade material. *A&C – Revista de Direito Administrativo & Constitucional*, Belo Horizonte, v. 14, n. 55, p. 123-158, jan./mar. 2014.

HESPANHA, Antonio Manuel; WOLKMER, Antonio Carlos; VERAS NETO, Francisco Q.; LIXA, Ivone. *Pluralismo jurídico*: os novos caminhos da contemporaneidade. São Paulo: Saraiva, 2010.

HESPANHA, Antonio Manuel. *Pluralismo jurídico e direito democrático*. São Paulo: Editora Annablume, 2016.

IBÁÑEZ, Santiago González-Varas. *El derecho administrativo privado*. Madrid: Ed. Montecorvo, 1996.

JÈZE, Gaston. *Principios generales del derecho administrativo*: la noción de servicio público – los agentes de la administración pública. Buenos Aires: Editorial Depalma, 1949. v. 2.

JUSTEN FILHO, Marçal. Conceito de interesse público e a "personalização" do direito administrativo. *Revista Trimestral de Direito Público*, São Paulo, n. 26, p. 115-136, 1999.

JUSTEN FILHO, Marçal. Concessões de rodovias: a experiência brasileira. In: SUNDFELD, Carlos Ari (Coord.). *Parcerias Público-Privadas*. São Paulo: Malheiros Editores, 2005.

JUSTEN FILHO, Marçal. Considerações acerca da modificação subjetiva dos contratos administrativos. In: BACELLAR FILHO, Romeu Felipe (Coord.) *Direito administrativo contemporâneo*. Belo Horizonte: Fórum, 2004. p. 185-210.

JUSTEN FILHO, Marçal. Considerações sobre a equação econômico-financeira das concessões de serviço público: a questão da TIR. In: MOREIRA, Egon Bockmann (Coord.). *Contratos administrativos, equilíbrio econômico-financeiro e a taxa interna de retorno*: a lógica das concessões e parcerias público-privadas. Belo Horizonte: Fórum, 2016.

JUSTEN FILHO, Marçal. *Curso de direito administrativo*. São Paulo: Saraiva, 2005.

JUSTEN FILHO, Marçal. O direito administrativo do espetáculo. In: ARAGÃO, Alexandre Santos de; MARQUES NETO, Floriano de Azevedo (Coord.). *Direito administrativo e seus novos paradigmas*. Belo Horizonte: Fórum, 2012. p. 75-90.

JUSTEN FILHO, Marçal. *Teoria geral das concessões de serviço público*. São Paulo: Dialética, 2003.

KARAM, Rejane; SHIMA, Walter Tadahiro. A concessão de rodovias paranaenses: um serviço público sob a ótica do lucro. *Revista Paranaense de Desenvolvimento*, Curitiba, n. 113, p. 103-127, jul./dez. 2007.

KIRKBY, Bobela-Mota Mark. *Contratos sobre o exercício de Poderes Públicos*: o exercício contratualizado do poder administrativo de decisão unilateral. Coimbra: Coimbra Editora, 2011.

KUHN, Thomas. *A estrutura das revoluções científicas*. 7. ed. São Paulo: Perspectiva, 2003.

LARENZ, Karl. *Derecho justo fundamento de etica juridica*. Madrid: Civitas, 2001.

LAUBADÈRE, André de; MODERNE, Franck; DEVOLVÉ, Pierre. *Traité des contrats administratifs*. Paris: LGDJ, 1983.

LEITÃO, Alexandra. *A proteção judicial dos terceiros nos contratos da Administração Pública*. Coimbra: Almedina, 2002.

LIMA, Renata Faria Silva. *Equilíbrio econômico-financeiro contratual*: no direito administrativo e no direito civil. Belo Horizonte: Del Rey, 2007.

MACEDO JR, Ronaldo Porto. *Contratos relacionais e defesa do consumidor*. 2. ed. São Paulo: Ed. RT, 2007.

MACHADO, João Batista. *Participação e descentralização*: democratização e neutralidade na Constituição de 76. Coimbra: Almedina, 1982.

MARQUES NETO, Floriano de Azevedo. Do contrato administrativo à administração contratual. *Revista do Advogado*, São Paulo, v. 29, n. 107, p. 74-82, dez. 2009.

MARQUES, Francisco Paes. *As relações jurídicas administrativas multipolares*: contributo para a sua compreensão substantiva. Coimbra: Editora Almedina, 2011.

MARRARA, Thiago. A atividade de planejamento na administração pública: o papel e o conteúdo das normas previstas no anteprojeto da nova lei de organização Administrativa. *Revista Brasileira de Direito Público – RBDP*, Belo Horizonte, v. 9, n. 34, p. 9-45, jul./set. 2011.

MARRARA, Thiago. As cláusulas exorbitantes diante da contratualização administrativa. *Revista de Contratos Públicos – RCP*, Belo Horizonte, v. 3, n. 3, p. 237-255, mar./ago. 2013.

MARTINS, Licínio Lopes. *Empreitada de obras públicas*: o modelo normativo do regime do contrato administrativo e do contrato público – em especial, o equilíbrio econômico financeiro. Coimbra: Editora Almedina, 2014.

MASAGÃO, Mário. *Curso de direito administrativo*. São Paulo: Revista dos Tribunais, 1977.

MASAGÃO, Mário. *Natureza jurídica da concessão de serviço público*. São Paulo: Saraiva, 1933.

MASSONI, Neusa Teresinha. Ilya Prigogine: uma contribuição à filosofia da ciência. *Revista Brasileira de Ensino de Física*, v. 30, n. 2, p. 2308.1-2308.8, 2008. Disponível em: <http://www.scielo.br/pdf/rbef/v30n2/a09v30n2.pdf>. Acesso em: 21/02/2017.

MATTOS, Mauro Roberto Gomes de. *O contrato administrativo*. Rio de Janeiro: América Jurídica, 2001.

MEDAUAR, Odete. *O direito administrativo em evolução*. São Paulo: Revista dos Tribunais, 2003.

MEIRELLES, Hely Lopes. *Licitação e contrato administrativo*. São Paulo: Malheiros Editores, 1990.

MIRANDA, Jorge. *Teoria do Estado e da Constituição*. Rio de Janeiro: Forense, 2007.

MODESTO, Paulo. Reforma do Estado, formas de prestação de serviços ao público e parcerias público-privadas: demarcando as fronteiras dos conceitos de "serviço público", "serviços de relevância pública" e "serviços de exploração econômica" para as parcerias público-privadas. In: SUNDFELD, Carlos Ari (Coord.). *Parcerias Público-Privadas*. São Paulo: Malheiros Editores, 2005.

MONTEIRO, Vera. Legislação de Parceria Público-Privada no Brasil: aspectos fiscais desse novo modelo de contratação. In: SUNDFELD, Carlos Ari (Coord.) *Parcerias Público-Privadas*. São Paulo: Malheiros Editores, 2005. p. 80-113.

MOREIRA NETO, Diogo de Figueiredo. *Mutações do direito administrativo*. Rio de Janeiro: Editora Renovar, 2000.

MOREIRA NETO, Diogo de Figueiredo. O futuro das cláusulas exorbitantes no contrato administrativo. In: MARQUES NETO, Floriano de Azevedo; ARAGÃO, Alexandre Santos de (Coord.). *Direito administrativo e seus novos paradigmas*. Belo Horizonte: Fórum, 2008.

MOREIRA, Egon Bockmann. Contratos administrativos de longo prazo: a lógica de seu equilíbrio econômico-financeiro. In: MOREIRA, Egon Bockmann (Coord.). *Contratos administrativos, equilíbrio econômico-financeiro e a taxa interna de retorno*: a lógica das concessões e parcerias público-privadas. Belo Horizonte: Fórum, 2016.

MOREIRA, Egon Bockmann. *Direito das concessões de serviço público*: inteligência da Lei n. 8987/1995 – parte geral. São Paulo: Malheiros, 2010.

MOREIRA, Egon Bockmann. O contrato administrativo como instrumento de governo. In: GONÇALVES, Pedro Costa (Org.). *Estudos da contratação pública IV*. Coimbra: Coimbra Editora, 2012. p. 5-18.

MOREIRA, Egon Bockmann. *Processo administrativo*: princípios constitucionais e a Lei 9.784/1999. 4. ed. São Paulo: Editora Malheiros, 2010.

MOTTA, Fabricio. *A função normativa da administração pública*. Belo Horizonte: Fórum, 2007.

MUNIZ, Mariana. Lei da Arbitragem abriu caminho para mediação e conciliação. *JOTA*, 31 ago. 2016. Disponível em: <https://jota.info/consenso/lei-da-arbitragem-abriu-caminho-para-mediacao-e-conciliacao-diz-especialista-31082016>. Acesso em: 01/02/2017.

MUÑOZ, Jaime Rodriguez-Aranha. *Direito fundamental à boa Administração Pública*. Trad. Daniel Wunder Hachem. Belo Horizonte: Fórum, 2012.

NEVES, Ana Fernanda. A resolução dos conflitos laborais públicos por arbitragem administrativa. In: FONSECA, Isabel Celeste M. (Coord.). *A arbitragem administrativa e tributária*: problemas e desafios. 2. ed. Coimbra: Editora Almedina, 2013.

OLIVEIRA, Gustavo Justino de. A arbitragem e as Parcerias Público-Privadas. In: SUNDFELD, Carlos Ari (Org.). *Parcerias Público-Privadas*. São Paulo: Malheiros, 2005.

OLIVEIRA, Gustavo Justino de. A arbitragem e as parcerias público-privadas. *Revista Eletrônica de Direito Administrativo Econômico*, Salvador, Instituto de Direito Público da Bahia, n. 2, 2015. Disponível em: http://www.direitodoestado.com/revista/redae-2-maio-2005-gustavo-justino.pdf>. Acesso em: 15/02/2017.

OLIVEIRA, Gustavo Justino de. *Contrato de gestão*. São Paulo: RT, 2008.

OLIVEIRA, Gustavo Justino de. Participação administrativa. In: OSÓRIO, Fabio Medina Souto; VILLELA, Marcos Jurena (Coord.). *Direito administrativo*: estudos em homenagem a Diogo de Figueiredo Moreira Neto. Rio de Janeiro: Lúmen JÚRIS, 2006. p. 401-427.

OLIVEIRA, Rodrigo Esteves de. *Autoridade e consenso no contrato administrativo*. Coimbra: Coimbra Editora, 2001.

ORGANIZAÇÃO NACIONAL DAS NAÇÕES UNIDAS. *Declaração sobre o Direito ao Desenvolvimento*. Biblioteca Virtual de Direitos Humanos, Universidade de São Paulo, 1986. Disponível em: <http://www.direitoshumanos.usp.br/index.php/Direito-ao-Desenvolvimento/declaracao-sobre-o-direito-aodesenvolvimento>. Acesso em: 21/02/2017.

OTERO, Paulo. *Legalidade e administração pública*: o sentido da vinculação administrativa à juridicidade. 2. ed. Coimbra: Almedina, 2011.

PARADA, André Luiz Nascimento. *Arbitragem nos contratos administrativos*: análise crítica dos obstáculos jurídicos suscitados para afastar sua utilização. Curitiba: Juruá, 2015.

PAREJO AFONSO, Luciano. Los actos administrativos consensuales en el derecho español. *A&C Revista de Direito Administrativo e Constitucional*, Belo Horizonte, v. 3, n. 13, p. 11-43, 2003.

PARLAMENTO EUROPEU E O CONSELHO DA UNIÃO EUROPEIA. *Diretiva 2014/24/UE do Parlamento Europeu e do Conselho*. Estrasburgo. 26 fev. 2014. Disponível em: <http://eur-lex.europa.eu/legal- content/PT/TXT/?uri=uriserv:OJ.L_.2014.094.01.0065.01.POR>. Acesso em: 21/02/2017.

PEREIRA, Pedro Miguel Matias. *Os poderes do contraente público no código dos contratos públicos*. Coimbra: Coimbra, 2011.

PÉREZ, Jesús González. *El princípio general de la buena fe en el Derecho Administrativo*. 3. ed. Madrid: Civitas, 1999.

PÉREZ, Marta García. El arbitraje de derecho administrativo en España: reflexiones y propuestas en tiempos de crisis. In: FONSECA, Isabel Celeste M. (Coord.). *A arbitragem administrativa e tributária*: problemas e desafios. 2. ed. Coimbra: Almedina, 2013. p. 311-346.

PERLINGIERI, Pietro. *O direito civil na legalidade constitucional*. Rio de Janeiro: Renovar, 2008.

PIETRO, Maria Sylvia Zanella. Ainda existem os chamados contratos administrativos? In: DI PIETRO, Maria Sylvia Zanella; RIBEIRO, Carlos Vinícius Alves (Coord.). *Supremacia do interesse público e outros temas relevantes do direito administrativo*. Belo Horizonte: Editora Atlas, 2010. p. 398-411.

PIETRO, Maria Sylvia Zanella. Supremacia do interesse público e a questão dos direitos fundamentais. In: BLANCHET, Luiz Alberto; HACHEM, Daniel Wunder; SANTANO, Ana Claudia. (Coord.). *Estado, direito e políticas públicas*: homenagem ao Professor Romeu Felipe Bacellar Filho – Anais do Seminário de Integração do Programa de Pós-Graduação em Direito da Pontifícia Universidade Católica do Paraná. Curitiba: Ithala, 2014. p. 23-39.

PORTOCARRERO, Marta. *Modelos de simplificação administrativa*. Porto: Universidade Católica Portuguesa, 2002.

PRIGOGINE, Ilya. *O fim das certezas*: tempo, caos e as leis da natureza. Com Isabelle Stengers. São Paulo: UNESP, 1996.

RAIS, Diogo. O regime de preferências instituído pela Lei n. 12.349 de 15 de dezembro de 2010. In: MARIELA, Fernanda; BOLZAN, Fabrício (Org.). *Leituras complementares de direito administrativo*: licitações e contratos. São Paulo: Ed. Juspodium, 2012.

ROCHA, Iggor Gomes. *Eficiência na alocação de riscos em concessões públicas viabilizadoras de infraestrutura*. 2014. 200 f. Dissertação (Mestrado em Direito) – Programa de Pós-Graduação em Direito, Pontifícia Universidade Católica do Paraná, Curitiba, 2014.

ROPPO, Enzo. *O contrato*. Coimbra: Almedina, 2009.

SALGADO, Eneida Desiree. *Princípios constitucionais estruturantes do direito eleitoral*. 2010. 356 f. Tese (Doutorado em Direito do Estado) – Setor de Ciências Jurídicas, Universidade Federal do Paraná, Curitiba, 2010.

SANTOS, José Anacleto Abduch. *Contratos administrativos*: formação e controle interno da execução com particularidades dos contratos de prestação de serviços terceirizados e contratos de obras e serviços de engenharia. Belo Horizonte: Fórum, 2015.

SARLET, Ingo Wolfgang. A eficácia do direito fundamental à segurança jurídica: dignidade da pessoa humana, direitos fundamentais e proibição de retrocesso social no direito constitucional brasileiro. In: ANTUNES, Cármen Lúcia (Org.). *Constituição e segurança jurídica*: direito adquirido, ato jurídico perfeito e coisa julgada – estudos em homenagem a José Paulo Sepúlveda Pertence. Belo Horizonte: Fórum, 2004.

SARMENTO, Daniel. Interesses públicos vs. interesses privados na perspectiva da teoria e da filosofia constitucional. In: SARMENTO, Daniel (Coord.). *Interesses públicos vs. interesses privados*: desconstruindo o princípio da supremacia do interesse público. Rio de Janeiro: Lumen Juris, 2005. p. 23-116.

SCHIER, Adriana da Costa Ricardo; SCHIER, Paulo Ricardo. Serviço público adequado e a cláusula da vedação do retrocesso social. *Revista do Direito de Administração Pública*, Rio de Janeiro, Universidade Federal Fluminense, v. 1, n. 1, jan./jun. 2016.

SCHIER, Adriana da Costa Ricardo. *A participação popular na Administração Pública*: o direito de reclamação. Rio de Janeiro: Renovar, 2002.

SCHIER, Adriana da Costa Ricardo. Serviço público como Direito Fundamental: mecanismo de desenvolvimento social. In: BACELLAR FILHO, Romeu Felipe; GABARDO, Emerson; HACHEM, Daniel Wunder. *Globalização, diretos fundamentais e direito administrativo*: novas perspectivas para o desenvolvimento econômico e socioambiental. Belo Horizonte: Fórum, 2011.

SCHIER, Paulo Ricardo. Ensaio sobre a supremacia do interesse público sobre o privado e o regime jurídico dos direitos fundamentais. *Cadernos da Escola de Direito e Relações Internacionais*, Curitiba, p. 55-72, jan./jun. 2003.

SILVA, Almiro do Couto e. O princípio da segurança jurídica (proteção à Confiança) no direito público brasileiro e o direito da Administração Pública de anular seus próprios atos administrativos: o prazo decadencial do art. 54 da Lei do Processo Administrativo da União (Lei n. 9.784/99). *Revista Eletrônica de Direito do Estado*, Salvador, Instituto Brasileiro de Direito Público da Bahia, n. 2, abr./maio/jun. 2005. Disponível em: <http://www.direitodoestado.com.br/redae.asp>. Acesso em: 10/02/2017.

SILVA, Clarissa Sampaio. *Direitos fundamentais e relações especiais de sujeição*: o caso dos agentes públicos. Belo Horizonte: Fórum, 2009.

SILVA, Suzana Tavares da. *Um novo direito administrativo?* Coimbra: Imprensa da Universidade de Coimbra, 2010.

SILVA, Vasco Pereira da. *Em busca do acto administrativo perdido*. Coimbra: Almedina, 2003.

SIQUEIRA, Mariana de. *Interesse público no direito administrativo brasileiro*: da construção da moldura à composição da pintura. Rio de Janeiro: Lumem Juris, 2016.

SOUSA, Luís Verde de. *A negociação nos procedimentos de adjudicação*: uma análise do código dos contratos públicos. Coimbra: Editora Almedina, 2010.

SOUZA, Marcelo Rebelo de; MATOS, André Salgado de. *Direito administrativo geral*. 3. ed. Lisboa: Editora Dom Quixote, 2010. v. 1.

STRECK, Lenio Luiz; MORAIS, José Luiz Bolzan de. *Comentários à Constituição do Brasil*. Coord. J.J. Gomes Canotilho; Gilmar Ferreira Mendes; Ingo Wolfgang Sarlet; Lenio Luiz Streck; Léo Ferreira Leoncy. São Paulo: Saraiva; Almedina, 2013.

SUNDFELD, Carlos Ari; CÂMARA, Jacintho Arruda. Acordos substitutivos nas sanções regulatórias. *Revista de Direito Público da Economia RDPE*, Belo Horizonte, v. 9, n. 34, p. 133-151, abr./jun. 2011.

SUNDFELD, Carlos Ari. *Direito administrativo ordenador*: a interferência estatal na vida privada. São Paulo: Malheiros, 1997.

SUNDFELD, Carlos Ari. Público e privado no desenvolvimento de empreendimentos estatais. In: PONTES FILHO, Valmir; MOTTA, Fabricio; GABARDO, Emerson (Coord.). *Administração Pública*: desafios para a transparência, probidade e desenvolvimento – XXIX Congresso Brasileiro de Direito Administrativo. Belo Horizonte: Fórum, 2017. p. 36-43.

TÁCITO, Caio. *Direito administrativo*. São Paulo: Saraiva, 1975.

TALAMINI, Eduardo. Arbitragem e parceria público-privada. In: TALAMINI, Eduardo; JUSTEN, Monica Spezia (Coord.) *Parcerias Público-Privadas*: um enfoque multidisciplinar. São Paulo: Revista dos Tribunais, 2005.

VALIATI, Thiago Priess. *O princípio constitucional da segurança jurídica nos setores de infraestrutura*: a segurança como dever dos Poderes Públicos e como direito dos agentes econômicos. 2016. Dissertação (Mestrado em Direito) – Programa de Pós-Graduação em Direito da Universidade Federal do Paraná, Curitiba, 2016.

VAZ, Manuel Afonso. *Direito econômico*. 4. ed. Coimbra: Coimbra Editora, 1998.

VINCENT-JONES, Peter. *The New Public Contracting*. Oxford: Oxford University Press, 2006.

WALD, Arnold. As novas tendências do Direito Administrativo: a flexibilidade no mundo da incerteza. *Revista de Direito Administrativo*, Rio de Janeiro, n. 202, p. 43-47, out./dez. 1995.

WOLFF Hans; BACHOF, Otto; STOBER, Rolf. *Direito administrativo*. Trad. A. F. Sousa. Lisboa: Fundação Calouste Gulbenkian, 2006.

ZAGREBELSKY, Gustavo. *El derecho dúctil*: ley, derechos, justicia. Madrid: Editorial Trotta S.A., 2011.

ZARDO, Francisco. *Infrações e sanções em licitações e contratos administrativos*. São Paulo: Revista dos Tribunais, 2014.

Esta obra foi composta em fonte Palatino Linotype, corpo 10,5
e impressa em papel Offset 75g (miolo) e Supremo 250g (capa)
pela Gráfica Laser Plus, em Belo Horizonte/MG.